Lothar Wildmann
Makroökonomie, Geld und Währung

W0067174

Lothar Wildmann

Makroökonomie, Geld und Währung

Module der Volkswirtschaftslehre Band II

3., überarbeitete Auflage

DE GRUYTER
OLDENBOURG

ISBN 978-3-11-045268-6
e-ISBN (PDF) 978-3-11-045269-3
e-ISBN (EPUB) 978-3-11-045274-7

Library of Congress Cataloging-in-Publication Data
A CIP catalog record for this book has been applied for at the Library of Congress.

Bibliografische Information der Deutschen Nationalbibliothek
Die Deutsche Nationalbibliothek verzeichnet diese Publikation in der Deutschen
Nationalbibliografie; detaillierte bibliografische Daten sind im Internet über
http://dnb.dnb.de abrufbar.

© 2015 Walter de Gruyter GmbH, Berlin/Boston
Coverabbildung: Gunnar Pippel/Thinkstockphotos
Druck und Bindung: CPI books GmbH, Leck
♾ Gedruckt auf säurefreiem Papier
Printed in Germany

MIX
Papier aus verantwor-
tungsvollen Quellen
FSC
www.fsc.org   FSC® C083411

www.degruyter.com

Für meine Töchter Vanessa und Adriana

Vorwort zur 3. Auflage

Vor acht Jahren erschien die erste Auflage dieses VWL-Buches in drei Bänden und wurde von den Studenten und Studentinnen sehr gut angenommen. Den Studierenden verdanke ich auch viele interessante und wertvolle Anregungen, die nun in diese dritte Auflage mit aufgenommen wurden.

Danken möchte ich auch dem DeGruyter Oldenbourg Wissenschaftsverlag. Ein besonderer Dank gilt hier Herrn Dr. Stefan Giesen für die langjährige vertrauensvolle Zusammenarbeit und Unterstützung. Erwähnen möchte ich auch Herrn Jens Lindenhain, der bei der Fertigstellung der Arbeit ein verlässlicher Ansprechpartner war.

Module der Volkswirtschaftslehre

Die drei Bände beinhalten die wichtigsten Themen der Volkswirtschaftslehre im Rahmen eines Bachelorstudiums an Hochschulen und Universitäten. Thematische Grundlage ist der Modulplan der Dualen Hochschule Baden-Württemberg. Jeder Band entspricht einem Studienjahr beziehungsweise einer Moduleinheit. Die Bände bauen thematisch aufeinander auf, sind aber unabhängig voneinander gestaltet, so dass jeder Band für sich gelesen werden kann. Die drei Bände bieten somit eine verlässliche Grundlage für ein erfolgreiches Studium der Volkswirtschaftslehre.

Band I: **Einführung in die Volkswirtschaftslehre, Mikroökonomie und Wettbewerbspolitik**

Modul 1.1: Einführung in die Volkswirtschaftslehre
Modul 1.2: Mikroökonomie und Wettbewerbspolitik

Band II: **Makroökonomie, Geld und Währung**

Modul 2.1: Makroökonomie
Modul 2.2: Geld und Währung

Band III: **Wirtschaftspolitik**

Modul 3.1: Wirtschaftspolitik I: Stabilisierungspolitik
Modul 3.2: Wirtschaftspolitik II: Finanz- und Sozialpolitik

Das Buch ist in der Sprache der Studierenden geschrieben. Es ist eingängig, verständlich und leicht zu lesen. Ökonomische Kenntnisse werden nicht vorausgesetzt. Fachbegriffe werden „übersetzt" und erläutert. Hinzu kommen zahlreiche Abbildungen, Beispiele und Praxisfälle.

Anregung

Will man sich mit dem Thema Essen und Ernährung befassen, ist es eine Sache, Kalorien zu zählen, Nährwerte zu errechnen, den Vitamingehalt zu bestimmen und Vorschläge für vernünftiges Ernähren zu geben. Dem Thema ganzheitlich gerecht zu werden, ist eine ganz andere Sache. Hier geht es um Befindlichkeiten, um Rituale, um kulturelle Belange und religiöse Aspekte.

Analog verhält es sich mit der Wirtschaft. Was beim Essen Kalorien und Vitamine sind, definieren sich in der Wirtschaft als Produktionsfaktoren und Zahlungsmittel. Und was auf der einen Seite als vernünftiges Ernährungsverhalten propagiert wird, entspricht auf der anderen Seite rationalem ökonomischen Handeln. Rationalität und Objektivität stehen im Mittelpunkt der volkswirtschaftlichen Analyse – einerseits. Andererseits sieht sich die Ökonomie mit dem letztlich unkalkulierbaren Verhalten des Menschen und nicht voraussehbaren Ereignissen konfrontiert.

In diesem Spannungsfeld von Gesetzmäßigkeiten und Zufällen, von Berechenbarkeit und subjektivem Verhalten bewegt sich die Ökonomie. Wirtschaft ist eingebettet in eine Geschichte; sie ist von Menschen geprägt; sie betrifft uns und macht uns betroffen.

Dieses Spannungsfeld soll auch in diesem Buch zum Ausdruck kommen. Es beinhaltet Fakten und Formeln, Grundlagen und Gesetze der Ökonomie, doch immer vor dem Hintergrund, dass hinter diesen Objektivitäten Menschen und Meinungen stehen und die Wirtschaft und deren Lehre nicht statisch sind sondern facettenreich und lebendig.

In diesem Sinne wünsche ich Ihnen viel Freude beim Entdecken der Ökonomie und viel Erfolg beim Studium.

Kontakt: lothar.wildmann@web.de
               wildmann@dhbw-vs.de

Lothar Wildmann   Überlingen, im August 2015

Inhaltsverzeichnis

Modul 2.1
Makroökonomie

Modul 2.2
Geld und Währung

Modul 2.1

Makroökonomie

1 Makroökonomische Analyse

1.1 Definition von Makroökonomie

Bevor wir uns eingehender mit der Makroökonomie beschäftigen, möchte ich einen kurzen Rückblick auf Band I geben und resümieren, was dort „passiert" ist und in Abgrenzung oder auch Erweiterung dessen die Überleitung in diesen Band zum Themenbereich ‚Makroökonomie, Geld und Währung' vornehmen.

Band I: Einführung in die Volkswirtschaftslehre, Mikroökonomie und Wettbewerbspolitik

Inhalt von Band I ist eine Einführung in die Grundlagen und Grundbegriffe der volkswirtschaftlichen Welt sowie eine Schwerpunktsetzung in der mikroökonomischen Analyse und der Wettbewerbspolitik.

Modul 1.1: Einführung in die Volkswirtschaftslehre

- Bedeutung und Grundlagen der Ökonomie
- Das Marktmodell
- Marktversagen und öffentliche Güter
- Adam Smith und die Entstehung und Entwicklung der Volkswirtschaftslehre
- Das Konzept des abnehmenden Grenznutzens (mikroökonomischer Ansatz)
- John Maynard Keynes und der Arbeitsmarkt (makroökonomischer Ansatz)
- Ludwig Erhard und die Soziale Marktwirtschaft
- Stabilitätsgesetz und magisches Viereck

Modul 1.2: Mikroökonomie und Wettbewerbspolitik

- Bestimmungsfaktoren der Nachfrage
- Bestimmungsfaktoren des Angebots
- Produktions- und Kostentheorie
- Entscheidungs- und Maximierungsstrategien der Unternehmen
- Die Spieltheorie
- Unternehmenskonzentration
- Wettbewerbspolitik

Die Mikroökonomie und die Makroökonomie haben eine große Gemeinsamkeit und sind doch so verschieden. Beide gehören zur Theorie der Volkswirtschaftslehre – im Gegensatz zur Wirtschaftspolitik (wobei es auch eine Theorie der Politik gibt!) und sind wegen ihrer Theorielastigkeit oft auch gefürchtet. Doch trotz dieser Gemeinsamkeit in der Theorie erstaunen immer wieder die unterschiedlichen Welten von Mikro und Makro. Man könnte meinen, das eine habe mit dem anderen nichts zu tun, wo sie doch ohne das jeweils andere nicht sein können.

Volkswirtschaftslehre	
Mikroökonomie	**Makroökonomie**
Theorie der Haushalte und Unternehmen	Theorie der Gesamtwirtschaft
Individuelles Verhalten -> „Einzelne"	Gesamtwirtschaftliche Zusammenhänge -> „Alle" bzw. „gesamt"
Einzelwirtschaftliche Größen: Nachfrage eines Haushalts nach Gütern • Nutzenmaximierung • Nachfragefunktion „Produktion" und Angebot von Gütern durch das Unternehmen • Gewinnmaximierung • Produktions- und Angebotsfunktion	Aggregation mikroökonomischer Größen zu gesamtwirtschaftlichen Größen. Wirtschaftssektoren (Akteure) und Funktionen (Untersuchungsgegenstand): • Private Haushalte: Konsum • Unternehmen: Investitionen • Staat: Staatsausgaben • Ausland: Exporte/Importe Wirtschaft gesamt: Sozialprodukt und Volkseinkommen
Preis eines einzelnen Gutes z. B. Preisanpassung des Unternehmers im Monopol	Preisniveau aller Güter z. B. Preisniveaustabilität als wirtschafts-politisches Ziel
methodisch: hauptsächlich Partialanaly-se (Teilbereiche) und Marginalanalyse (Grenzbetrachtungen); z. B. Prcis=Grenzkosten-Regel im Monopol; neoklassisch geprägt (19. Jhdt.)	methodisch: hauptsächlich Totalanalyse (Globalgleichungen), z. B. Konsumfunk-tion und Multiplikatoranalyse; keynsia-nisch geprägt (20. Jhdt.)
typische Fragen (beispielhaft): • Wie viel Kuchenstücke soll ich essen, um einen größtmöglichen Nutzen zu erreichen? • Wie viele Pizzen soll ich backen und verkaufen, um meinen Gewinn zu maximieren?	typische Fragen (beispielhaft): • Welche Auswirkungen sind auf den Konsum zu erwarten, wenn die Sparneigung der privaten Haushalte abnimmt? • Um wie viel nimmt das Sozialprodukt zu, wenn die Unternehmen ihre Inves-titionen erhöhen?
Das Verhalten Einzelner und die Ziele der Gesamtwirtschaft • können harmonieren (z. B. Eigeninteresse führt zu Wohlstand für alle) • können konkurrieren (z. B. Kartellbildung zu Lasten der Verbraucher)	

Abbildung 1.1: Gegenüberstellung von Mikro- und Makroökonomie.

Um was geht es? Mikro und Makro behandeln zwar beide das gleiche Thema – nämlich die Wirtschaft, aber sie tun es aus völlig unterschiedlichen Perspektiven!

Im Gegensatz zur Mikroökonomie, bei der man „in das einzelne Haus hineingeht" (Nachfrageverhalten eines privaten Haushalts), um zu sehen, wie die Akteure dort planen und entscheiden, betrachtet die Makroökonomie die Wirtschaft aus der Vogelperspektive. Nicht das Verhalten des einzelnen „Hauses" ist Thema, sondern die Gesamtsicht aller „Häuser" (alle privaten Haushalte einer Volkswirtschaft)

und deren Aggregation zu größeren Einheiten und deren Verbindung untereinander – zum Beispiel mittels der Konsumneigung oder des Zinsniveaus.
Untersuchungsgegenstand der Makroökonomie sind volkswirtschaftliche Aggregate wie Bruttoinlandsprodukt und Volkseinkommen, Konsum und Sparen, Investitionen sowie Staatsausgaben und Außenhandel. Hinzu kommen Beschäftigung und Lohnniveau sowie Preisniveau und Zinsniveau – also die Größen, von denen auf Seite 1 der Wirtschaftsteile der großen Zeitungen die Rede ist.

Untersuchungsgegenstände (Größen) der Makroökonomie:

- Bruttoinlandsprodukt und Volkseinkommen
- Konsum, Sparen und Investitionen
- Staatsausgaben
- Außenhandel
- Preis-, Lohn- und Zinsniveau

Diesen makroökonomischen Größen lassen sich nun Akteure zuordnen. Konsumieren und Sparen ist eine Sache der privaten Haushalte, Investieren eine Sache der Unternehmen. Weitere wirtschaftliche Akteure sind der Staat als öffentlicher Sektor und das Ausland.

Akteure der Makroökonomie:

- Konsumenten (Private Haushalte)
- Unternehmen
- Staat (Öffentliche Haushalte)
- Ausland

Hinweis zum folgenden Kapitel: Die Kapitel „Makroökonomische Modelle und Variablen" sowie „Makroökonomische Analysemethoden" sind für die Leser gedacht, die sich über die „Spielregeln" der makroökonomischen Theorie informieren möchten. Thematisiert werden Modelle, Analysemethoden und Variablen, die generell für die Volkswirtschaftslehre und speziell für die Makroökonomie von Bedeutung sind. Für das inhaltliche Verständnis der Makroökonomie ist dieses Kapitel nicht Voraussetzung!

1.2 Makroökonomische Modelle und Variablen

Je komplexer Zusammenhänge sind, desto größer ist das Bedürfnis, diese Zusammenhänge in einem vereinfachten und übersichtlichen Modell darzustellen. Ist ein Modell in der Lage, diese Komplexität der Wirklichkeit schlüssig abzubilden, hat dieses Modell seinen wesentlichen Zweck schon erfüllt, nämlich die Vielfalt der Realität passend und Nutzen bringend darzustellen.

Ein Stadtplan beispielsweise ist keine verkleinerte Abbildung der Wirklichkeit, sondern eine andere Wirklichkeit, die auf Wesentliches reduziert und als einfaches Schema hilft sich in der „wirklichen" Wirklichkeit zurechtzufinden (wobei auch Stadtpläne ihre Tücken haben können, ganz abgesehen von den Schwierigkeiten des Auseinander- und Zusammenfaltens der Pläne). Punkte entsprechen Orten; Linien und Kurven entsprechen Straßen; und Entfernungen werden im Verhältnis richtig dargestellt. Ein Stadtplan hilft sich zurechtzufinden – vorausgesetzt man versteht ihn zu lesen.

Auch die Volkswirtschaftslehre verwendet „Karten und Pläne", um wirtschaftliche Zusammenhänge nachvollziehbar darzustellen. Und gerade die Makroökonomie, deren Sinn in der vereinfachenden Beschreibung und Darstellung dieses „Molochs" Wirtschaft besteht, bedarf der Einsatzes und der Hilfe von Modellen. Das können relativ einfache Modelle sein, wie die Darstellung einer Konsumfunktion; das können aber auch anspruchsvollere Modelle sein, wie die Vier-Felder-Matrix des IS-LM-Modells.

Modell:

➤ Vereinfachte, passende und nützliche Abbildung der Realität.

Je nachdem, welcher Zweck mit einem Modell verfolgt wird, lassen sich drei grundlegende Typen von Modellen charakterisieren, nämlich Beschreibungs-, Erklärungs- und Prognosemodelle.

Modelltypen:

• Beschreibungsmodelle
• Erklärungsmodelle
• Prognosemodelle

1.2.1   Beschreibungsmodelle

Beschreibungsmodelle sind deskriptiver Natur, das heißt sie beschreiben Dinge, so wie sie sind. Dass die Beschreibung von Tatsachen gar nicht immer so einfach, geschweige denn objektiv ist, ließe sich an vielen Beispielen demonstrieren. Allein der Versuch einen Konjunkturzyklus zu beschreiben, kann zu einem schwierigen Unterfangen werden: Welche Variablen und Definitionen sind zu wählen: reale oder nominale Wachstumsraten, monatliche oder jährliche Zeitintervalle, absolute oder relative Größen, etc.?

Beschreibungsmodelle enthalten Daten, Zahlen und Größen, die ermittelt und erfasst worden sind, zur Verfügung stehen und in einen bestimmten Kontext gebracht werden sollen. Solche Daten können beispielsweise die realen Wachstums-

Beschreibungsmodelle:

➢ Beschreibungsmodelle sind deskriptiver Natur, das heißt sie beschreiben Dinge, so wie sie sind.

➢ Frage: Was ist?

• z. B. Darstellung der Konjunktur in Deutschland seit 1945

• z. B. Kursentwicklung des Euro seit Einführung im Jahr 1999

raten des Bruttoinlandsproduktes seit den 50er Jahren in Deutschland sein. Die Darstellungsform kann in Worten, tabellarisch oder auch anhand einer Grafik erfolgen. Wählen wir die Grafik, könnte das folgendermaßen aussehen:

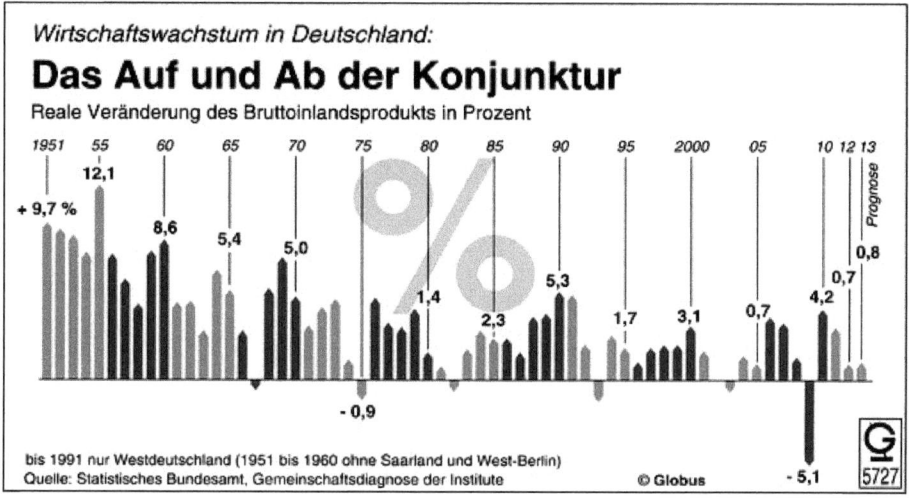

Abbildung 1.2: Der Konjunkturverlauf [Globus 5727 / Quelle: StBA]

Eine solche Grafik beschreibt die Konjunktur, also den Verlauf der Wirtschaft, und diese Darstellung ist „nüchtern", objektiv und wertneutral.

1.2.2 Erklärungsmodelle

Daten und Ergebnisse sind in einem zweiten Schritt zu erklären und zu deuten. Es bedarf also der Interpretation der Dinge, die beschrieben worden sind. Solche Interpretationen und Deutungen können einfacher Art sein (monokausal), wie zum Beispiel die Ölpreiskrise als Hauptursache für Wachstumseinbrüche in den siebziger Jahren. Erklärungen können aber auch umfassender sein (multikausal) und den Charakter eines eigenständigen Theoriegebäudes haben. Ökonomen versuchen dann anhand von Konjunkturtheorien die Konjunktur oder anhand von Wechselkurstheorien die Wechselkursentwicklung zu erklären.

Diese Theorien und Modelle gehen also über die reine Beschreibung von Wirklichkeiten hinaus und versuchen Erklärungen zu liefern, warum etwas so oder so ist – eben Erklärungsmodelle.

Erklärungsmodelle:

➤ Interpretation der Wirklichkeit und der gewonnen Ist-Daten.

➤ Ursachenforschung (warum ist etwas so) sowie Deutungsversuche und Erklärungstheorien (deshalb ist es so).

• z. B. Konjunkturtheorien zur Erklärung des zyklischen Verlaufs der Wirtschaft.

• z. B. Wechselkurstheorien zur Erklärung des Anstiegs des Euros gegenüber dem Dollar.

1.2.3   Prognosemodelle

Hat man diesen Schritt der Ursachenfindung und der Erklärung wirtschaftlicher Tatbestände vollzogen, wird ein nächster Schritt unweigerlich folgen, der die Sehnsucht nach dem „Prophezeien und Wahrsagen" befriedigt: Man will in die Zukunft sehen!

Zum Beispiel: Wenn die Konjunktur aus bestimmten Gründen bisher einen zyklischen Verlauf hatte, wird es dann auch weiterhin so sein? Ist dieser Verlauf beeinflussbar und wenn ja, wie? Welche „Hebel" sind zu betätigen?

Oder: Wie wird der Altersaufbau der Bevölkerung, sprich die demografische Entwicklung, in Deutschland in den nächsten Jahrzehnten aussehen und welche Auswirkungen sind auf die Sozialsysteme zu erwarten?

Prognosemodelle:

➤ Blick in die Zukunft: Aufstellen von möglichen Szenarien

➤ Wie wird etwas sein oder was soll sein?

• z. B. wird es trotz hoher Ölpreise nur einen geringen Dämpfungseffekt auf die Konjunktur geben?

• z. B. wird der Euro gegenüber dem Dollar an Wert gewinnen?

Prognosemodelle (Prognose: griech. „Vorauserkenntnis") sollen helfen, diesen Blick in die Zukunft zu werfen und zu zeigen, wie eine Entwicklung verlaufen könnte. Zum Beispiel: Wenn die Geburtenrate konstant bleibt und die Zuwanderung um einen bestimmten Prozentsatz zunimmt, wird in Deutschland im Jahr 2060 die Bevölkerung 70 Millionen Menschen betragen – statt rund 82 Millionen wie es zurzeit der Fall ist.

Mit Hilfe von Computern und Netzwerken sowie der Eingabe und Verarbeitung enormer Massen an Daten versucht man schließlich Simulationen darzustellen. Problem dabei ist, dass schon eine kleine Ursachenänderung bei einer Variablen zu einer großen Veränderung des Ergebnisses führen kann. Die Chaostheorie bietet das berühmte Beispiel des Schmetterlings in Südamerika, der durch seinen Flügelschlag einen Wirbelsturm in China entfachen kann.[1]

Prognosemodelle bedienen sich üblicherweise verschiedener Szenarien. Es wird eine wahrscheinliche Entwicklung als Mittelweg aufgezeigt, die jedoch durch Bestcase- und Worstcase-Szenarien ergänzt werden. Stellt ein Existenzgründer einen Geschäftsplan auf, der ein Prognosemodell der erwarteten Geschäftätigkeit der nächsten fünf Jahre darstellt, ist es auch hier üblich, Entwicklungen darzustellen, die im besten und im schlechtesten Falle auftreten können.

1.3   Makroökonomische Analysemethoden

Die Makroökonomie beinhaltet eine Analyse gesamtwirtschaftlicher Größen wie Volkseinkommen oder Staatsausgaben. Diese Analyse kann methodisch auf verschiedene Art erfolgen. Sie kann im Rahmen einer Total- oder Partialanalyse geschehen. Die Analyse kann statischer oder dynamischer Natur sein. Sie kann ex-post oder ex-ante sein. Schließlich sind Bewegungs- von Bestandsanalysen zu unterscheiden.

Analysemethoden in der Volkswirtschaftstheorie:
- Total- und Partialanalyse
- ex-post und ex-ante Analyse
- statische und dynamische Analyse
- Bewegungs- und Bestandsanalyse

Analyse im Allgemeinen bedeutet übrigens die systematische Untersuchung eines Sachverhalts hinsichtlich aller einzelner Komponenten oder Faktoren. Diese „Auflösung und Zerlegung" (griech. Analyse) kann sich auf einen Mordfall oder Elementarteilchen, auf Bildungschancen oder auf die Volkswirtschaft beziehen.

1.3.1   Totalanalyse und Partialanalyse

a) Totalanalyse

Die Makroökonomie ist von ihrem Anspruch her eine Totalanalyse. Sie will die Wirtschaft in ihrer Ganzheit erfassen. Dass es jedoch unmöglich ist, alle Sachverhalte und Aspekte einer Volkswirtschaft in der Praxis zu erfassen, ist klar. Trotzdem können in der Theorie Modelle entwickelt werden, die prinzipiell alle rele-

---

[1]   Die Chaostheorie beschreibt Wirkungen, die von ihrem Ursprung her relativ klein sind, aber im Hinblick auf das Ergebnis oft sehr groß sein können; also vom Flügelschlag des Schmetterlings zum Wirbelsturm.

vanten Variablen enthalten und durch Gleichungen miteinander in Verbindung gesetzt werden (z. B. die Globalgleichung Y = C + I + G + Ex - Im).

Totalanalyse:

➢ Methode der Volkswirtschaftslehre, Zusammenhänge aus der ökonomischen Realität in Modellen abzubilden und zu erklären. Im Gegensatz zur Partialanalyse werden dabei die relevanten Gesamtzusammenhänge vollständig berücksichtigt.[2]

Die Totalanalyse und Totalmodelle sind für die Makroökonomie typisch. Eines der bekanntesten Modelle, welches das Zusammenwirken aller Wirtschaftssektoren wie Konsumenten, Unternehmen, Staat und Ausland zu erfassen versucht, ist das Kreislaufmodell. Das Kreislaufmodell, vergleichbar dem menschlichen Blutkreislauf, ist ein abgeschlossenes und somit vollständiges, sprich „totales" Modell.

Beispiele für Totalmodelle:

• Kreislaufmodell: Zusammenwirken aller Wirtschaftssektoren
• Globalgleichung: Y = C + I + G + Ex - Im

„Sollvorschrift": Gleichgewichtszustände

Die Tatsache, dass makroökonomische Totalmodelle per definitionem abgeschlossen und in sich schlüssig sind, bedeutet auch, dass diese Modelle in „Harmonie" sind. Das heißt, makroökonomische Modelle sind Gleichgewichtsmodelle. So wie sich der Naturkreislauf im Idealfall im Gleichgewicht befindet, befindet sich der Wirtschaftskreislauf im Gleichgewicht. Insofern wird in der Makroökonomie auch von der Theorie des allgemeinen Gleichgewichts gesprochen.

b) Partialanalyse

Im Gegensatz zur Totalanalyse behandelt die Partialanalyse Teilaspekte oder -bereiche der Wirtschaft. Teilbereiche können einzelne Märkte (z. B. Arbeitsmarkt), einzelne Sektoren (z. B. Landwirtschaft) oder einzelne Wirtschaftsakteure (z. B. ein Monopolist) sein. Betrachtet man einen Teilbereich, werden die jeweils anderen außen vorgelassenen Bereiche als fest und gegeben betrachtet.

Partialanalyse:

➢ Methode der Volks- und Betriebswirtschaftslehre, Zusammenhänge aus der ökonomischen Realität durch Beschränkung auf die jeweils relevanten Teilaspekte in Modellen abzubilden und zu erklären.[3]

---

[2] Lexikon der Volkswirtschaft, 2009, S. 694.
[3] Lexikon der Volkswirtschaft, 2009, S. 543.

Die Partialanalyse wird gerne der Mikroökonomie zugeschrieben; zu Recht, doch eventuell auch missverständlich. Denn Partialanalyse heißt zwar, dass bewusst und explizit nur Teilaspekte wie beispielsweise das Angebotsverhalten eines Unternehmens im Wettbewerb behandelt werden, was wiederum aber nicht heißt, dass diese Teilaspekte nicht vollständig erfasst werden. Auch solche Partialmodelle sind vollständig und schlüssig, was ihre Annahmen, Methodiken und Ergebnisse anbelangt – z. B. die Gewinnmaximierung des Unternehmens im Polypol; sie sind nur nicht total im Sinne der Erfassung der ganzen Wirtschaft.

Beispiele für Partialmodelle:
- Nachfrageverhalten eines Konsumenten bei Kinobesuchen
- Gewinnmaximierung im Monopol: Preis=Grenzkosten-Regel
- ➢ „Sollvorschrift": Maximierungs- und Optimierungskalküle

1.3.2   Ex-post-Analyse und ex-ante-Analyse

Die Unterscheidung in ex-post- und in ex-ante-Analyse[4] ist weitaus eingängiger als die Unterscheidung in Total- und Partialanalyse. Ex-post bedeutet vom Begriff her „im Nachhinein" und ex-ante heißt übersetzt „im Voraus". Während sich also ex-post als rückblickend und vergangenheitsorientiert darstellt, bedeutet ex-ante vorausschauend und zukunftsorientiert.

Ex-post-Analyse	Ex-ante-Analyse
Im Nachhinein, rückblickend → vergangenheitsorientiert	Im Vorhinein, vorausschauend → zukunftsorientiert
Methode zur *Beschreibung* wirtschaftlicher Zusammenhänge einer zurückliegenden Periode	Methode zur *Erklärung* wirtschaftlicher Zusammenhänge mit Hilfe von Planungs- und Erwartungsgrößen
Realisierte Größen Ist-Größen	Plan-, Ziel- oder Erwartungsgrößen Kann-, Soll-Größen
deskriptiv	normativ
Definitionen, Klassifikationen und empirische Erfassung von wirtschaftlichen Daten und Variablen	Einflussfaktoren und Verhaltenshypothesen
z. B. Volkswirtschaftliche Gesamtrechnung (BIP 2009: 2404 Mrd. €) oder die Zahlungsbilanz außenwirtschaftlicher Vorgänge.	z. B. Investitionsverhalten oder Einkommenshypothesen i m Rahmen der Multiplikatoranalyse.

---

[4] Das Begriffspaar der ex-post- und ex-ante-Analyse wurde 1928 vom schwedischen Nationalökonomen und Wirtschaftspolitiker Gunnar Myrdal in die wirtschaftliche Methodik eingebracht.

Diese unterschiedliche Sichtweise bringt es mit sich, dass die ex-post-Analyse bekannte und tatsächliche Größen beschreibt und die ex-ante-Analyse deutet, wie es sein wird oder sein könnte oder auch sein sollte.

Ein Beispiel für eine ex-post-Größe ist die Bevölkerungszahl für Deutschland im Jahr 2014. Sie betrug 81,1 Millionen (ex-post: Ist-Größe). Für das Jahr 2060 wird mit einer Zahl von 67 bis 73 Millionen gerechnet (ex-ante: Schätz-Größe).

1.3.3   Statische und dynamische Analyse

Der Unterschied zwischen einer statischen Analyse und einer dynamischen Analyse besteht darin, dass die statische zeitunabhängig und die dynamische zeitabhängig ist.

Zeitaspekt der Analysemethoden:
- statisch   →   zeitunabhängig
- dynamisch   →   zeitabhängig

Statische Analyse: Die statische Analyse ist zeitunabhängig. Eine Zeitunabhängigkeit kann zweierlei bedeuten. Entweder ist eine Größe oder Variable tatsächlich unabhängig von der Zeit oder aber eine Variable bezieht sich nur auf einen Zeitpunkt oder eine Zeitperiode (im Sinne eines Zeitpunktes, indem sie quasi auf „Null" verdichtet wird).

Dynamische Analyse: Im Rahmen der dynamischen Analyse werden Variablen wie zum Beispiel das Bruttoinlandsprodukt oder der Wechselkurs in ihrer zeitlichen Veränderung untersucht. Ökonomische Größen sind somit Funktionen der Zeit. Ein typisches Beispiel einer dynamischen Analyse im Rahmen der Makroökonomie ist die Darstellung und Interpretation einer Investitionsfunktion durch zurückliegende Einkommensänderungen (Multiplikator- und Akzeleratoreffekt).

Sonderfall komparativ-statisch: Die statische und die dynamische Analyse können auch miteinander kombiniert werden. In diesem Fall liegt eine komparativ-statische Analyse vor. Dies bedeutet, dass zwei Zeitpunkte miteinander verglichen werden, ohne den Zeitablauf dazwischen zu erklären.

Bestands- und Bewegungsgrößen:

Mit der statischen und dynamischen Analyse korrespondieren die Begriffe der Bestands- und Bewegungsgrößen. Bestandsgrößen beziehen sich grundsätzlich auf einen Zeitpunkt, während Bewegungs- bzw. Stromgrößen auf einen Zeitraum bezogen sind. Nehmen wir ein bekanntes Beispiel aus der Betriebswirtschaftslehre, nämlich die Darstellung einer Bilanz. Eine Bilanz wäre hier eine typische Bestandsgröße. Bilanzen werden beispielsweise zum 31. Dezember des Jahres abgeschlossen und weisen das Vermögen und das Kapital zu diesem Stichtag aus. Die Gewinn- und Verlustrechnung dagegen ist eine typische Stromrechnung. Die

Aufwendungen und Erträge werden das ganze Jahr über erfasst. Der Saldo als Gewinn oder Jahresüberschuss geht schließlich wieder als Bestandsgröße in das Eigenkapital der Bilanz ein.

Bestands- und Stromgrößen:

- Bestandsgrößen sind zeitpunktbezogen (z. B. Kassenbestand oder Jahresüberschuss).
- Stromgrößen sind zeitraumbezogen (z. B. Gewinn- und Verlustrechnung).

Ein weiteres bekanntes Beispiel für Bestand- und Bewegungsgrößen wären Inventur und Lagerbestandsveränderungen. Der Lagerbestand zu Beginn und Ende des Jahres ist jeweils eine Bestandsgröße; die Zu- und Abgänge in das Lager und aus dem Lager sind Stromgrößen.

1.3.4   Endogene und exogene Variablen

Ein beliebtes Begriffspaar in der Ökonomie ist das der endogenen und exogenen Variablen. Diese Unterscheidung in endogen und exogen kann in zweierlei Hinsicht verstanden werden, im streng mathematischen Sinne oder im inhaltlichen Sinne. Im mathematischen Sinne meint endogen die abhängige Variable und exogen die unabhängige Variable.

Ökonomisch: Die Unterscheidung zwischen endogen und exogen kann jedoch auch „nicht-mathematisch" als Unterscheidung zwischen ökonomisch und nicht-ökonomisch verstanden werden. So werden zum Beispiel in der Konjunkturtheorie exogene und endogene Variablen unterschieden. Exogene, also außerökonomische Variablen, sind dann beispielsweise kosmische Störungen, Naturkatastrophen, Erfindungen oder Streiks – Variablen, die von außen über uns und die Ökonomie hereinbrechen. Endogene Variablen sind im Modell enthaltene ökonomische Variablen wie beispielsweise Investitionen oder Konsum.

Endogene Variable	Exogene Variable
Größe, deren Wert innerhalb des Modells (evtl. mit Hilfe anderer Größen) erklärt und bestimmt werden kann.	Größe, deren Werte im Modell nicht erklärt werden kann, sondern als gegeben angesehen und "von außen" übernommen wird.
ökonomische Variable	außerökonomische Variable
abhängige, zu erklärende Variable	unabhängige, erklärende Variable
z. B.: Konsum kann durch das Einkommen erklärt werden: $C = f(Y)$	z. B. Bevölkerungszahl als Grundlage für das Einkommen pro Kopf
• $L = L(Y, i)$; Geldnachfrage abhängig von Einkommen und Zins • Multiplikator als Erklärung für Konjunkturschwankungen	• $M = M$; Geldangebot durch die Zentralbank gegeben • Sonnenaktivität als Erklärung für Konjunkturzyklen

2 Kreislaufmodell und Volkswirtschaftliche Gesamtrechnung

Das Kreislaufmodell gehört zu den bekanntesten Modellen in der Volkswirtschaftslehre. Warum ist dieses Modell so „prominent"?

Das Kreislaufmodell stellt eine geschlossene Wirtschaft dar und das in übersichtlicher Form. Es vermittelt Ganzheit, Struktur und Schlüssigkeit und gleichzeitig wohnt ihm trotz Klarheit und Übersichtlichkeit auch etwas Labyrinthisches und Komplexes inne und es weckt die Neugier, die vielen einzelnen Verbindungen zwischen den Sektoren zu erkunden und zu interpretieren. Insofern könnte dem Kreislaufmodell auch eine gewisse Ästhetik der Darstellung attestiert werden, was auch in den zahlreichen unterschiedlichen Darstellungsformen zum Ausdruck kommt. Schließlich gehört das Kreislaufmodell zu den frühsten Darstellungen der klassischen Nationalökonomie.

2.1 François Quesnay und das Tableau Economique

Als Urheber des Kreislaufmodells gilt François Quesnay, ein französischer Arzt und Kupferstecher, der von 1694 bis 1774 gelebt hat.[5]

Die Tatsache, dass Quesnay Arzt war und die weitere Tatsache, dass zu seiner Zeit der menschliche Blutkreislauf entdeckt wurde, legt den Schluss nahe, dass sich Quesnay bei der Idee, die Wirtschaft als Kreislauf darzustellen, vom menschlichen Blutkreislauf inspirieren ließ. So wie Herz und Nieren als Organe und die Blutadern als deren Verbindungen dienen, ließe sich auch die Wirtschaft durch Sektoren und Klassen und durch wirtschaftliche Beziehungen beschreiben.

Die Darstellung von Quesnay ist unter dem Namen „Tableau Economique" bekannt und datiert 1758, also noch einige Jahre vor Adam Smiths Wohlstand der Nationen im Jahr 1776.

Kreislaufmodell

➢ Systematische und geschlossene Darstellung des Wirtschaftskreislaufs

• Urheber: François Quesnay (1694 - 1774), französischer Arzt und Kupferstecher

• veröffentlich 1758 als „Tableau Economique"

---

[5] Quesnay war am Hofe Louis XV. und soll ein Günstling von Madame Pompadour gewesen sein.

Drei Wirtschaftsgruppen werden im Tableau Economique unterschieden:

- classe productive: Die produktive Klasse der Landwirte und Pächter.
- classe proprietaire: Die Klasse der Grundbesitzer, wozu Adel und Klerus gehören.
- classe stérile: Die sterile Klasse, die die übrigen Berufe wie Handel und Handwerk umfasst.

Beispiel: Die Landpächter schaffen Werte, indem sie beispielsweise Getreide anbauen. Den Bodenbesitzern zahlen Sie eine Pacht in Höhe von 2.000 Geldeinheiten (GE). Die Bodenbesitzer ihrerseits kaufen für 1.000 GE landwirtschaftliche Produkte bei den Landpächtern und für 1.000 GE Produkte bei den Handwerkern und Kaufleuten. Die „sterile" Klasse ihrerseits hatte schon 1.000 GE für ihre Produktverkäufe an die Landpächter bekommen und umgekehrt 2.000 GE für Rohstoffe und Agrargüter an die Landpächter gezahlt.

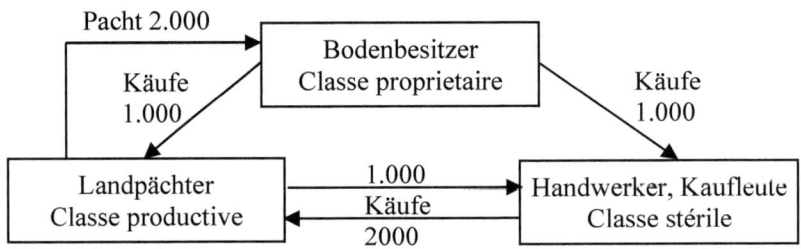

Abbildung 1.3:   Vereinfachte Darstellung eines Wirtschaftskreislaufs.
[Quelle: Van Suntum, 2013, S. 104]

Exkurs Physiokratismus:

Im Wirtschaftskreislauf zur damaligen Zeit spielte die Landwirtschaft eine herausragende Rolle. Zur Geltung kam dies im Physiokratismus. Der Physiokratismus ist ein auf Naturherrschaft begründetes wirtschaftliches Ordnungssystem, das vor allem in Frankreich in der zweiten Hälfte des 18. Jahrhunderts vorzufinden war. Als Begründer gilt François Quesnay.

„Die allein produktive Klasse (classe productive) sind die Landwirte, weil nur die Landwirtschaft einen „Produit net" (Nettoprodukt) hervorbringt. Aus diesem „Produit net" leiten sich die Einkommen der Bodenbesitzer (classe proprietaire oder auch classe distributive genannt) und der Gewerbetreibenden und Händler (classe stérile) ab. Die Einkommensströme sind ähnlich wie im Blutkreislauf miteinander verbunden. […] Durch Handels- und Gewerbefreiheit soll eine Annäherung der tatsächlichen Ordnung (Ordre positive) an die natürliche und damit vernünftige Ordnung (Ordre natural) gelingen."[6]

---

6   Woll: Wirtschaftslexikon, 2008, S. 604f.

Wenn man sich die Aussage des Preußenkönigs Friedrich II. vor Augen führt „Der Ackerbau ist die einzige der wahren Künste. Nur das ist wahrer Reichtum, was die Erde hervorbringt."[7], wird es verständlich, dass Quesnay nur der ersten Klasse, der produktiven Klasse der Landwirte, die Fähigkeit zur Wertschöpfung zuspricht. Die Handwerker und erst recht die Händler formen die zuvor geschaffenen und hervorgebrachten Werte des Bodens nur um. Sie sind eine sterile Klasse.[8]

2.2   Das Kreislaufmodell

Auch wenn das Tableau Economique ein Kreislaufmodell des 18. Jahrhunderts darstellt, ist das Prinzip des heutigen Kreislaufmodells dasselbe geblieben. Wirtschaftssektoren sind durch Einkommens- und Zahlungsströme miteinander verbunden. Geändert haben sich allerdings die Inhalte und die „Klassen". Bodenbesitzer, Landwirte, Handeltreibende und Handwerker finden sich zwar heute wieder, doch ist die Einteilung und Zusammensetzung der Sektoren eine andere.

2.2.1   Bausteine des Kreislaufmodells

a) Sektoren:

Folgende Sektoren bilden die Module des heutigen Kreislaufmodells: Private Haushalte, Unternehmen, Vermögensbildung, Staat und Ausland.

Wirtschaftssektoren des Kreislaufmodells:
- Private Haushalte
- Unternehmen
- Vermögensbildung
- Staat (öffentliche Haushalte)
- Ausland

---

b) Annahmen:

Die Bildung und Darstellung der Sektoren und deren Beziehungen untereinander im Rahmen des Kreislaufmodells basieren auf verschiedenen Annahmen:

- Beschränkung auf wesentliche Einflussfaktoren.
- Einflussfaktoren werden als Daten betrachtet und nicht erklärt (gegebene Größen).
- Ceteris-paribus-Klausel (unter sonst gleichen Bedingungen).
- Vereinfachte Beziehungen (Proportionalität).

---

[7]   … und im Südstaatenepos ‚Vom Winde verweht' kehrt Scarlett in ihre Heimat Tara zurück und beschwört die Zukunft mit den Worten: *„Land ist das einzige, wofür es sich lohnt zu arbeiten. Nur das Land lebt ewig".*

[8]   Somit würden heute alle Volks- und Betriebswirte zur sterilen Klasse gehören!?

c) Beziehungen zwischen den Sektoren:

Die Beziehungen zwischen den Sektoren können als reale Größen (z. B. Güterbewegungen oder Arbeitskräfteeinsatz) und als nominale beziehungsweise monetäre Größen (z. B. Einkommen oder Zahlungen) definiert werden. Üblich und ausreichend ist es, die monetären Beziehungen darzustellen.

Beziehungen zwischen den Sektoren:

➤ Nominale bzw. monetäre Stromgrößen (Pfeile).

 z. B. Zahlung für einen Güterkauf oder Einkommen für einen Arbeitseinsatz

---

Angenommen eine Privatperson kauft bei einem Unternehmen eine Ware. Dann wird diese Transaktion durch einen Pfeil vom Privaten Haushalt zum Unternehmen dargestellt. Es fließt Geld vom Privaten Haushalt zum Unternehmen (Konsumausgabe). Der Güterfluss vom Unternehmen zum Privaten Haushalt ist in dieser monetären Beziehung automatisch enthalten.

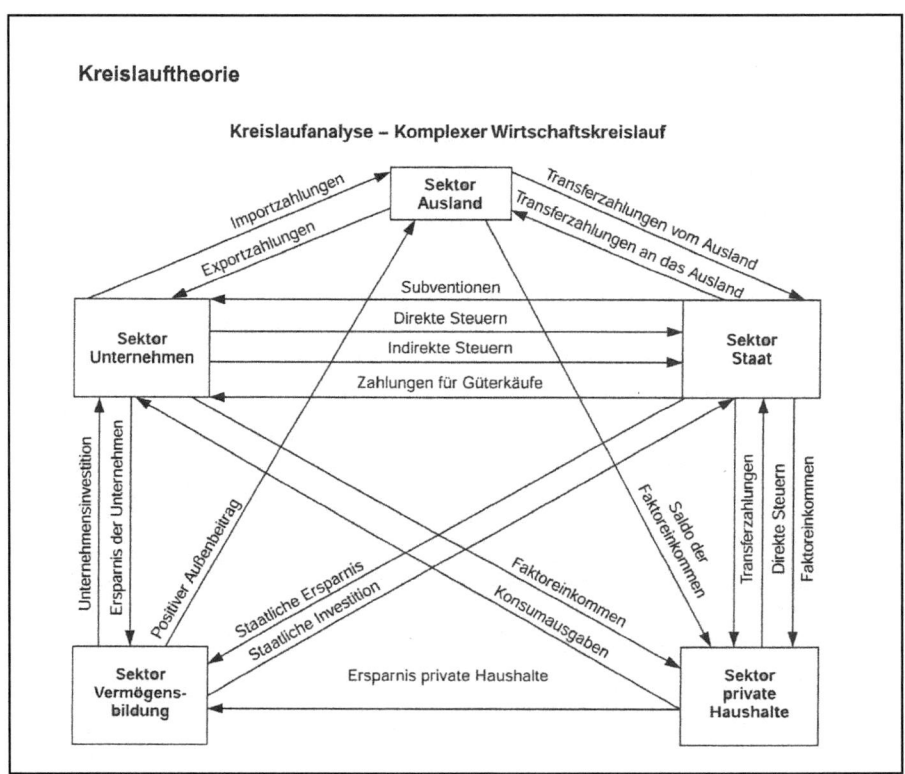

Abbildung 1.4: Das Kreislaufmodell [Quelle: Gabler Kompakt-Lexikon Volkswirtschaft, 2009, S. 250]

Wenn ein Arbeitnehmer (Privater Haushalt) bei einem Unternehmen arbeitet, fließt Arbeitsleistung vom Privaten Haushalt zum Unternehmen und Lohnzahlung vom Unternehmen zum Privaten Haushalt zurück. Diese Lohnzahlung wird durch einen entsprechenden Pfeil vom Unternehmen zum Privaten Haushalt dargestellt.

Die dargestellten monetären Beziehungen (Pfeile) sind Stromgrößen, das heißt sie gelten für einen bestimmten Zeitabschnitt, z. B. Konsum während eines Jahres.

2.2.2   Erläuterungen zum Kreislaufmodell

Das Kreislaufmodell kann je nach Einbeziehung der verschiedenen Sektoren unterschiedlich klassifiziert werden:

- **Sektoren**:   2-, 3- oder 4-polig je nach Anzahl der Sektoren.
- **Vermögen**:   Dynamisch oder statisch, also mit oder ohne Vermögensbildung.
- **Staat**:   Wirtschaft mit staatlicher oder ohne staatliche Aktivität.
- **Ausland**:   Offen oder geschlossen, das heißt, mit oder ohne Ausland.

2.2.2.1   Private Haushalte und Unternehmen

Das „kleinste" Kreislaufmodell beinhaltet die Sektoren Unternehmen und Private Haushalte und deren Wirtschaftsbeziehungen untereinander. Weder Vermögensbildung, Staat noch Ausland spielen eine Rolle. Insofern handelt es sich um eine 2-polige, statische und geschlossene Volkswirtschaft ohne staatliche Aktivität.

Private Haushalte und Unternehmen:
- ➢   2-polige, statische und geschlossene Volkswirtschaft ohne staatliche Aktivität.

Einkommen und Konsum: Private Haushalte arbeiten üblicherweise bei Unternehmen und erbringen somit Arbeitsleistungen. Die Unternehmer honorieren diese Leistungen mit entsprechenden Gehältern und Löhnen, sprich Einkommen (Y). Mit Hilfe dieses Einkommens können die Arbeitnehmer die bei den Unternehmen produzierten Güter erwerben. Das Einkommen wird vollständig für den Konsum (C) ausgegeben.

Identitätsgleichung: Y = C

2.2.2.2   Der Vermögenssektor: Sparen und Investieren

Im ersten Schritt wurde unterstellt, dass das erarbeitete Einkommen komplett für den Konsum ausgegeben wird. Ersparnisse werden nicht gebildet. Die Konsumquote beträgt 100 Prozent.

Sparen und Investieren: Im Folgenden wird diese Annahme revidiert. Man geht davon aus, dass das Einkommen nicht vollständig für den Konsum ausgegeben wird, sondern zum Teil für Sparzwecke verwendet wird. Dieses Sparen (S) geschieht natürlich nicht anhand eines „Sparstrumpfes", sondern durch die Anlage bei einem Kreditinstitut.

Die Spareinlagen stehen dann wiederum anderen Marktteilnehmern für Kredite zur Verfügung. Die Marktteilnehmer sind Unternehmer, die Kredite für ihre geplanten Investitionen aufnehmen. Die Sparer erhalten für ihre Einlagen eine Verzinsung (Habenzinsen), die Unternehmer haben für die Kredite Zinsen (Sollzinsen) zu bezahlen. Allerdings bleiben die Zinsen im Kreislaufmodell außen vor. Der Sektor, der Sparen und Kredite beinhaltet, wird als Vermögensänderung oder Vermögensbildung bezeichnet.

Die Tatsache, dass durch Sparen und Investieren Anpassungs- und Vermögensbildungsprozesse in Gang gesetzt werden, wird auch als dynamisch bezeichnet. Insofern handelt es sich um eine 2-polige, dynamische, geschlossene Volkswirtschaft ohne staatliche Aktivität.

Private Haushalte, Unternehmen und Vermögenssektor

➤   2-polige, dynamische und geschlossene Volkswirtschaft ohne staatliche Aktivität.

In dieser dynamischen und geschlossenen Volkswirtschaft ohne staatliche Aktivität lässt sich die Einkommensverwendung als Summe von Konsum (C) und Sparen (S) definieren:

Einkommensverwendung: Y = C + S

Die Einkommensentstehung entspricht der Summe von Konsum (C) und Investitionen (I):

Einkommensentstehung: Y = C + I

Gleichzeitig gilt die Gleichgewichtsbedingung (ex-post-Identität) von Sparen und Investition:

Gleichgewichtsbedingung: I = S

Im dritten Schritt wird nun der Staat in das Kreislaufmodell mit einbezogen.

2.2.2.3 Der Staat – Aufgaben und Ausgaben

Der Staat lässt sich vor allem über seine Ausgaben und Einnahmen definieren.

Abgaben, Transfers und Subventionen: Sowohl die Privaten Haushalte als auch die Unternehmen haben Abgaben in Form von Steuern und Sozialbeiträgen zu entrichten. Umgekehrt erhalten Private Haushalte vom Staat Transfers wie Kindergeld und Unternehmen Subventionen wie Lohnkostenzuschüsse.

Einkommen: Eine weitere Stromgröße zwischen Privaten Haushalten und Staat besteht darin, dass Privatpersonen beim Staat beschäftigt sind und für den Einsatz ihrer Arbeitskraft als Lehrer und Finanzbeamte Gehälter vom Staat bekommen – was im Übrigen unter die Rubrik Staatskonsum fällt.

Güterkäufe: Ebenfalls unter Staatskonsum fallen Güterkäufe des Staates. Der Staat finanziert über seine zuvor erhaltenen Steuern Produkte und Dienstleistungen wie Straßen und Schulen. Die finanziellen Zuweisungen fließen den Unternehmen zu.

Private Haushalte, Unternehmen, Vermögenssektor und Staat
➢ 3-polige, dynamische und geschlossene Volkswirtschaft.

Staatsausgaben: Alle Ausgaben des Staates – seien es Gehaltszahlungen oder Güterkäufe – werden unter dem Begriff der Staatsausgaben (G) subsumiert. Schließlich kann der Staat wie Private Haushalte und Unternehmen als Sparer und als Schuldner auftreten, wobei zurzeit letzteres eindeutig im Vordergrund steht.

Als Einkommensgleichung für eine dynamische Volkswirtschaft mit staatlicher Aktivität kann die Summe von privatem Konsum, unternehmerischen Investitionen und öffentlichen Ausgaben gebildet werden:

$$\text{Einkommensgleichung: } Y = C + I + G$$

2.2.2.4 Ausland – Export und Import

Viele Transaktionen der Wirtschaft geschehen mit dem Ausland. Ausfuhren in das Ausland werden als Exporte definiert, während Einfuhren in das eigene Land als Importe definiert werden.

Wird der Sektor Ausland in die Analyse mit einbezogen, spricht man von einer offenen Volkswirtschaft. Das Modell selbst ist konzeptionell weiterhin ein geschlossenes Modell. Es kann auch durch die Einbeziehung des Auslandes nichts „verloren" gehen. Der Saldo von Zahlungen ist immer Null. Man könnte quasi von einer „geschlossenen offenen Volkswirtschaft" sprechen.

Private Haushalte, Unternehmen, Vermögenssektor, Staat und Ausland
➢ 4-polige, dynamische und offene Volkswirtschaft

Als Einkommensgleichung lässt sich unter Einbeziehung des Auslandes die Summe von Konsum, Investitionen, Staatsausgaben und Nettoexporten ($Ex_n = Ex - Im$) formulieren:

Einkommensgleichung: $Y = C + I + G + Ex_n$

Da Güter nicht nur ins Ausland exportiert, sondern auch vom Ausland importiert werden, wird der Nettoexport gebildet. Die Differenz von Güterexport und Güterimport (Handels- und Dienstleistungsbilanz) wird auch als Außenbeitrag bezeichnet.

Nun existieren aber nicht nur Zahlungen für diese Güterströme, sondern auch Transferzahlungen vom Inland ins Ausland und umgekehrt. Dazu gehören beispielsweise die Entwicklungshilfe, die von Deutschland ins Ausland entrichtet wird oder Beiträge an den Internationalen Währungsfond. Deutschland selbst erhält zum Beispiel Gelder von der Europäischen Union für wachstumsschwache Regionen.

Übungsaufgabe zur Erstellung eines Kreislaufmodells

Folgende Daten für ein einfaches Modell sind gegeben: Arbeitnehmer erbringen eine Arbeitsleistung bei Unternehmen und erhalten dafür ein Monatsgehalt in Höhe von 2.000 Geldeinheiten. Die Sparquote beträgt 10 Prozent. Erstellen Sie ceteris-paribus das entsprechende Kreislaufmodell (monetäre Beziehungen!).

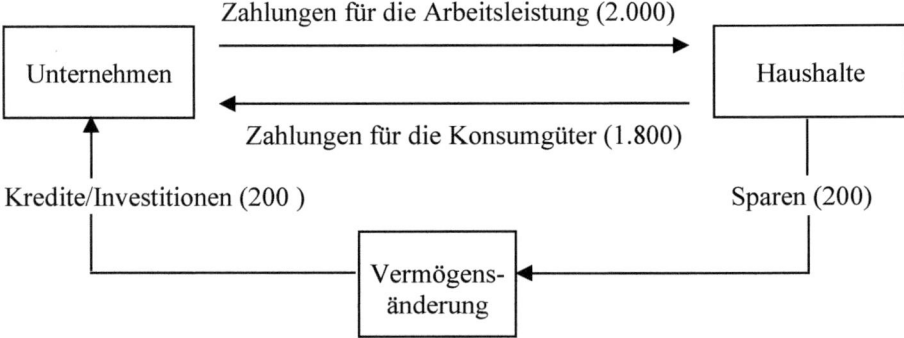

Abbildung 1.5: Wirtschaftskreislauf zwischen Unternehmen und Privaten Haushalten

2.3   Volkswirtschaftliche Gesamtrechnung

Das Kreislaufmodell ist nicht nur eine schöne und übersichtliche sowie pädagogi-
schen Zwecken dienende Abbildung, sondern deren Grundidee liegt auch der
öffentlichen Datenerfassung in Deutschland zugrunde. Die Erfassung und Beschreibung der volkswirtschaftlichen Daten geschieht in der Volkswirtschaftlichen
Gesamtrechnung (VGR). Zuständig ist das Statistische Bundesamt in Wiesbaden.

2.3.1   Definition der Volkswirtschaftlichen Gesamtrechnung

Die Volkswirtschaftliche Gesamtrechnung – auch als nationale Buchhaltung oder
als volkswirtschaftliches Rechnungswesen bezeichnet – dient dem Zweck, ein
statistisches Gesamtbild, beziehungsweise eine quantitative Darstellung der Wirtschaft eines Landes für eine abgelaufene Periode (Jahres- oder Vierteljahreszeit-
raum) zu zeichnen. Sie ist als geschlossenes Buchhaltungssystem konzipiert.

Volkswirtschaftliche Gesamtrechnung (VGR):

➢ Quantitative Darstellung der Wirtschaft für eine abgelaufene Periode

• Träger in Deutschland: Statistisches Bundesamt
• Träger in Europa: Eurostat[9]

Die Wirtschaftseinheiten beziehungsweise Sektoren werden in Unternehmen,
Staat und private Haushalte unterteilt. Wirtschaftseinheiten, die ihren ständigen
Wohnsitz außerhalb des Landes haben, fallen unter die Rubrik „Übrige Welt".

Bewertungsmaßstab der Stromgrößen zwischen den Sektoren sind der Marktpreis
bei über den Markt getauschten Gütern und die Herstellungskosten bei selbst erstellen Gütern der Unternehmen.

Die **Einkommensermittlung** kann auf zweierlei Weise erfolgen:[10]

• Inlandskonzept
• Inländerkonzept

Die **Darstellung des Gesamteinkommens** kann auf drei Arten erfolgen:

• Entstehungsrechnung
• Verwendungsrechnung
• Verteilungsrechnung

---

[9] Eurostat: Statistisches Amt der Europäischen Union mit Sitz in Luxemburg.
[10] Inlands- und Inländerkonzept sowie Entstehungs-, Verwendungs- und Verteilungsrech-
     nung werden im nächsten Kapitel 3 ausführlicher behandelt!

Die Volkswirtschaftlichen Gesamtrechnungen basieren auf international vereinbarten Regeln und Konzepten. Diese werden in bestimmten Abständen angepasst,
um neue ökonomische Sachverhalte adäquat und international vergleichbar abbil-
den zu können. Mit der Generalrevision 2014 wurden zum 1. September 2014 EU-
weit die neuen einheitlichen Standards des ESVG 2010 umgesetzt.[11]

ESVG ist das Europäische System Volkswirtschaftlicher Gesamtrechnungen.

2.3.2   Das Statistische Bundesamt

Die Volkswirtschaftliche Gesamtrechnung gehört zum Aufgabenkomplex des
Statistischen Bundesamtes. Hauptaufgabe des Statistischen Bundesamtes ist nach

---

Statistisches Bundesamt
➢ Bundesoberbehörde, die zum Geschäftsbereich des Bundesministers
   des Inneren gehört und ihren Sitz in Wiesbaden mit Zweigstelle in
   Berlin und Außenstelle in Düsseldorf hat. (www.destatis.de)

---

dem Gesetz über die Statistik für Bundeszwecke (Bundesstatistikgesetz) vom
14.03.1980 (1953) **die Vorbereitung, Erhebung und Aufbereitung von Bun-
desstatistiken**. Dazu gehören unter anderem die Bereiche:

• Volkszählung (nach eigenem Gesetz)
• Volkswirtschaftliche Gesamtrechnung (VGR)
• Berechnung von Preisindizes (Inflation)
• Außenhandelsstatistik

Volkszählung (Zensus 2011): Im Rahmen der Volkszählung erfasst das Statistische Bundesamt Daten über die Bevölkerung in Deutschland. Anhand dieser Daten kann dann auch ein Durchschnittsdeutscher bzw. eine Durchschnittsdeutsche
gebildet werden:

Ein männlicher Durchschnittsdeutscher ist 40,78 Jahre alt, 82,4 kg schwer und 178
cm groß. Das weibliche Pendant zählt 43,82 Jahre, wiegt 67,5 kg und misst 165
cm. Wenn es sich um eine Familie handelt, erfreut sich diese Durchschnittsfamilie
an 1,61 Kindern, die Leon und Marie heißen. Die Familie besitzt 1 Auto, 1,2
Computer, 1,5 Handys und 1,9 Fahrräder. Für Damenoberbekleidung werden 40
Euro und für Herrenkleidung 19 Euro im Monat ausgegeben. Bücher schlagen mit
12 Euro und Haustiere mit 10 Euro pro Monat zu Buche.

Das Statistische Bundesamt gehört zu den Trägern der amtlichen Statistik in
Deutschland. Daneben existieren weitere Träger der amtlichen Statistik.

---

[11] www.destatis.de.

Träger der amtlichen Statistik: - Statistisches Bundesamt
- Statistische Landesämter
- Kommunalstatistische Ämter
- Statistische Abteilungen der Deutschen Bundesbank und der Bundesagentur für Arbeit[12]

Eine der bekanntesten statistischen Darstellungen im Rahmen der Volkswirtschaftlichen Gesamtrechnung ist die der Zahlungsbilanz – also die Darstellung der außenwirtschaftlichen Beziehungen einer Volkswirtschaft.

2.3.3 Die Zahlungsbilanz

Transaktionen: Eine offene Volkswirtschaft zeichnet sich durch eine Vielzahl außenwirtschaftlicher Transaktionen aus. Sei es, dass Autos von Deutschland in die Vereinigten Staaten und CNC-Maschinen nach China exportiert werden, sei es, dass wir von Russland und Norwegen Erdöl und von Neuseeland Kiwis beziehen. Der Austausch von Waren steht zwar im Mittelpunkt der außenwirtschaftlichen Beziehungen von Ländern, doch die Transaktionen zwischen Staaten sind noch weitaus vielfältiger.

Denn nicht nur Waren, also materielle Güter, überschreiten Landesgrenzen, sondern auch Dienstleistungen, Kredite und Währungen. Wir machen Urlaub in Spanien und Thailand. Umgekehrt besuchen Japaner den Schwarzwald und US-Amerikaner Schloss Neuschwanstein. Deutschland schickt Hilfsgelder in Katastrophengebiete und erhält für strukturschwache Regionen in Ostdeutschland Fördergelder aus der Brüsseler Kasse der Europäischen Union. Unternehmen schicken Kapital von einem Standort zum anderen und Zentralbanken kaufen und verkaufen gegenseitig Devisen.

> **Zahlungsbilanz:**
> ➢ Darstellung der außenwirtschaftlichen Transaktionen zwischen Inländern und Ausländern (nominale Größen).[13]

So existiert also eine Fülle der unterschiedlichsten Beziehungen und Transaktionen zwischen Inland und Ausland. Dargestellt werden diese Transaktionen in der Zahlungsbilanz.

Prinzip der doppelten Buchführung: Konzeptionell ist die Zahlungsbilanz nach dem buchhalterischen Prinzip aufgebaut. Das heißt, dass die Summe der Zahlungszuflüsse durch außenwirtschaftliche Transaktionen der Summe der Zah-

---

[12] Neben diesen amtlich Zuständigen erheben auch nicht-amtliche Träger wie Wirtschaftsforschungsinstitute, Markt- und Meinungsforschungsinstitute sowie Verbände statistische Daten.

[13] … wobei sich die Unterscheidung zwischen Inland und Ausland nicht auf die formale Staatsangehörigkeit, sondern auf den Wohnort der Inländer und Ausländer bezieht!

lungsabflüsse entsprechen muss (doppelte Buchführung). Der Saldo der Zahlungsbilanz beträgt somit immer „Null". Wird nun aber beispielsweise von einem Handelsbilanzüberschuss gesprochen, ist damit nicht die Zahlungsbilanz gemeint, sondern eine Teilbilanz der Zahlungsbilanz. Die Zahlungsbilanz ist nämlich in verschiedene Teil- und Unterbilanzen aufgeteilt.

Teilbilanzen: Die grobe Systematisierung geht von drei Teilbilanzen aus. Diese drei Teilbilanzen sind die Leistungsbilanz, die Kapitalbilanz und die Gold- und Devisenbilanz. Die Leistungsbilanz selbst ist ebenfalls noch einmal in die vier Teil- bzw. Unterbilanzen der Handelsbilanz, Dienstleistungsbilanz, Bilanz der Erwerbs- und Vermögenseinkommen und Übertragungsbilanz aufgeteilt.

Teilbilanzen der Zahlungsbilanz:
- Leistungsbilanz: - Handelsbilanz,
  - Dienstleistungsbilanz
  - Bilanz der Erwerbs- und Vermögenseinkommen
  - Übertragungsbilanz
- Kapitalbilanz
- Gold- und Devisenbilanz

Außenbeitrag: Eine wichtige Größe im Rahmen der Zahlungsbilanz ist der Außenbeitrag. Der Außenbeitrag ist definiert als Saldo von Handels- und Dienstleistungsbilanz, misst also den Wert aller Exporte von Waren und Dienstleistungen abzüglich des Wertes aller Importe von Waren und Dienstleistungen.

Ausfuhrüberschuss: Will man die wirtschaftliche Leistungskraft eines Landes anhand seiner außenwirtschaftlichen Aktivitäten messen, sind die Leistungsbilanz (nicht umsonst wird diese Bilanz als Leistungsbilanz bezeichnet!) und als deren Unterbilanz die Handelsbilanz maßgeblich. Spricht man von Ausfuhrüberschüssen oder von Handelsüberschüssen, ist üblicherweise die Handelsbilanz gemeint.

Hinweis: Nominale (monetäre) Größen

Wie auch beim Kreislaufmodell sind in der eigentlichen Zahlungsbilanz nominale (monetäre) und nicht reale Größen dargestellt. Den nominalen Größen entsprechen jedoch reale Größen, wie sie in Abbildung 1.6 beispielhaft erwähnt sind.

Beispiel „rechte Seite Zahlungsabgang": Die Einfuhr von Waren (Realgüterimport) entspricht einem Zahlungsabgang („Geldexport")

Beispiel „linke Seite Zahlungszugang": Der Urlaub von Ausländern in Deutschland (Dienstleistungsexport) entspricht einem Zahlungszugang (Geld fließt ins Inland, quasi ein Geldimport).

Zahlungsbilanz		
Aktivseite **(Zahlungszugänge)**	**Teilbilanzen**	**Passivseite** **(Zahlungsabgänge)**
reale Vorgänge	**Leistungsbilanz**	reale Vorgänge
Export Ausfuhr von Autos oder Maschinen	**Handelsbilanz** Import und Export von Waren	Import Einfuhr von Südfrüchten oder Rohöl
Ausländer machen Urlaub in Deutschland	**Dienstleistungsbilanz** Import und Export von Dienstleistungen	Inländer machen Urlaub im Ausland (Auslandsreisen)
Lohneinkommen aus dem Ausland (Grenzgänger)	**Bilanz der Erwerbs- und** **Vermögenseinkommen**	Lohneinkommen, das ins Ausland fließt
Steuereinnahmen aus dem Ausland	**Bilanz der laufenden** **Übertragungen**[14] Leistungen ohne direkt zu- rechenbare Gegenleistungen	Entwicklungshilfe (keine Kredite) und Beiträge an die UNO oder den IWF
Abnahme der Forderungen bzw. Zunahme der Verbindlichkeiten, z. B. Kapitalimport oder lfd. Direktinvestitionen	**Kapitalbilanz** Forderungen und Verbind- lichkeiten der privaten Wirtschaft und des Staates gegenüber dem Ausland	Zunahme der Forderungen bzw. Abnahme der Verbind- lichkeiten, z. B. Kapitalexport oder lfd. Beteiligungen an ausländischen Firmen
Verkauf von Währungsreserven (Verbindlichkeiten) Goldverkäufe	**Devisenbilanz** Forderungen und Verbind- lichkeiten der Notenbank gegenüber dem Ausland (Aktiva und Passiva der No- tenbank, inkl. Goldreserven)	Kauf von Währungsreserven (Forderungen) Goldkäufe

Abbildung 1.6: Zahlungsbilanz

Daten der Zahlungsbilanz:

Was die Herkunft der Daten anbelangt, beruhen diese auf unterschiedlichen Quellen. Das Statistische Bundesamt in Deutschland führt eine Außenhandelsstatistik. Danach sind alle Unternehmen in Deutschland verpflichtet, dem Statistischen Bundesamt ihre Außenhandelszahlen zu melden.

Die Europäische Union erhebt über Meldeformulare statistische Angaben (Intra Stat). Banken erhalten und liefern Daten über den Auslandszahlungsverkehr. Die Europäische Zentralbank und die nationalen Notenbanken sind ebenfalls wichtige Datengeber. Daneben gibt es Schätzungen verschiedener Institutionen und Wirtschaftsforschungsinstitute. Erstellt wird die Zahlungsbilanz schließlich von der Deutschen Bundesbank.

---

[14] auch als Schenkungs- oder Transferbilanz bekannt.

Die Transaktionen werden übrigens zu Marktpreisen bewertet und zum Zeitpunkt der Transaktion erfasst.

Erstellung und Datengrundlage der Zahlungsbilanz:

Deutsche Bundesbank

Quellen: - Außenhandelsstatistik des Statistischen Bundesamtes
           - EU: Meldeformulare (Intra Stat)
           - Auslandszahlungsverkehr, Kreditinstitute
           - Bundesbank

Zum Abschluss dieses Kapitels sei noch eine Übungsaufgabe gegeben:

Aufgabe: Ordnen Sie folgende Werte den Teilbilanzen der Leistungsbilanz zu und bestimmen Sie den Leistungsbilanzsaldo!

Transaktionen	Mrd. Euro
(1) Export von Waren	700
(2) Import von Waren	600
(3) Ausgaben ausländischer Urlauber in Deutschland	20
(4) Entwicklungshilfe an das Ausland	50
(5) Ausgaben deutscher Urlauber im Ausland	40
(6) Lohneinkommen von Grenzgängern, das im Ausland erarbeitet wird und ins Inland fließt	70

Lösung: Die Leistungsbilanz weist einen positiven Saldo von 100 Mrd. Euro aus.

Zahlungszugänge	Teilbilanzen	Zahlungsabgänge
(1) 700	Handelsbilanz	(2) 600
(3) 20	Dienstleistungsbilanz	(5) 40
(6) 70	Erwerbs-/Vermögenseinkommen	
	Übertragungsbilanz	(4) 50
Σ 790	Leistungsbilanz	Σ 690 Überschuss 100

3 Das Sozialprodukt

3.1 Definition von Sozialprodukt

Zentrale Größe in einer Volkswirtschaft sowie in der makroökonomischen Theorie ist das Sozialprodukt beziehungsweise das Volkseinkommen.

3.1.1 Sozialprodukt und Begriffsvielfalt

Begriffe: Die im Zusammenhang mit dem Sozialprodukt und Volkseinkommen verwendeten Begriffe sind vielfältig und manchmal auch verwirrend:

- Sozialprodukt
- Bruttosozialprodukt
- Bruttoinlandsprodukt
- Nationaleinkommen
- Volkseinkommen
- Gesamtwirtschaftliches Angebot
- Gesamtwirtschaftliche Nachfrage

Beispiel: Angenommen in einer Volkswirtschaft werden 10 Autos zu je 30.000 Euro produziert und verkauft. Die Kosten für die Autos entsprechen den Löhnen derjenigen, die diese Autos produzieren, also insgesamt 300.000 Euro. Mit diesem Gesamteinkommen von 300.000 Euro werden nun entsprechend die Autos nachgefragt und gekauft. Die makroökonomischen Werte betragen also:

	Produktionswert	=	Bruttoinlandsprodukt
=	Gesamtangebot	=	Gesamtnachfrage
=	Volkseinkommen	=	300.000 Euro

Praxis: In der Praxis verhält es sich natürlich komplizierter.

- Jemand aus dem Ausland kauft ein Auto.
- Jemand aus dem Ausland arbeitet hier, gibt aber sein Einkommen in seinem Heimatland aus.
- Nicht alle Autos werden verkauft, sondern stehen „auf Halde".
- Investitionsgüter wie Maschinen zur Herstellung der Autos verlieren an Wert.
- Die Einkommensbezieher müssen Steuern bezahlen.

Insofern muss es begriffliche und definitorische Differenzierungen geben. Vom Grundsatz aber gilt:

Gesamtangebot	**=**	**Gesamtnachfrage!**
Sozialprodukt	**=**	**Volkseinkommen!**

3.1.2   Sozialprodukt und Wirtschaftskraft

Sozialprodukt bedeutet vom Wortstamm ausgehend „gemeinschaftlich Hervorge-
brachtes".

> Begriff „**Sozialprodukt**" → „gemeinschaftlich Hervorgebrachtes"

Die Gemeinschaft, die Waren und Dienstleistungen hervorbringt, kann betriebswirtschaftlich ein Unternehmen oder volkswirtschaftlich ein ganzes Land sein.

Vergleich Unternehmen: Wenn die wirtschaftliche Leistungskraft eines Unternehmens bestimmt und gemessen werden soll, besteht die einfachste und ursprünglichste Möglichkeit darin, zu schauen, was dieses Unternehmen in einem
bestimmten Zeitraum produziert hat, zum Beispiel 100 Autos oder 20.000 Kugel-
schreiber oder 55 Beratungsstunden oder 150 Mittagessen. Um das alles dann
noch bewertbar und vergleichbar zu machen, werden Preise eingeführt, so dass
man dann sagen kann, die Automobilfirma habe 100 Autos mal 40.000 Euro pro
Auto gleich 4 Millionen Euro erwirtschaftet. Betriebswirtschaftlich bedeutet diese
Größe den Umsatz der Firma.

Volkswirtschaft: Prinzipiell ähnlich verhält es sich bezüglich der Ermittlung der
wirtschaftlichen Leistungskraft eines Staates. Auch hier wird ermittelt, was in
einem Land in einem bestimmten Zeitraum wertmäßig produziert wurde. Diese
Größe nennt man allgemein Sozialprodukt (und hat nichts mit Sozialpolitik oder
Sozialleistungen zu tun).

> **Sozialprodukt:**
> ➢ Wirtschaftliche Leistungskraft einer Volkswirtschaft!

Was den Begriff des Sozialprodukts anbelangt, ist dieser im Alltagsgebrauch immer noch geläufig. In der amtlichen Statistik fand jedoch eine Namensänderung
statt. In der Volkswirtschaftlichen Gesamtrechnung heißt das Sozialprodukt seit
dem Jahr 1999 offiziell Nationaleinkommen.

Sozialprodukt ≡ Nationaleinkommen!

Im nächsten Schritt wird zu klären sein, wie das Sozialprodukt beziehungsweise
das Nationaleinkommen zu bestimmen ist. Wenn eine Arbeitskraft mit Wohnsitz
im deutschen Konstanz im schweizerischen Kreuzlingen arbeitet, werden dann das
Produzierte und das Einkommen dem deutschen oder dem schweizerischen Sozialprodukt zugerechnet? Wenn jemand aus dem Verkauf eines Hauses, das vor
zwanzig Jahren gebaut wurde, Erlöse erwirtschaftet, wird dann dieser Verkaufs-
wert ein zweites Mal angerechnet? Oder wird eine unbezahlte ehrenamtliche Tätigkeit in das Sozialprodukt einbezogen?

Je nach Antwort auf diese Fragestellungen ergeben sich unterschiedliche Begriffe und Definitionen des Sozialprodukts. Wichtigster Begriff hierbei ist der des Bruttoinlandsprodukts. Das Bruttoinlandsprodukt ist die maßgebliche Größe bei der Bestimmung der wirtschaftlichen Leistungskraft eines Landes.

> **Maßgröße für das Sozialprodukt**: → Bruttoinlandsprodukt

3.2   Das Bruttoinlandsprodukt

Das Bruttoinlandsprodukt (BIP)[15] ist die gängige Maßgröße zur Berechnung der wirtschaftlichen Leistung einer Volkswirtschaft und gilt als bestes verfügbares Maß, den wirtschaftlichen Wohlstand einer Gesellschaft zu bestimmen. Wie ist nun dieses Maß des Wohlstandes definiert und was sagt es im Einzelnen aus?

3.2.1   Definition von Bruttoinlandsprodukt

Definiert ist das Bruttoinlandsprodukt über den Wert der erstellten Produkte und Dienstleistungen.

> **Bruttoinlandsprodukt:**
> ➢   Wert aller Güter, die in einem Land in einem Jahr erstellt werden.

„Wert": Bewertung der Güter zu Marktpreisen

Zwei Anmerkungen sind zu machen. Zuerst einmal werden Güter nicht in Mengeneinheiten, sondern in Werteinheiten gemessen. Statt zu sagen, dass eine Menge von 500 Äpfel und 300 Birnen geerntet und verkauft wird, nimmt man den jeweiligen Wert von Äpfeln und Birnen (z. B. 500 St. x 0,20 €/St.+ 300 St. x 0,30 €/St. = 100 € + 90 € = 190 €); Äpfel und Birnen zu addieren wird sonst schwierig.

Die zweite Anmerkung beinhaltet die Frage, mit welchem Wert gemessen werden soll. Antwort: Das BIP bewertet Güter zu Marktpreisen und nicht zu Faktorkosten (Herstellkosten). Wenn die Erwirtschaftung von Äpfeln und Birnen beispielsweise 80 Euro und 75 Euro gekostet hat, zählen nicht diese Herstellungskosten, sondern die am Markt erzielten Preise, also die Umsätze von 100 Euro und 90 Euro.

„aller": Alle legalen und offiziellen Güter

Der Begriff „aller" meint alle legalen und offiziellen, das heißt nicht „schwarz" erwirtschafteten Güter. Nicht im BIP erfasst sind also die nicht marktgerichteten

---

[15] Wie im Fall des Sozialprodukts ist auch bei der Begriffserklärung des Bruttoinlandsprodukts keine Einheitlichkeit festzustellen. Der beispielhafte Blick in drei verschiedene Lexika zeigt drei unterschiedliche Begriffe für das Bruttoinlandsprodukt: Einkommenskreislauf, Inlandsprodukt und Sozialprodukt!

Tätigkeiten wie Heimwerken und Hausarbeit, ehrenamtliches Engagement und Erziehungsarbeit.

Angenommen ich repariere mein Fahrrad selbst, dann kommt der Wert dieser Dienstleistung nicht in das Bruttoinlandsprodukt, abgesehen vom Wert der einge-kauften Ersatzteile. Gebe ich das Fahrrad in Reparatur und zahle eine Rechnung in Höhe von 100 Euro, erhöht sich das BIP um diese 100 Euro. Wenn der Nachbar in einem anderen Fall den Rasen der Nachbarin für 50 Euro (offizielle Rechnung) mäht und die beiden schließlich heiraten, wird das BIP um 50 Euro sinken, weil das Rasenmähen nun umsonst getätigt wird.

„Güter": Waren und Dienstleistungen

Mit „Güter" sind materielle Güter (Waren) wie auch immaterielle Güter (Dienst-leistungen) gemeint. Zum Bruttoinlandsprodukt gehören also sowohl Autos, Bü-cher und Computer wie auch Blinddarmoperationen und Museumsführungen. Entscheidend ist, dass diese Güter für den Endverbrauch bestimmt sind.

… für den Endverbrauch

Kaufe ich am Obststand fünf Äpfel für 2 Euro (Endverbrauch), steigt das BIP um 2 Euro. Kauft ein Apfelsafthersteller Äpfel für seine Saftproduktion, kommen die Äpfel als Zwischenprodukt nicht in das BIP. Allerdings kommt der verkaufte Apfelsaft (Endverbrauch), der die Äpfel als Kostenfaktor enthält, in das BIP und insofern sind die Äpfel indirekt wieder enthalten. Entscheidend für die Bewertung ist, dass Güter auf dem Endverbrauchermarkt erfasst werden. Erst dann werden sie für das BIP relevant. Man spricht von der eigentlichen Wertschöpfung eines Gu-tes. Im nächsten Kapitel wird es eine Beispielaufgabe dazu geben.

„in einem Land"

Das Bruttoinlandsprodukt wird nach dem Inlandsprinzip berechnet. Bewertet werden alle Güter, die im Inland – aus unserer Sicht wäre das Deutschland – erstellt werden, unabhängig davon, ob diese Güter von Inländern oder von Aus-ländern erstellt werden. Die Begriffe In- und Ausländer beziehen sich dabei auf den Wohnort und nicht auf die Staatsangehörigkeit! Arbeitet ein im Elsass Woh-nender (Ausländer) in Deutschland (Inland), geht dieses Einkommen in das deut-sche BIP ein, arbeitet ein Freiburger (Inländer) in Straßburg (Ausland), geht diese Leistung in das französische BIP ein.

Inlandsprinzip:
➤ Wertschöpfung im Inland: Alle im Inland von In- und Ausländern er-stellten Güter (Bruttoinlandsprodukt).

Das früher zum Bruttoinlandsprodukt alternativ verwendete Bruttosozialprodukt bediente sich des Inländerprinzips. Nach dem Inländerprinzip werden alle von

Inländern im In- und Ausland erstellten Güter bewertet (auch Bruttonationaleinkommen).

> **Inländerprinzip:**
> ➢ Wertschöpfung von Inländern: Alle von Inländern im In- und Ausland erstellten Güter (Bruttonationaleinkommen).

Der Unterschied der beiden Größen ist nicht sehr groß und bewegt sich unter einen Prozent im Verhältnis zum gesamten Bruttoinlandsprodukt.

„in einem Jahr": Kalenderjahr

Der für die Erstellung des Bruttoinlandsprodukts relevante Zeitraum ist üblicherweise ein Jahr, genauer noch ein Kalenderjahr. So bezieht sich das BIP^{2015} auf die wirtschaftliche Leistung einer Volkswirtschaft im Kalenderjahr 2015.

„erstellt werden": laufend produzierter Output

„Laufend produzierter Output" meint Güter, die im aktuellen Kalenderjahr hergestellt werden und nicht die in der Vergangenheit produzierten Güter. Wenn ein im Jahr 1990 erstelltes Haus im Jahr 2015 verkauft wird, ist das für das BIP des Jahres 2015 irrelevant. Eine Wertschöpfung findet höchstens insofern statt, dass eine Maklergebühr entrichtet wird. Diese Gebühr käme im BIP zum Tragen.

Bruttoinlandsprodukt: Abschließend lässt sich das BIP etwas ausführlicher wie folgt definieren: Das Bruttoinlandsprodukt ist der Marktwert aller für den Endverbrauch bestimmten Waren und Dienstleistungen, die in einem Land in einem bestimmten Zeitraum hergestellt werden.

3.2.2 Bruttoinlandsprodukt, Wertschöpfung und Volkseinkommen

Wertschöpfung: Ein weiterer Begriff, der eine zentrale Rolle im Zusammenhang mit der wirtschaftlichen Leistungskraft eines Landes spielt, ist der der Wertschöpfung. Wertschöpfung meint „Werte schaffen". Wächst am Baum ein Apfel, wird ein Kuchen gebacken, wird eine Glocke gegossen, wird ein Flugzeug geflogen und werden diese Waren und Dienstleistungen von uns nachgefragt und am Markt gekauft, sind Werte geschaffen worden – es hat eine Wertschöpfung stattgefunden. Insofern kann man das Bruttoinlandsprodukt auch als Wertschöpfung bezeichnen.

> **Bruttoinlandsprodukt ≡ Wertschöpfung einer Volkswirtschaft**

Will man das Bruttoinlandsprodukt und davon ausgehend das Volkseinkommen berechnen, heißt das die gesamte Wertschöpfungskette in einer Volkswirtschaft zu erfassen. Definiert man das Bruttoinlandsprodukt als die Summe aller Werte, die in einer Volkswirtschaft geschaffen wurden, ist zu beachten, dass als Wertschöpfungen lediglich die an den Endverbraucher gegangenen Werte erfasst werden.

Wertschöpfungskette am Beispiel Apfelsaftherstellung

Die Herstellung und der Verkauf des Apfelsafts erfolgen auf drei Stufen:

Stufe 1: Der Landwirt „produziert" und verkauft Äpfel an die Getränkefabrik.

Stufe 2: In der Getränkefabrik werden die Äpfel zu Apfelsaft weiterverarbeitet und an den Supermarkt verkauft.

Stufe 3: Der Supermarkt verkauft den Apfelsaft an die Endverbraucher.

Landwirt		Getränkefabrik		Supermarkt	
Aufwand	Ertrag	Aufwand	Ertrag	Aufwand	Ertrag
Löhne 25.000	Umsatz mit Äpfeln 40.000	Äpfel (Vorleistung) 40.000	Umsatz mit Apfelsaft 70.000	Apfelsaft (Vorleistung) 70.000	Umsatz: Verkauf von Apfelsaft an Endverbraucher 120.000
Gewinn 15.000					
		Löhne und Gehälter 20.000			
		Gewinn 10.000			
				Löhne und Gehälter 30.000	
				Gewinn 20.000	

Abbildung 1.7: Wertschöpfungskette am Beispiel Apfelsaftherstellung [Quelle: Mussel, Volkswirtschaftslehre, 2002, S. 159]

Auf jeder Stufe erfolgt eine Wertschöpfung, die dem Ertrag beziehungsweise Umsatz auf dieser Stufe entspricht:

Stufe 1:   Landwirt   mit einem Umsatz von   40.000 €

Stufe 2:   Getränkefabrik   mit einem Umsatz von   70.000 €

Stufe 3:   Supermarkt   mit einem Umsatz von   120.000 €

Die Summe aller Umsätze ergibt einen Wert von 230.000 Euro. Zu beachten ist hier aber, dass für die Bestimmung des Bruttoinlandsprodukts ausschließlich die für den Endverbraucher relevanten Umsätze maßgeblich sind, also die 120.000 Euro Umsatz des Supermarktes. Werden im Rahmen der Volkswirtschaftlichen Gesamtrechnung Umsatzzahlen gemeldet, müssen die Statistiker vom Gesamtwert aller Umsätze (genannt Bruttoproduktionswert) die Umsätze der Vorstufen (genannt Vorleistungen) wieder abziehen.

Das Bruttoinlandsprodukt berechnet sich demnach als Bruttoproduktionswert minus Vorleistungen. Begrifflich wird in diesem Zusammenhang das Bruttoinlandsprodukt auch als Bruttowertschöpfung bezeichnet

Bruttoproduktionswert:	40.000 € + 70.000 € + 120.000 € =	230.000 €
- Vorleistungen:	40.000 € + 70.000 € =	110.000 €
= Bruttowertschöpfung (BIP):	=	**120.000 €**

Die Bruttowertschöpfung beziehungsweise das Bruttoinlandsprodukt beträgt 120.000 Euro und entspricht dem Wert des Umsatzes der letzten Stufe.

Somit existieren drei Möglichkeiten, das BIP zu bestimmen:

BIP-Berechnungsmethoden	Rechenweg
Bruttoproduktionswert minus Vorleistungen	230.000 - 110.000 = 120.000
Wertschöpfung (Umsatz) der letzten Stufe	120.000
Summe der Nettoumsätze auf den einzelnen Stufen	40.000 + 30.000 + 50.000 = 120.000

3.2.3   Vom Bruttoinlandsprodukt zum Volkseinkommen

Will man im Folgenden einen Zusammenhang zwischen Bruttoinlandsprodukt (Produktionsseite) und Volkseinkommen (Einkommensseite) herstellen, sind weitere Aspekte mit einzubeziehen. In folgender Übersicht ist dargestellt, wie sich das Volkseinkommen aus dem Bruttoproduktionswert und dem Bruttoinlandsprodukt herleiten lässt.

	Bruttoproduktionswert
-	Vorleistungen
=	**Bruttoinlandsprodukt zu Marktpreisen**
	[Bruttowertschöpfung = Endwert der verkauften Produkte]
-	Abschreibungen
=	**Nettoinlandsprodukt zu Marktpreisen**
-	indirekte Steuern
+	Subventionen
=	**Nettoinlandprodukt zu Faktorkosten**
	[Nettowertschöpfung]
	entspricht dem **Volkseinkommen**

Bruttoproduktionswert: Der Produktionswert entspricht der Summe aller Umsätze, Bestandserhöhungen und Zugänge von selbst erstellten Anlagen bei Unternehmen, ohne – wie im Beispiel oben dargestellt – zu unterscheiden, ob sich die Umsätze auf den Endverbrauch beziehen oder Umsätze mit Investitionsgütern darstellen.

Vorleistungen: Vorleistungen sind Zwischenprodukte, wie zum Beispiel Rohstoffe (Getreide für Mehl), Hilfsstoffe (Schrauben, um einen Tisch herzustellen) und Betriebsstoffe (Benzin, um das Firmenfahrzeug zu betreiben). Entscheidend ist, dass diese Zwischenprodukte in derselben Betrachtungsperiode in eine Produktion eingehen.

Bruttoinlandsprodukt zu Marktpreisen: Zieht man vom Bruttoproduktionswert die Vorleistungen ab, erhält man die Bruttowertschöpfung beziehungsweise das Bruttoinlandsprodukt. Das Bruttoinlandsprodukt auf dieser Stufe ist zu Marktpreisen bewertet. Wenn der Apfelsaft in einem Volumen von 120.000 Liter zu einem Marktpreis von 1,00 Euro pro Liter verkauft wird, entspricht das dem zu Marktpreisen bewerteten Bruttoinlandprodukt – hier also 120.000 Euro.

Abschreibungen und Nettoinlandsprodukt: Kapital wie Maschinen und Gebäude unterliegt einem Verschleiß und Wertverlust. Wird das Bruttoinlandsprodukt um diesen Wertverlust der Abschreibungen bereinigt, erhält man das Nettoinlandsprodukt.

Indirekte Steuern und Subventionen: Werden Güter verkauft, können deren Marktpreise durch staatlichen Einfluss – indirekte Steuern oder Subventionen – verfälscht sein. Will man die „wahren" Preise und Kosten ermitteln, muss dieser staatliche Einfluss wieder korrigiert werden. Will man bspw. die echten Kosten von Benzin bestimmen, müsste man die indirekten Steuern, die im Benzinpreis enthalten sind, wieder heraus rechnen.

Nettoinlandsprodukt zu Faktorkosten: Werden Güter durch indirekte Steuern (z. B. Mehrwertsteuer) verteuert, werden diese indirekten Steuern vom Nettoinlandsprodukt wieder abgezogen. Werden Güter durch Subventionen (z. B. Agrarsubventionen) künstlich verbilligt, werden diese Werte wieder dazugerechnet. Per Saldo erhält man schließlich das Nettoinlandsprodukt zu Faktorkosten.

Volkseinkommen: Das Nettoinlandsprodukt zu Faktorkosten – auch Nettowertschöpfung – entspricht dem Volkseinkommen. Das Volkseinkommen selbst kann auch über die Summe der unterschiedlichen Einkommen wie Löhne und Gehälter, Gewinne, Mieten, Pachten und Zinsen definiert werden.

Hinweis: Zieht man vom Volkseinkommen direkte Steuern und Sozialversicherungsbeiträge ab und rechnet Transfers (z. B. Renten) dazu, erhält man das verfügbare Einkommen der Privaten Haushalte.

3.2.4   Entstehung, Verwendung und Verteilung des Sozialprodukts

Im Folgenden soll der Frage nachgegangen werden, wer an der Entstehung des Sozialprodukts beteiligt ist, an wen das Sozialprodukt verteilt wird und für was das Sozialprodukt verwendet wird (vgl. Abbildung 1.8 und 1.9).

Vergleichbar einem Kuchen könnte man auch sagen:

- **Entstehung**: Wer backt den Kuchen? Bäcker (Unternehmer), Mitarbeiter (Arbeitnehmer)!

- **Verteilung**: Wer bekommt was vom Kuchen ab? Bäcker (Unternehmer), Mitarbeiter (Arbeitnehmer), Kunden (Konsumenten)!

- **Verwendung**: Was wird mit dem Kuchen gemacht? Essen (konsumieren), einfrieren (sparen) oder wegwerfen!

Entstehung	Verwendung	Verteilung
Wo ist das Einkommen erwirtschaftet worden?	Wofür wird das Einkommen ausgegeben?	Wie wird das Einkommen verteilt?
Angebotsseite	Nachfrageseite	Einkommen
Land- und Forstwirtschaft	Privater Konsum: Ausgaben der Privaten Haushalte	Einkommen aus unselbständiger Arbeit (Löhne und Gehälter der Arbeitnehmer)
Produzierendes Gewerbe		
Baugewerbe	Staatsverbrauch: Konsumausgaben des Staates	
Handel, Gastgewerbe und Verkehr	Investitionen der Unternehmen: Ausrüstungen und Bauten	Einkommen aus Unternehmertätigkeit und Vermögen (Gewinne und Vermögenserträge)
Finanzierung, Vermietung, Unternehmensdienstleistungen		
Öffentliche und private Dienstleister	Auslandsnachfrage: Exporte minus Importe (Außenbeitrag)	

Abbildung 1.8: Entstehung, Verwendung und Verteilung des Sozialprodukts.

a) Entstehung des Sozialprodukts

Die Entstehungsseite des Sozialprodukts bezieht sich auf die **Angebotsseite**. Wer sind die Produzenten und Anbieter von Waren und Dienstleistungen? In welchen Wirtschaftssektoren und Branchen sind die Güter erstellt worden?

An der Entstehung des „Wirtschaftskuchens" sind vielerlei Sektoren und Wirtschaftsbereiche beteiligt, nämlich die Sektoren Finanzierung, Vermietung und Unternehmensdienstleistungen, Produzierendes Gewerbe, öffentliche und private Dienstleister, Handel, Gastgewerbe und Verkehr, Baugewerbe sowie Land- und Forstwirtschaft. Diese Sektoren und Branchen finden sich übrigens auch in der klassischen Drei-Sektoren-Theorie wieder, wobei Land- und Forstwirtschaft den ersten Sektor, produzierendes Gewerbe und Bauwirtschaft den zweiten Sektor und die Dienstleistungen im weitesten Sinne den dritten Sektor bilden.

Sektoren	Branchen
1. Sektor	Land- und Forstwirtschaft
2. Sektor	Produzierendes Gewerbe und Bauwirtschaft
3. Sektor	Handel, Gastgewerbe und Verkehr, Finanzierung, Vermietung und Unternehmensdienstleistungen, Öffentliche und private Dienstleister

b) Verwendung des Sozialprodukts

Die Verwendungsseite des Sozialprodukts bezieht sich auf die **Nachfrageseite**. Wer sind die Nachfrager der produzierten und angebotenen Güter und wofür wird das Einkommen ausgegeben?

Die Nachfrager des Sozialprodukts als dem gemeinschaftlich Produzierten sind die Privaten Haushalte, die Unternehmen, der Staat und das Ausland. Entsprechend diesen Nachfragegruppen wird das Sozialprodukt für den privaten Konsum, den Staatsverbrauch, die Investitionen und den Nettoexport (Außenbeitrag) verwendet.

c) Verteilung des Sozialprodukts

Die Verteilungsseite des Sozialprodukts bezieht sich auf die Verteilung des **Einkommens auf den Faktor Arbeit**. Wer bekommt welches Einkommen?

Da prinzipiell Unternehmer und Arbeitnehmer unterschieden werden können, werden dementsprechend Einkommen für die unselbstständig Beschäftigten (das sind Löhne und Gehälter) und Einkommen für die selbstständig Beschäftigten und Vermögensbesitzer (das sind Gewinne und Vermögenseinkommen) unterschieden. Die Verteilung der Einkommen auf die Einsatzfaktoren Arbeit stellen gewissermaßen die „Verdienste" oder auch „Kosten" der einzelnen Produktionsfaktoren dar.

3.2.5   Die Leistung der Wirtschaft in Deutschland

Das Bruttoinlandsprodukt misst den Wert aller in einem Jahr erzeugten Güter und stellt somit den wichtigsten Leistungsmaßstab für eine Volkswirtschaft dar. Wie es um diese Leistungsfähigkeit in Deutschland bestellt ist, zeigt Abbildung 1.9.

Im oberen Bereich des Schaubilds sind die absoluten Werte des Bruttoinlandsprodukts in Deutschland in Milliarden Euro der letzten zehn Jahre dargestellt. Im Jahr 2014 wurden Güter im Wert von 2.903 Milliarden Euro erwirtschaftet. Die Wachstumsrate, die die Veränderung gegenüber dem Vorjahr misst, betrug nominal 3,3 Prozent und real (preisbereinigt) 1,5 Prozent.

Der Absturz im Jahr 2009 mit einem Minus von 5,6 Prozent ist der größten Wirtschaftskrise seit Jahrzehnten geschuldet.

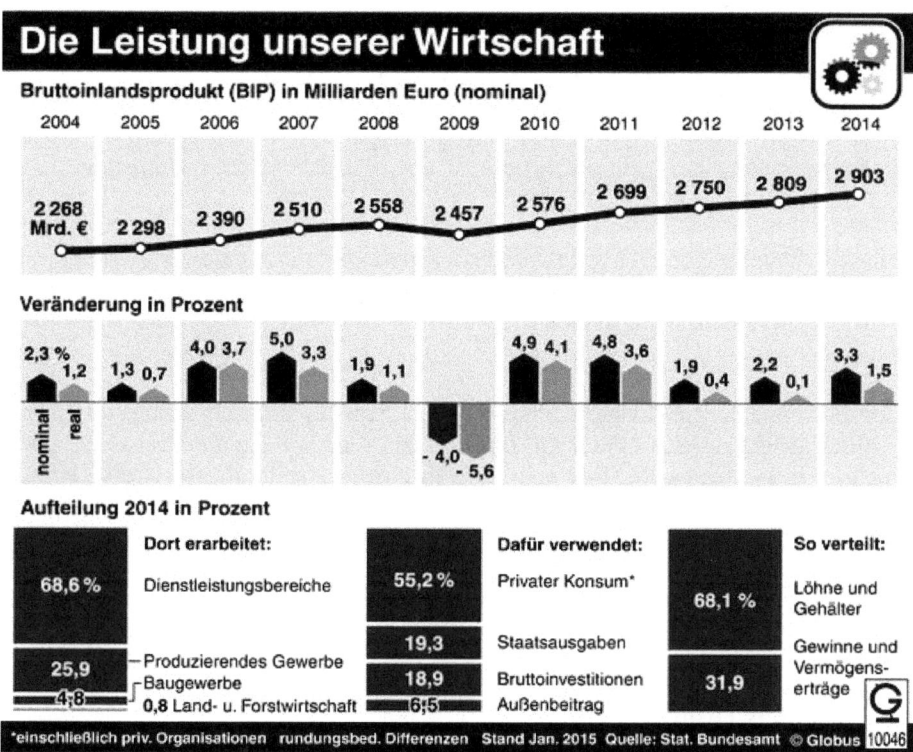

Abbildung 1.9: Die Leistung unserer Volkswirtschaft [Globus 10046 / Quelle: StBA]

3.2.6   Reales und nominales Bruttoinlandsprodukt

Das Bruttoinlandsprodukt misst den Wert aller Güter. Dieser Wert enthält zwei Größen, nämlich eine Mengengröße und eine Preisgröße. So ergibt sich zum Beispiel der Wert der produzierten Autos in einer Volkswirtschaft als Produkt von Menge und Preis der Autos.

BIP (Wert)	=	Menge	·	Preis	
Beispiel Autos (Wert)	=	100 St.	·	20.000 €/St.	= 2.000.000 €

Wenn das Bruttoinlandsprodukt von einem Jahr zum nächsten Jahr zunimmt, sollte das ein Beweis für die zunehmende Leistungskraft eines Landes sein. Doch eine Zunahme – zum Beispiel von 2.000.000 Euro auf 2.200.000 Euro – kann auf dreierlei Weise zustande kommen.

- Erstens, die Autos sind bei gleich bleibender Menge nur teurer geworden: 100 mal **22.000 €** = 2.200.000 €

- Zweitens, die Preise sind gleich geblieben und die Menge hat zugenommen.
  110 mal 20.000 € = 2.200.000 €

- Drittens, sowohl Menge als auch Preis haben sich erhöht.[16]
  105 mal **20.952,38 €** = 2.200.000 €

Wenn nun aber das Bruttoinlandsprodukt ein Maßstab für den Wohlstand eines Volkes sein soll – unterstellt, dass Autos den Wohlstand steigern –, kann der Wohlstand nur dann zugenommen haben, wenn auch mehr Autos zur Verfügung stehen.[17] Wenn gleich viel Autos produziert und verkauft wurden wie vorher, nur mit dem Unterschied, dass die Autos teurer geworden sind[18], hat das BIP zwar an Wert zugenommen, nicht aber die Versorgung mit Gütern und somit auch nicht der Wohlstand.

Eine Zunahme der Leistungskraft und des Wohlstandes kann nur dann erfolgt sein, wenn die Menge zugenommen hat. Insofern ist es notwendig, den Preiseffekt vom Mengeneffekt zu trennen. Das nominale Bruttoinlandsprodukt misst die Output-menge an Autos zu den jeweiligen Preisen des Betrachtungsjahres. Beim realen Bruttoinlandsprodukt wird unterstellt, dass sich die Preise nicht geändert haben, sondern gleich geblieben sind. Das heißt, die Zunahme des Bruttoinlandsprodukts aufgrund eines Preisanstiegs wird heraus gerechnet. Man erhält das „wahre" Brut-toinlandsprodukt.

Bruttoinlandsprodukt:

- **nominal**:   Güter werden zu laufenden Preisen bewertet.
              → Preise des jeweiligen Berichtsjahres.

- **real**:   Güter werden zu konstanten Preisen bewertet.
              → Preise des Vorjahres (Basisjahr).

Beispiel: t = 1:   X = 1.000 St.;   P = 20 €   →   BIP = 20.000 €

t = 2:   X = 1.000 St.;   P = 40 €   →   BIP = 40.000 €   (nominal!)
t = 2:   X = 1.000 St.;   P = 20 €   →   BIP = 20.000 €   (real!)

Die Berechnung des realen Bruttoinlandsprodukts erfolgt unter der Annahme eines konstanten Preisniveaus, indem die Mengen des Berichtsjahres mit den Prei-sen des Vorjahres bewertet werden.[19]

---

[16] Denkbar wäre auch ein Rückgang der Menge bei einer überproportionalen Preiserhö-hung und umgekehrt.

[17] oder zumindest bessere, sprich leistungsfähigere und umweltgerechtere Autos!

[18] Das Gut Auto ist homogen. Die Autos sind qualitativ die gleichen geblieben.

[19] Im Rahmen der Quantitätsgleichung (Kapitel 6) wird auf diese Thematik ebenfalls näher eingegangen!

3.3   Das Sozialprodukt als Wohlstandsmaßstab

Das Bruttoinlandsprodukt gilt als wichtigster wirtschaftlicher Maßstab für den Wohlstand eines Landes. Indem es den Gesamtwert aller Waren und Dienstleistungen, der in einem Land in einem Jahr erwirtschaftet wird, misst, macht es eine verlässliche und brauchbare Aussage über die Versorgung mit Gütern – Autos, Kinos, Operationen – und somit den Reichtum und eventuell auch die Armut in einer Volkswirtschaft.

Bruttoinlandsprodukt:

➢   Maßstab für den Wohlstand eines Landes!?

Doch die Verwendung des Bruttoinlandsprodukts als Wohlstandsmaßstab weist auch Schwächen auf. Zum einen sind im Bruttoinlandsprodukt Güter enthalten, die zwar den Wert des Bruttoinlandsprodukts steigern, aber nicht unbedingt gut sind. Zum anderen existieren Güter und Werte in einer Volkswirtschaft, die eine Volkswirtschaft bereichern, aber *nicht* im Bruttoinlandsprodukt enthalten sind.

3.3.1   Wohlstandssteigernde Waren und Dienstleistungen

Grundsätzlich werden im Bruttoinlandsprodukt nur solche Güter erfasst, die marktgerichtet sind. Marktgerichtet bedeutet, dass Güter erfasst und abgerechnet werden – man entrichtet einen Preis und bezahlt das Gut. Doch lassen sich im alltäglichen Leben auch viele Beispiele finden, wo vor allem Dienstleistungen erbracht werden, die nicht marktgerichtet sind und somit auch nicht im Bruttoinlandsprodukt enthalten sind, obwohl sie als gut und nützlich empfunden werden.

Erster Kritikpunkt am BIP-Konzept:

➢   Im BIP werden nur marktgerichtete Güter erfasst.

➢   Nicht direkt erfasst werden vor allem Dienstleistungen, die nicht über den Markt abgerechnet werden, aber zum Wohl der Menschen beitragen:

- Erziehungsarbeit wie mit Kindern spielen.
- Hausarbeit wie Kochen und Spülen.
- Heimarbeit wie Rasenmähen und Auto reparieren.
- Nachbarschaftshilfe.
- Ehrenamtliche Tätigkeiten wie Elternbeirat in der Schule.

Beispiel Mittagessen und Hausarbeit: Wenn ich mir selbst oder meiner Familie ein Mittagessen zubereite, kommt diese Dienstleistung nicht in das Bruttoinlandsprodukt, außer die im Einkaufsmarkt gekauften Zutaten. Gehe ich allerdings in ein Restaurant zum Essen, steigt das Bruttoinlandsprodukt um den entsprechenden Rechnungsbetrag. Beide Möglichkeiten bedeuten eine Wohlstandssteigerung, vorausgesetzt sowohl die eigenen Kochkünste als auch die des Wirtshauskoches oder der -köchin überzeugen.

Beispiel Zimmer streichen und Heimarbeit: Wenn ich mein Zimmer selbst renoviere und streiche, steigt das Bruttoinlandsprodukt lediglich um den Betrag der Farbe und der Malerutensilien. Zeit und Arbeit werden nicht erfasst. Stelle ich einen Handwerker an, wird die Rechnung durch die Einbeziehung der Stunden-löhne im Vergleich zu den puren Materialkosten deutlich höher ausfallen und das Bruttoinlandsprodukt entsprechend zunehmen.[20]

Tätigkeiten wie Haus- und Gartenarbeit oder Einkaufen und Nachbarschaftshilfe zählt man zur Bedarfs- und Selbstversorgungswirtschaft.

3.3.2   Wohlstandsmindernde Waren und Dienstleistungen

Nachdem dargestellt wurde, dass viele Güter eine wohlstandssteigernde Funktion haben, aber nicht sozialproduktsteigernd sind, sollen nun Fälle aufgezeigt werden, wo Maßnahmen das Bruttoinlandsprodukt erhöhen, aber nicht unbedingt zu mehr Wohlstand führen, ja vielleicht sogar ungut und schädlich sind.

Beispiel Abwasser: Wenn Abwässer in einen See geleitet werden und Badende im verschmutzten Wasser Hautauschläge erleiden, sodann einen Arzt aufsuchen, um sich behandeln zu lassen und wenn daraufhin eine Kläranlage gebaut wird, um das Abwasser zu filtern, haben diese Vorgänge alle eine Steigerung des Bruttoin-landsprodukts zur Folge.

Zweiter Kritikpunkt am BIP-Konzept:
➢ Im Bruttoinlandsprodukt werden Waren und Dienstleistungen erfasst, die nicht wohlstandssteigernd, ja eventuell sogar schädlich, sind:
- Schadensbehebung von Schäden, die durch Verkehrsunfälle und Umweltverschmutzungen verursacht worden sind.
- Leistungen zur Beseitigung von Krankheiten, z. B. infolge von Arbeitsbelastungen oder übermäßigen Zigarettenkonsums.
- Produktion gesundheitsschädlicher Genussmittel.

Beispiel Gesundheit: Wenn jemand „Ketten" von Zigaretten raucht, kann das Rauchen einer Zigarette einen Wohlbefindenseffekt auslösen. Langfristig ist es aber möglich und nicht unwahrscheinlich, dass man sich eine Raucherlunge holt,

---

[20] Die Argumentation anhand dieser Beispiele erfolgt, ohne dass Neben- oder Folgewir-kungen mit einbezogen werden. Die Umstände und Zeit des Kochens und Malens kön-nen als belastend und wohlstandsmindernd empfunden werden und den Vorteil des ein-gesparten Geldes kompensieren. Hinzu kommt, dass das eingesparte Geld beim Selber-kochen dann wieder für etwas anderes ausgegeben werden kann und somit auf alle Fälle in den Wirtschaftskreislauf gelangt und BIP-wirksam wird.

ins Krankenhaus kommt und operiert wird. Sowohl die Kosten der Zigaretten als auch die der Operation erhöhen das Sozialprodukt, obwohl ein Schaden verursacht wurde. Wenn jemand zu dick ist und im Krankenhaus eine Fettabsaugung vornehmen lässt, steigt das Bruttoinlandsprodukt zweifach, durch das Mehr an Essen und die Fettabsaugung.

Beispiel Klima: Der Einbau von Heizungen in kalten Ländern verursacht ein höheres Sozialprodukt als in wärmeren Ländern ohne Heizung, in denen eine Heizung aufgrund des milden Klimas nicht notwendig ist. Trotzdem ist die Wohlfahrtswärme im kalten Heizungsland nicht höher als im warmen Sonnenland.[21]

3.4   Wohlstandsindikatoren

Das Bruttoinlandsprodukt ist ein guter Indikator zur Messung der ökonomischen Wohlfahrt eines Landes. Die Wohlfahrt unter Einbeziehung vieler andere wichtiger Wohlstandsfaktoren insgesamt zu bewerten, kann das Bruttoinlandsprodukt nicht oder nur unzureichend leisten. Deshalb stellt sich die Frage, ob ein weiter gefasster Wohlstandsindikator konstruierbar ist und welche Faktoren einbezogen, gemessen, bewertet und anteilig gewichtet werden könnten.

Soziale Indikatoren (Wohlstands- bzw. Wohlfahrtsindikatoren):
➢   Messzahlen, mit deren Hilfe Lebensqualität quantitativ erfasst werden soll.

Faktoren, die die Sozialproduktmessung erweitern oder ersetzen können, werden als soziale Indikatoren oder Wohlstandsindikatoren bezeichnet. Mit Hilfe dieser Indikatoren soll der Versuch unternommen werden, eine qualitative Größe wie Lebensqualität und Wohlergehen quantitativ zu erfassen, wobei diese quantitative Erfassung nicht anhand von Preisen vorgenommen werden muss, sondern auch über Mengengrößen erfolgen kann (zum Beispiel Lebenserwartung oder Ärztedichte).

3.4.1   Enquete-Kommission ,Wachstum, Wohlstand, Lebensqualität'

In Deutschland befasste sich eine Enquetekommission des Bundestags mit der Wohlstandsthematik: „Wachstum, Wohlstand, Lebensqualität – Wege zu nachhaltigem Wirtschaften und gesellschaftlichen Fortschritt in der Sozialen Marktwirtschaft." (Drucksache 17/3853 vom 01.12.2010, Zeitraum 2010 - 2013 und Schlussbericht 17/13300 vom 03.05.2013). Analog dem Nachhaltigkeitsdreieck[22]

---

[21] Eine interessante Perspektive auf materiellen Wohlstand und Wohlbefinden liefert „Der Fischer und das Meer" von Ernest Hemingway (Nobelpreis für Literatur 1954).
[22] Das Nachhaltigkeitsdreieck geht auf die Umweltkonferenz von Rio de Janeiro im Jahr 1992 zurück und beinhaltet die drei „Ecken" bzw. Dimensionen Ökologie, Ökonomie und Soziales.

wurden unter den Rubriken Materieller Wohlstand, Soziales/Teilhabe und Ökologie verschiedene Leitindikatoren entwickelt (Abb. 1.10).

Materieller Wohlstand	Soziales und Teilhabe	Ökologie
BIP / BIP pro Kopf	Beschäftigungsquote	Treibhausgas-Emission
Einkommensverteilung	Bildung: Abschlussquote Sekundarstufe 2	nationale Stickstoffbilanz
Schuldenstandsquote/ Tragfähigkeitslücke	Lebenserwartung	Artenvielfalt: nationaler Vogelindex
	Freiheit: Weltbankindikator „Voice and Accountability"	

Abb. 1.10: Leitindikatoren der Bundestagsenquete „Wachstum, Wohlstand, Lebensqualität" [Quelle: www.bundesfinanzministerium.de]

Doch nicht nur einzelne Staaten nehmen sich des Themas Wohlfahrt und Wohlbefinden an, sondern vor allem auch supra- und internationale Staatenbündnisse haben ein interessantes Betätigungsfeld entdeckt. Die Europäische Union, sprich die Europäische Kommission, arbeitet am „Beyond GDP" und versucht, Wohlfahrtsmaße jenseits des Gross Domestic Product (GDP) bzw. Bruttoinlandsprodukts zu entwickeln und damit den Fortschritt und den wahren Wohlstand sowie das Wohlbefinden von Nationen zu bestimmen: "Measuring progress, true wealth, and the well-being of nations." (ec.europa.eu/environment/beyond_gdp/).

3.4.2   Die OECD und der Better Life Index

Die OECD, i.e. die Organisation für Wirtschaftliche Entwicklung und Zusammenarbeit (Organisation for Economic Cooperation and Development) hat den Better Life Index entwickelt und vergleicht anhand von elf Kategorien die Lebensqualität in den 34 OECD-Mitgliedsstaaten.

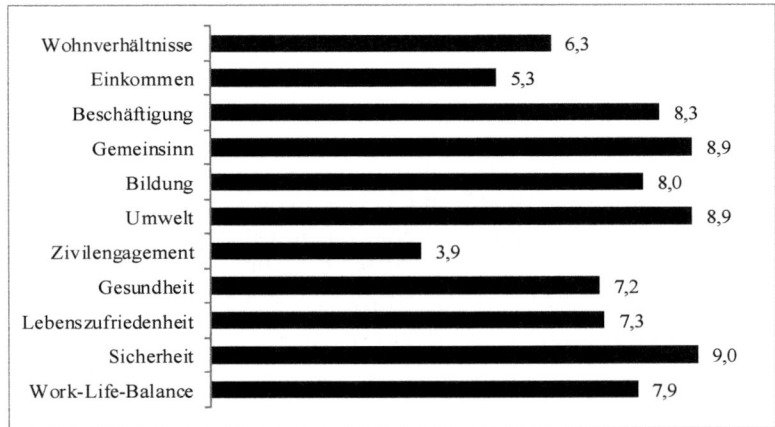

Abb. 1.10a: Deutschland im Better Life Index der OECD (Skala 1 Punkt bis 10 Punkte) Stand 2014 [Quelle: OECD Better Life Index]

Zu diesen Indikatoren gehören u.a. Wohnen, Einkommen, Beschäftigung, Gesundheit und die Vereinbarkeit von Beruf und Privatleben. Wie Deutschland im
Hinblick auf diese Kriterien abschneidet, zeigt Abbildung 1.10a. Sehr gute Ergebnisse lassen sich beim Gemeinsinn, der Umwelt und der Sicherheit bescheinigen.

3.4.3 Die Vereinten Nationen und der Human Development Index

Die Vereinten Nationen begnügen sich in ihrem Human Development Index
(HDI) mit drei Faktoren, um die menschliche Entwicklung und die Lebensbedingungen zu messen, nämlich dem Pro-Kopf-Einkommen, dem Bildungsgrad (Al-
phabetisierung und Einschulung) und der Lebenserwartung (Gesundheit, Ernährung und Hygiene). Die weltweit besten Lebensbedingungen weisen nach dieser
Definition Norwegen, Australien und die Schweiz auf; Deutschland liegt an sieb-
ter Stelle (Abb. 1.10b).

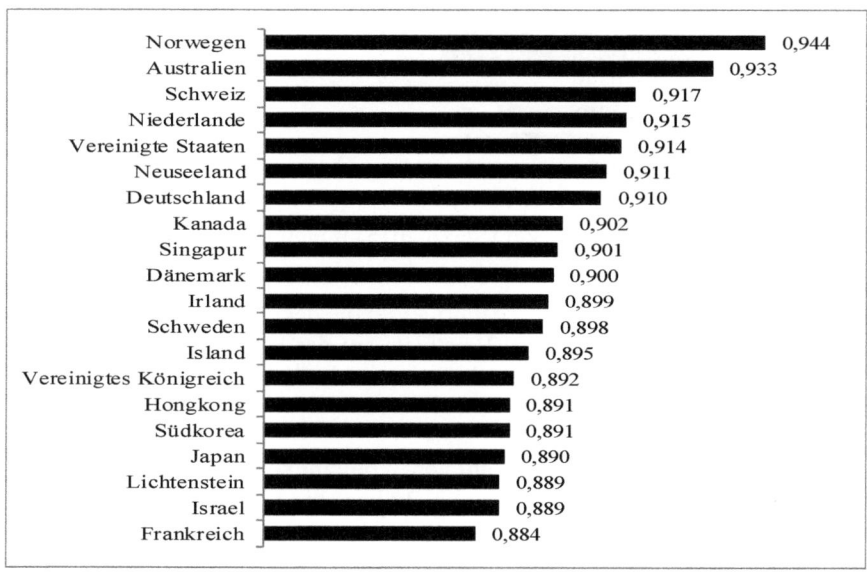

Abb. 1.10b: Index der menschlichen Entwicklung (HDI), Skala von 0 bis 1
[Quelle: Human Development Report 2014 / hdr.undp.org]

3.4.4 Wohlfahrts- und Glücksforschung

Ob die Länder bzw. deren Bewohner auf den vorderen Plätzen des HDI nun auch
tatsächlich glücklicher sind, ist eine ganz andere Frage und diese Frage nach dem
Glück und der generellen Zufriedenheit mit dem Leben wurde dann auch den
Menschen in diesen Ländern gestellt. Was ist das Ergebnis?

Auf dem ersten Platz findet sich die Schweiz, gefolgt von Island, Dänemark und
Norwegen. Costa Rica – die Schweiz Mittelamerikas – liegt auf einem erstaunli-
chen zwölften Rang. Die Deutschen sind zwar nicht unglücklich, müssen sich aber
hinter Panama und vor Chile mit Platz 26 begnügen (Abb. 1.10c).

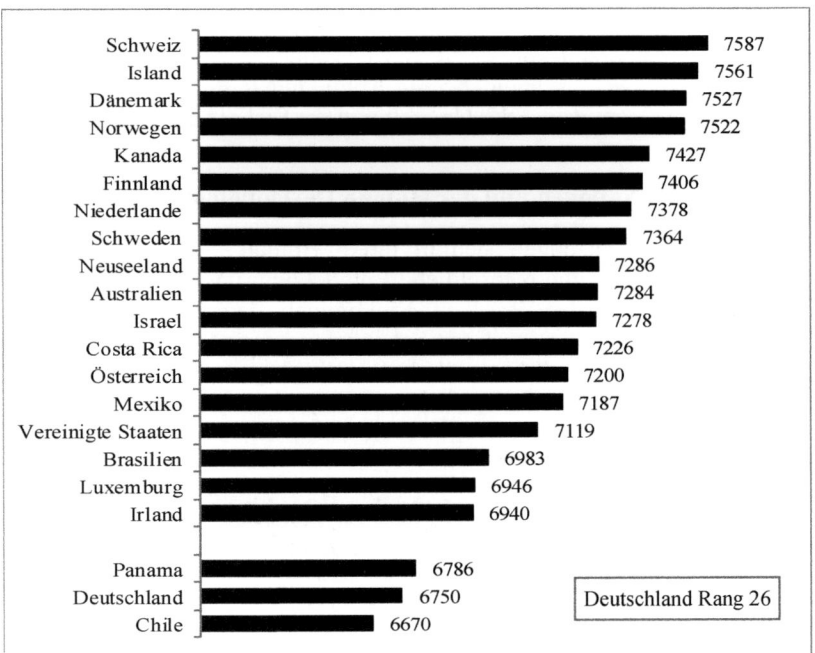

Abb. 1.10c: World Happiness Report (Stand 2015) [Quelle: www.worldhappiness. report/]

Der World Happiness Report wurde übrigens von der New Yorker Columbia Universität erstellt und im Jahre 2012 erstmals auf der Konferenz der Vereinten Nationen präsentiert (www.earth.columbia.edu). Aktuell gibt es im Jahr 2015 eine Neuauflage.

Zwischenzeitlich existieren eine Vielzahl von Wohlfahrts- und Glücksindizes, wie zum Beispiel das Bruttoninlandsglück von Buthan, der Glücksindex von Frankreich (Stiglitz-Kommission), das General Well Being in Großbritannien, der Canadian Index of Wellbeing in Kanada und zu guter Letzt der Happy Planet Index (HPI).

Trotz vielerlei Versuche, Glück, Zufriedenheit und Wohlbefinden alternativ zu definieren und zu messen, gilt das Bruttoinlandsprodukt weiterhin als *der* Wohlstandsmaßstab einer Volkswirtschaft. Und man kann es sich ja einfach machen. Denn wenn gilt, dass mehr und teurere Autos oder mehr und kostspieligere Urlaubsreisen zufrieden und glücklich machen, ist das BIP ein guter Glücksindikator … zumal sich gezeigt hat, dass Länder, die ein geringes BIP aufweisen, meist auch die unglücklichen Länder sind und die Länder, die ein hohes BIP verbuchen, meist auch eine zufriedene Bevölkerung haben – wenn auch dieser letzte Zusammenhang nicht immer gelten muss![23]

---

[23] Im Jubiläumsband der DHBW Villingen-Schwenningen zum 40jährigen Bestehen im Jahr 2015 ist ein Artikel geplant: „BIG statt BIP – Die Welt auf der Suche nach den Glücksfaktoren. Wird das Bruttoinlandsprodukt durch das Bruttoinlandsglück abgelöst?"

4   Der Gütermarkt

4.1   Gütermarktmodell und Nachfragemodule

Das Sozialprodukt repräsentiert das gesamtwirtschaftliche Angebot einer Volkswirtschaft. Im Gleichgewichtszustand muss dieses gesamtwirtschaftliche Angebot
(aggregiertes Angebot) der gesamtwirtschaftlichen Nachfrage (aggregierte Nachfrage) entsprechen.

Die Gesamtnachfrage setzt sich aus den Nachfragemodulen des privaten Konsums, der Unternehmensinvestitionen, der Staatsausgaben und der Auslandsnachfrage zusammen.[24] So muss gelten:

Gesamtangebot $= N = C + I + G + Ex_n = Y =$ Gesamtnachfrage

> $Y = C + I + G + Ex_n$
>
> Y = Gesamtwirtschaftliche Güternachfrage
> C = Privater Konsum: Nachfrage der privaten Haushalte.
> I = Investitionen: Nachfrage der Unternehmen.
> G = Staatsausgaben/-konsum: Nachfrage des Staates.
> Ex_n = Export netto (Export minus Import): Nachfrage des Auslands.

Konsum (C)

Private Konsumausgaben: Ausgaben der privaten Haushalte (und privater Organi-
sationen ohne Erwerbszweck) für Waren und Dienstleistungen mit Ausnahme des
Erwerbs von Grundstücken und Gebäuden sowie des Neubaus von Häusern und
Wohnungen.

z. B. Ausgaben für ein DVD-Gerät, ein Gesichtspeeling oder für einen Kinobesuch.

Investitionen (I)

Ausgaben für Kapitalausstattung, Lagerbestände und Bauten einschließlich der
Ausgaben der Haushalte für den Erwerb von Grundstücken und Gebäuden sowie
den Neubau von Häusern und Wohnungen.

z. B. Kauf einer CNC-Maschine, von Rohstoffen oder einer neuen EDV-Anlage.

---

[24] Siehe dazu auch Kapitel 2 „Kreislaufmodell" und Band I Kapitel 1 „Akteure der Wirtschaft".

Staatsausgaben (G)

Ausgaben der Gebietskörperschaften (Bund, Länder und Kommunen) für Waren und Dienstleistungen.

z. B. Einstellung von Professoren an der Dualen Hochschule.

Nettoexporte ($Ex_n = Ex - Im$)

Ausgaben von Ausländern für im Inland produzierte Güter (Exporte) abzüglich der Ausgaben von Inländern für im Ausland produzierte Güter (Importe).

z. B. Verkauf des Transrapid an einen Investor im Ausland.

Die Nachfragemodule lassen sich systematisieren, indem die Akteure, Inhalte, Bestimmungsfaktoren und Funktionen entsprechend bestimmt werden (Abbildung 1.11).

	Konsum	Investitionen	Staatsausgaben	(Netto-)Export
Akteure	Private Haushalte	Unternehmen	Staat bzw. öffentliche Haushalte	Ausland
Definition	Nachfrage der privaten Haushalte nach Konsumgütern	Nachfrage der Unternehmen nach Investitionsgütern	Nachfrage des Staates nach Gütern	(Netto-) Nachfrage des Auslands nach heimischen Gütern
Symbole	C = Consumption	I = Investments	G = Government	Ex = Export Im = Import
Bestimmungsfaktoren	Einkommen, Preisniveau. Zinsniveau	Einkommen, Preisniveau, Zinsniveau, Konjunktur, Risikobereitschaft	Staatseinnahmen, Aufgaben des Staates	Realaustauschverhältnis, Wechselkurs, Bedarf, Handelshemmnisse
Funktion	$C = C_a + cY$ $C_a =$ autonomer Konsum $c =$ Konsumneigung	$I = I$ (autonom) oder $I = I(i)$ $i =$ Zinssatz	$G = G$ (autonom)	$Ex = Ex$ (auton.) $Im = Im_a + gY$ $Im_a =$ autonomer Import $g =$ Importneigung

Abbildung: 1.11: Systematik der Nachfragemodule

4.2   Konsum der privaten Haushalte

Erster Baustein der makroökonomischen Gleichung ist der Konsum. Unter Konsum versteht man die Nachfrage nach Gütern beziehungsweise den Verbrauch der privaten Haushalte, wobei private Haushalte in diesem Sinne Konsumenten sind.

Konsum:

➢   Nachfrage der privaten Haushalte (Konsumenten) nach Waren und Dienstleistungen (Gütern).

Der Konsum gehört zu einer der ganz wesentlichen Tätigkeiten des Wirtschaftens und umfasst so alltägliche Vorgänge wie den Kauf von Frühstücksbrötchen oder der Zeitung bis hin zu größeren Anschaffungen wie dem Kauf eines Diamanten oder Autos. Manche Dinge müssen wir kaufen, andere Dinge wollen wir kaufen. Zu den Gütern des täglichen Bedarfs und des Luxus gehören natürlich auch Dienstleistungen wie ein Haarschnitt beim Friseur, ein Kinofilm und Galadiner oder die Schönheits-OP.

Auf das Jahr betrachtet geben die Deutschen 1.605 Milliarden Euro (Stand 2014) für den privaten Konsum aus. Der Löwenanteil der Konsumausgaben entfällt auf die Rubrik „Wohnung" mit Miete, Wasser, Heizung und Strom, gefolgt von „Verkehr und Telekommunikation" sowie „Nahrungsmittel, Getränke und Tabakwaren".

4.2.1   Konsumfaktoren

Von was hängt die Konsumgüternachfrage der privaten Haushalte ab, wobei nicht die Nachfrage eines einzelnen Marktteilnehmers im Mittelpunkt steht – das wurde im Rahmen der Mikroökonomie erörtert (Preis des Gutes, Preis anderer Güter, Einkommen und Nutzen) –, sondern die aggregierte Konsumgüternachfrage, also die gesamtwirtschaftliche Nachfrage aller Haushalte.

Die wesentlichen Bestimmungsfaktoren des Konsums sind das Einkommen und die Abgabenlast der privaten Haushalte, das Preisniveau der Güter, das Zinsniveau und die Erwartungen und Empfindungen der Menschen.

Bestimmungsfaktoren des privaten Konsums:

- Einkommen der Nachfrager
- Abgabenlast (Steuern und Transfers)
- Preisniveau der Waren und Dienstleistungen
- Zinsniveau
- Subjektive Erwartungen und Einstellungen

Einkommen: So wie die Nachfrage einer Person nach einem Gut vom Einkommen des Nachfragers abhängt, besteht analog eine Abhängigkeit der gesamten Konsumgüternachfrage vom gesamten Volkseinkommen.

Abgaben: Bezüglich des Einkommens wird der Saldo von Abgabenbelastung durch Steuern und Sozialversicherungsbeiträge und den Transfers wie Kindergeld eine Rolle spielen. Hier geht es um Verschiebungen von privatem Einkommen in den staatlichen Verbrauch.

Preisniveau: Rahmenbedingungen für den Konsum ergeben sich schließlich durch das Preisniveau. Ein zunehmendes und hohes Preisniveau (Inflation) wird die Konsumbereitschaft dämpfen und umgekehrt.

Zinsniveau: Auch ein hohes Zinsniveau wird die Konsumbereitschaft dämpfen, da erstens Konsumentenkredite teurer werden und zweitens der Anreiz Geld anzulegen und zu sparen größer wird (was eine Verschiebung der Konsumbereitschaft in die Zukunft bedeutet).

Erwartungen: Zuletzt wird die Nachfrage nach Sachgütern und Dienstleistungen durch die privaten Haushalte abhängig von deren Zukunftserwartung und Risikobereitschaft sowie vom Vertrauen in die wirtschaftliche Entwicklung sein.

4.2.2   Absolute und permanente Einkommenshypothese

Als wichtigster Konsumfaktor gilt das Einkommen. Die Abhängigkeit des Konsums vom Einkommen zu beschreiben, lässt sich auf unterschiedliche Art bewerkstelligen. Vor allem zwei bekannte Hypothesen sind hier zu erwähnen, die permanente Einkommenshypothese und die absolute Einkommenshypothese.

Bestimmungsfaktoren des Einkommens:

- **permanente Einkommenshypothese**: Konsum ist abhängig vom Lebenseinkommen (langfristige Perspektive / Milton Friedman)

- **absolute Einkommenshypothese**: Konsum ist abhängig vom laufenden Realeinkommen (kurzfristige Perspektive / John Maynard Keynes)

Die Vertreter der permanenten Einkommenshypothese gehen davon aus, dass der Konsum der Menschen vom Lebenseinkommen beziehungsweise langfristigen Einkommen abhängt. Begründer dieser neoklassischen These und einer langfristigen Betrachtung ist Milton Friedman. Im Gegensatz zur permanenten Einkommenshypothese geht die absolute Einkommenshypothese auf John Maynard Keynes zurück und betont die kurzfristige Sichtweise. Der Konsum wird hier in Abhängigkeit vom laufenden (aktuellen) Realeinkommen betrachtet.

Im hier vorliegenden Gütermarktmodell wird auf die keynsianisch absolute Einkommenshypothese zurückgegriffen, betrachtet wird also das kurzfristige absolute beziehungsweise aktuelle laufende Einkommen. Dieser Zusammenhang zwischen Konsum und laufendem Einkommen lässt sich genauer definieren und anhand einer Konsumfunktion darstellen.

4.2.3   Die Konsumfunktion

a) Annahmen zur Konsumfunktion

Die Darstellung von Konsum und Einkommen basiert auf zwei wesentlichen Annahmen. Erstens, zwischen Konsum und Einkommen besteht ein proportionaler Zusammenhang. Das heißt, die Konsumausgaben steigen proportional mit der Zunahme des Einkommens. Zweitens, es existiert ein vom Einkommen unabhängiger Teil des Konsums. Das heißt, es wird auch dann konsumiert, wenn kein Einkommen vorhanden ist (autonomer Konsum).

Annahmen zur Einkommensabhängigkeit des Konsums:

- Konsumausgaben steigen proportional mit der Zunahme des Einkommens ($\rightarrow$ Konsumneigung).

- Es existiert ein Teil des Konsums, der unabhängig vom Einkommen getätigt wird ($\rightarrow$ autonomer Konsum).

---

b) Definition der Konsumfunktion

Die Abhängigkeit des Konsums vom Einkommen lässt sich aufgrund dieser Annahmen als Funktion beschreiben. Grafisch bildet die Konsumfunktion eine Gerade mit positivem Anstieg, wobei auf der x-Achse das Einkommen und auf der y-Achse der dazugehörende Konsum eingetragen wird.

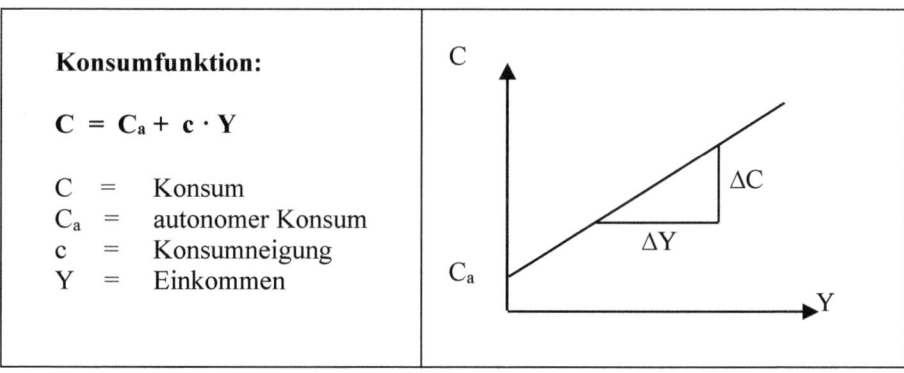

Konsumfunktion:

$$C = C_a + c \cdot Y$$

C = Konsum
C_a = autonomer Konsum
c = Konsumneigung
Y = Einkommen

Abbildung 1.12: Konsumfunktion.

c) autonomer Konsum

Ein Bestandteil der Konsumfunktion ist der autonome Konsum C_a. Der autonome Konsum beschreibt den vom Einkommen unabhängigen Konsumanteil. Es wird konsumiert, ohne dass ein Einkommen vorhanden ist, das Einkommen also den Wert Null hat (Y = 0).

Wie ist nun aber ein Konsum möglich, wenn kein Einkommen vorhanden ist? Zwei Möglichkeiten sind denkbar. Erstens, es ist Vermögen vorhanden, das aus früherem Einkommen stammt. Zweitens, man macht Schulden, gibt also zukünftiges Einkommen aus.

Autonomer Konsum:
- ➤ einkommensunabhängiger Konsum: C (Y = 0); $C_a > 0$

---

d) Konsumneigung

Wenn man ein bestimmtes Einkommen erhält, wird es nicht so sein, dass dieses Einkommen vollständig für den Konsum ausgegeben wird. Einen Teil des Einkommens wird man nämlich sparen. Den Anteil einer Einkommenserhöhung, der für den Konsum ausgegeben wird, bezeichnet man als Konsumneigung (wie „geneigt" bzw. bereit man ist zu konsumieren). Die Konsumneigung sagt also aus, wie viel konsumiert wird, wenn das Einkommen um eine Einheit zunimmt. Wenn sich beispielsweise das Einkommen um 100 Euro erhöht ($\Delta Y = 100 €$) und von diesem zusätzlichen Einkommen 90 Euro konsumiert werden ($\Delta C = 90$ Euro), beträgt die Konsumneigung 90 Prozent oder 0,9 (c = 0,9).

Mathematisch-grafisch verdeutlicht die Konsumneigung den Anstieg der Konsumfunktion, bildet also einen Grenzwert („Grenzkonsum").

Konsumneigung:
- ➤ Anstieg des Konsums, wenn das Einkommen um eine Einheit zunimmt.
- $c = \Delta C / \Delta Y$ bzw. $c = dC/dY$; $0 \leq c \leq 1$

Nimmt das Einkommen um 100 Euro zu und wird dieses zusätzliche Einkommen vollständig für Konsumzwecke ausgegeben, erhält man eine Konsumneigung mit dem Wert 1. Wird ein zusätzliches Einkommen von 100 Euro vollständig als Spareinlage verwendet, beträgt die Konsumneigung 0. Die Werte der Konsumneigung bewegen sich also zwischen O und 1. Typische Werte für die Praxis sind 0,8 oder 0,9.

e) Konsumquote

Mit der Konsumneigung nicht zu verwechseln ist die Konsumquote. Während die Konsumneigung einen Grenzwert darstellt, definiert sich die Konsumquote als Durchschnittswert. Die Konsumquote beschreibt den durchschnittlichen Anteil des Konsums am Einkommen.

Konsumquote:

➤   Anteil des Konsums am Einkommen: $c_Q = C/Y$ $c < c_Q < \infty$

---

f) Beispiel für eine Konsumfunktion

Ein einfaches Beispiel soll den prinzipiellen Unterschied zwischen der Konsumneigung und der Konsumquote verdeutlichen. Der autonome Konsum C_a beträgt 100 Euro, das maximale Einkommen liegt bei 750 Euro. Von diesem Einkommen werden 700 Euro für den Konsum ausgegeben (Abbildung 1.13).

Die Konsumneigung beträgt konstant 0,8. Das heißt, 80 Prozent jedes zusätzlichen Euro Einkommens werden für den Konsum ausgegeben. Der autonome Konsum ($C_a = 100$) bildet den Schnittpunkt mit der y-Achse. Die Konsumneigung ergibt den Anstieg der Funktion. Die Konsumfunktion lautet somit: $C(Y) = 100 + 0,8Y$.

Die Konsumquote als durchschnittlicher Konsum beim Maximaleinkommen von 750 Euro beträgt 0,933. Das heißt, 93,3 Prozent des gesamten Einkommens werden konsumiert. Andere Konsum- und Einkommenswerte ergeben auch jeweils andere Konsumquoten!

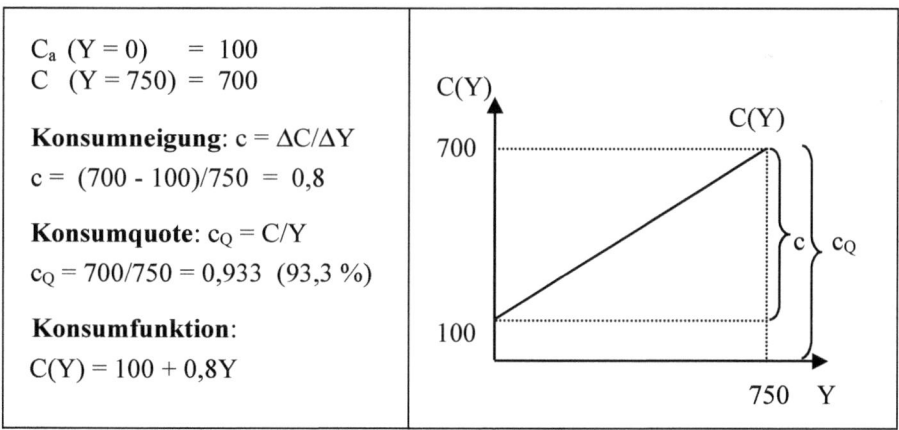

Abbildung 1.13: Konsumfunktion mit Konsumneigung und Konsumquote

Hinweise zur Konsumfunktion:

1.) Ist eine bestimmte Konsumfunktion gegeben, ist der Wert der Konsumneigung für diese Funktion konstant. Im Gegensatz dazu ändert sich der Wert der Konsumquote in Abhängigkeit vom Einkommen. Denn mit zunehmendem Einkommen wird die Konsumquote immer kleiner.

2.) Der Wert der Konsumneigung wird üblicherweise als Dezimale (z. B. 0,9) angegeben, während der Wert der Konsumquote meist als Prozentzahl (z. B. 90 %) angegeben wird.

3.) Für den Fall, dass kein autonomer Konsum vorhanden ist, sind Konsumneigung und Konsumquote identisch.

4.2.4   Konsum und Sparen – die Sparfunktion

Den Großteil des Einkommens gibt man üblicherweise für Konsumzwecke aus. Doch was passiert mit dem meist kleineren nicht konsumierten Anteil des Einkommens? Die Antwort lautet: Dieser Anteil wird gespart (S = Sparen).

4.2.4.1 Sparfunktion

Wenn wir davon ausgehen, dass der konsumierte und der nicht konsumierte Teil des Einkommens in Summe 100 Prozent ergeben müssen, lässt sich aus dieser Identitätsbestimmung und der Konsumfunktion die Sparfunktion ableiten.

1. Schritt: Einkommen: $Y = C + S$

2. Schritt: Sparen: $S = Y - C$

3. Schritt: Konsumfunktion: $C = C_a + cY$ in $S = Y - C$

          => Sparfunktion: $S = Y - (C_a + cY) => S = -C_a + (1 - c) Y$

Sparfunktion: $S = -C_a + (1 - c) \cdot Y$

Sparneigung: $s = 1 - c \ (> 0)$

Der Terminus „1-c" kann als Sparneigung „s" definiert werden. Werden beispielsweise von einem Euro zusätzlichem Einkommen 80 Prozent konsumiert ($c = 0{,}8$), müssen nach der Identitätsbedingung 20 Prozent ($s = 1 - 0{,}8 = 0{,}2$) gespart werden. Denn Einkommen, das nicht ausgegeben wird ($1 - c$), wird gespart! Somit muss auch gelten, dass die Summe von Konsumneigung und Sparneigung den Wert 1 ergibt: $c + s = 1$!

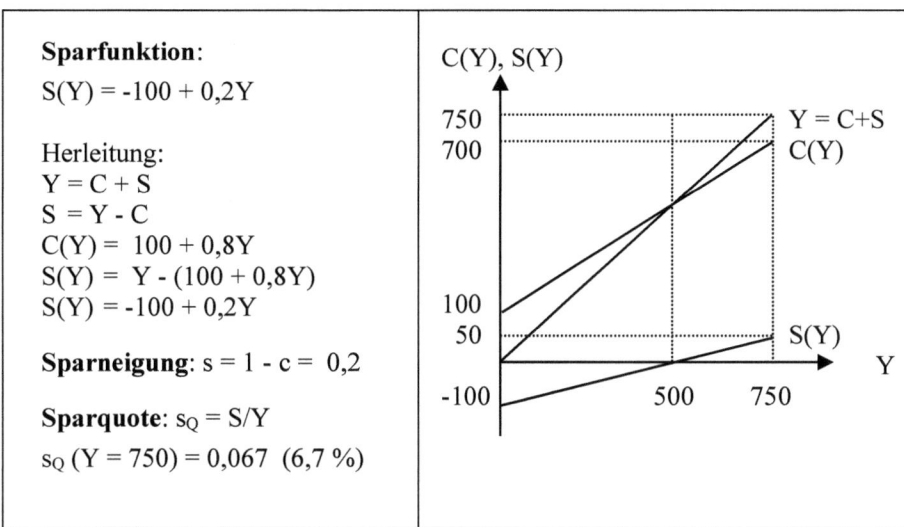

Sparfunktion:

S(Y) = -100 + 0,2Y

Herleitung:
Y = C + S
S = Y - C
C(Y) = 100 + 0,8Y
S(Y) = Y - (100 + 0,8Y)
S(Y) = -100 + 0,2Y

Sparneigung: s = 1 - c = 0,2

Sparquote: s_Q = S/Y

s_Q (Y = 750) = 0,067 (6,7 %)

Abbildung 1.14: Sparfunktion

4.2.4.2 Die Sparquote

a) Definition von Sparquote

Wird in öffentlichen Meldungen über das Sparverhalten der Bürger berichtet, nimmt man als Indikator meist die Sparquote. Die Sparquote ist definiert als Anteil des Sparens am Einkommen.

Sparquote: s_Q = S/Y   (Anteil des Sparens am Einkommen).

Angenommen das Volkseinkommen beträgt 1.000 Mrd. Euro und das Sparvolumen 100 Milliarden Euro, dann beträgt die Sparquote 100/1000 = 0,1 beziehungsweise 10 Prozent.

Die aktuelle Sparquote in Deutschland beträgt 9,2 Prozent (Stand 2014). Ob dieser Wert als hoch oder niedrig einzuschätzen ist, zeigt ein zeitlicher Vergleich wie auch der Vergleich mit den Quoten anderer Staaten.

b) Sparquoten in Deutschland (zeitlicher Vergleich)

Betrachten wir die Sparquote in Deutschland in ihrer zeitlichen Entwicklung (Abbildung 1.15). Seit dem Jahr 2000 stieg die Sparquote kontinuierlich auf über 11 Prozent an, um dann im Krisenjahr 2009 einen kleinen Einbruch zu erleiden. Zwischenzeitlich befindet sich die Sparquote in Deutschland auf Talfahrt und dürfte sich nach den letzten Prognosen auf 7 bis 8 Prozent hinabbewegen. Geschuldet ist dies dem extrem niedrigen Zinsniveau.

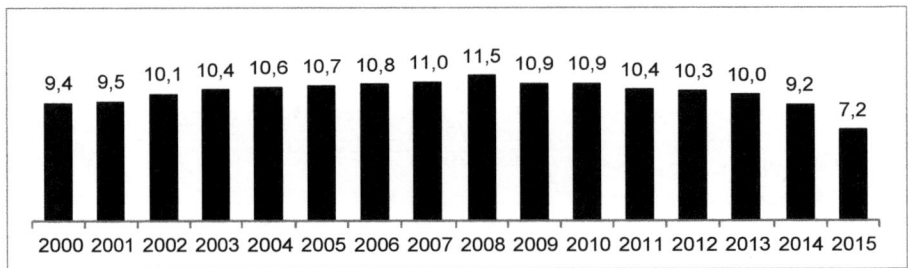

Abbildung 1.15: Höhe und Entwicklung der Sparquote in Deutschland[25]
[Quelle: Statistisches Bundesamt]

c) Sparquoten im internationalen Vergleich (räumlicher Vergleich)

Im internationalen Vergleich sind die Unterschiede zwischen den Sparquoten weitaus größer. Während Frankreich eine Sparquote von 15,4 Prozent aufweist, rangiert Polen mit einer minimalen Sparquote von 1,0 weit unten (Abbildung 1.16).

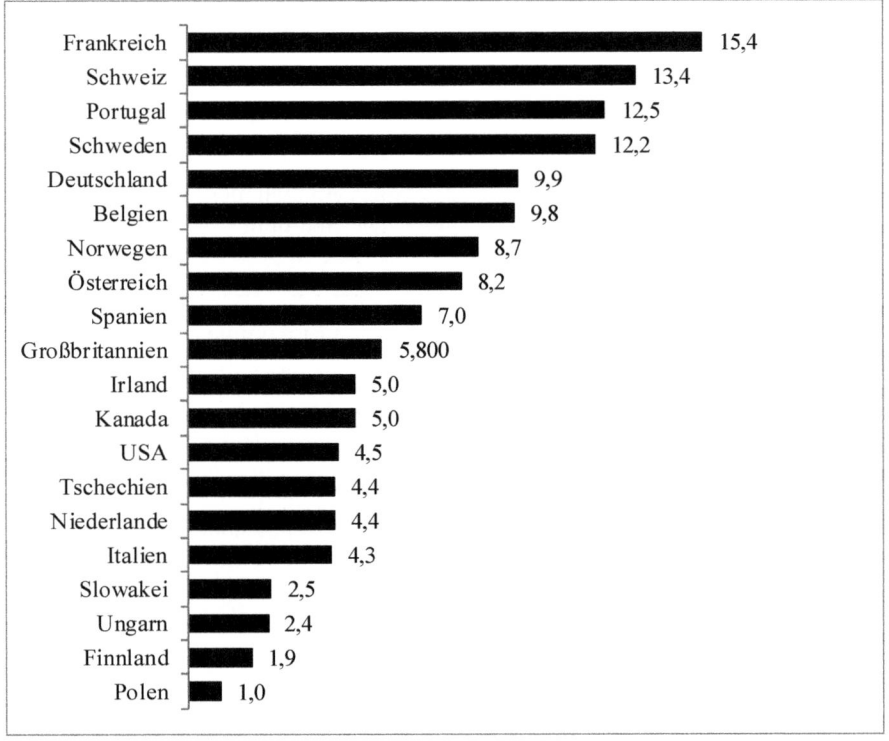

Abbildung 1.16: Sparquoten im internationalen Vergleich (Stand 2013) [Quelle: OECD, Deutsche Bundesbank]

---

[25] Ersparnisse in Prozent des verfügbaren Einkommens (2015: Schätzwert!)

4.3   Investitionen

Im vorigen Kapitel haben wir die Nachfrage der privaten Haushalte nach Sachgütern und Dienstleistungen behandelt. Dieses Kapitel beinhaltet die Nachfrage der Unternehmen nach Investitionsgütern. Daneben gibt es die privaten Bauinvestitionen und öffentliche Investitionen.

Investitionen:
➢   Nachfrage der Unternehmen nach Investitionsgütern.

4.3.1   Investitionsarten und -absichten

Investitionsarten: Typische Investitionsgüter sind Computer, Maschinen, Produktionsanlagen sowie Gebäude und Grundstücke. Hier handelt es sich um Sachinvestitionen oder Realkapitalbildung. Daneben gibt es auch noch Finanzinvestitionen, sprich die Geldvermögensbildung wie zum Beispiel der Erwerb von Aktien oder Beteiligungen.

Investitionsarten:
• Finanzinvestitionen: Umwandlung von Geldvermögen in anderes Geldvermögen (z. B. Giralgeld in Aktien).
• Sachinvestitionen: Umwandlung von Geldvermögen in Sachvermögen (z. B. Giralgeld in Maschinen).

Investitionsabsichten: Die Sachinvestitionen lassen sich nach der Investitionsabsicht in Ersatzbeschaffungen, Kapazitätserweiterungen und Rationalisierungen unterscheiden. Ersatzbeschaffung bedeutet, dass ein Computer durch einen anderen Computer ersetzt wird. Kapazitätserweiterung bedeutet, dass zusätzliche Computer angeschafft werden. Rationalisierung bedeutet, dass Menschen durch Computer und Maschinen ersetzt werden. Neben diesen drei klassischen Investitionsabsichten existieren Umstrukturierungsinvestitionen sowie Investitionen in den Umweltschutz und in Forschung und Entwicklung (andere Vorhaben).

Investitionsabsichten:
• Ersatzbeschaffung
• Kapazitätserweiterung
• Rationalisierung
• Umstrukturierung
• Andere Vorhaben

4.3.2   Bestimmungsfaktoren der Investitionen

Investitionen schaffen und erhöhen das Potential einer Wirtschaft zur Produktion von Sachgütern und Dienstleistungen auf dem Gütermarkt und die Einstellung und Beschäftigung von Menschen auf dem Arbeitsmarkt. Sie sind von elementarer Bedeutung für mehr Wachstum und Wohlstand. Die Investitionsbereitschaft der Unternehmen und einer Volkswirtschaft im Ganzen hängt von einer Vielzahl unterschiedlichster Faktoren ab. Wesentliche Faktoren sind folgende.

Bestimmungsfaktoren der Investitionen:
- Zinsniveau (externe Verzinsung)
- Erwartete Rendite (interne Verzinsung)
- Preisniveau der Investitionsgüter
- Einkommen der Unternehmen
- Risikobereitschaft der Unternehmer
- Konjunkturerwartungen
- Staatliche Rahmenbedingungen
- Technischer Fortschritt

Zinsniveau (externe Verzinsung):

Viele Investitionen werden über Kredite getätigt. Kredite kosten Geld. Die Höhe der Kosten bestimmt sich über die zu bezahlenden Zinsen. Je höher das Zinsniveau ist, desto teurer und weniger nachgefragt sind Investitionskredite; je niedriger das Zinsniveau, desto billiger und mehr nachgefragt sind Kredite.

Erwartete Rendite (interne Verzinsung):

Die Zinsen, die man für einen Kredit zu bezahlen hat, sind gegeben und kalkulierbar. Betriebswirtschaftlich vernünftig wird eine Kreditaufnahme für ein Investitionsvorhaben nur dann sein, wenn mit der kreditfinanzierten Investition mehr erwirtschaftet wird als der Aufwand der Investition ausmacht. Das heißt, die interne Verzinsung im Sinne der Rendite des Investitionsobjektes muss höher sein als die externe Verzinsung. Wenn ein Unternehmen für einen Kredit 5 % Zinsen zu bezahlen hat und eine interne Verzinsung von mehr als 5 % erwartet, rentiert sich das Vorhaben; wenn die interne Verzinsung mit weniger als 5 % kalkuliert wird, rentiert sich das Vorhaben nicht. Alternativ könnte auch mit entgangenen Guthabenzinsen argumentiert werden (Opportunitätskosten).

Preisniveau der Investitionsgüter:

Neben den Zinsen als Kreditkosten und der internen Verzinsung als Renditeerwartung wird des Weiteren eine Rolle spielen, wie teuer die Investition ist. Das heißt, das Preisniveau von Investitionsobjekten wie Gebäuden und Büroeinrichtungen beeinflusst die Investitionsentscheidung. Je höher das Preisniveau der Investitionsgüter ist, desto gedämpfter wird die Investitionsbereitschaft sein und umgekehrt.

Achtung: Wenn von Preisniveau die Rede ist, kann auch das Preisniveau der Konsumgüter gemeint sein. Dann gilt die Argumentation mit umgekehrtem Vorzeichen. Können die Unternehmen davon ausgehen, dass sie ihre durch die Investition geschaffenen Produkte mit einem hohen Preisabschlag am Markt absetzen können, erhöht das die Rendite und somit die Investitionsbereitschaft

Einkommen der Unternehmen:

Unabhängig davon, wie teuer meine Anschaffungen sind – sei es durch die Kreditkosten oder das Preisniveau der Investitionsobjekte –, wird ein weiterer wichtiger Faktor die Einkommenssituation sein. Und hier gilt, was auch für private Haushalte gilt. Je höher das Einkommen der Unternehmen, desto größer die Investitionsmöglichkeiten und je geringer desto restriktiver die Investitionsfähigkeit.

Risikobereitschaft der Unternehmer:

Nun mag es Unternehmen geben, die relativ viel Geld zur Verfügung haben und trotzdem nicht investieren und andere die kaum etwas auf der „Seite haben" und trotzdem investieren. Ob und in welchem Maße investiert wird, hängt auch von der Einstellung und der Risikobereitschaft der Unternehmer ab. Die Bandbreite der menschlichen Empfindungen reicht hier von ängstlicher Skepsis bis hin zu hochriskantem Wagemut.

Konjunkturerwartungen:

Neben der individuellen Einstellung und Risikobereitschaft existiert auch eine „psychosoziale" und gesellschaftliche Haltung. Wenn eine allgemeine Krisenstimmung herrscht, wird das nicht die Investitionsbereitschaft fördern. Wenn die Konjunkturaussichten allgemein als gut beurteilt werden, dürfte das auch die allgemeine Investitionsfreude erhöhen.

Staatliche Rahmenbedingungen:

Da Investitionen eine immens wichtige Rolle für den Wohlstand einer Volkswirtschaft spielen, wird auch der Staat ein Interesse daran haben, Investitionen zu fördern. Dies kann er auf vielerlei Weise tun. Man denke an direkte Investitionszuschüsse (Subventionen), wenn ein Unternehmen umweltfördernde Investitionen tätigt oder sich in wirtschaftlich schwachen Regionen ansiedelt. Ein beliebtes Mittel, Investitionen staatlich zu fördern, sind steuerliche Abschreibungsmöglichkeiten. Je höher die Abschreibungsmöglichkeiten für Unternehmen sind, desto mehr Aufwand können sie in ihrer Gewinn- und Verlustrechnung ansetzen und desto niedriger sind die zu versteuernden Gewinne und die entsprechenden Steuerzahlungen.

Technischer Fortschritt:

Ein letzter Punkt sei erwähnt, nämlich der technische Fortschritt. Investitionen können aufgrund von Innovationen, z. B. ein neues Softwaresystem, entstehen und neue Technologien und Prozesse können ihrerseits wieder neue Investitionen bedingen. Man denke an Computer, Internet und Multimedia, an die Nanotechnologie oder an die Bio- und Gentechnologie.

4.3.3   Investitionsfunktion

Viele betriebswirtschaftliche Faktoren wie Einkommen und Renditeerwartung sowie volkswirtschaftliche Faktoren wie die Konjunktur und das Zinsniveau beeinflussen das Investitionsverhalten der Unternehmen. Doch welche Faktoren sind nun maßgeblich für die weitere Analyse?

Analog der Vorgehensweise beim Konsum, wo als Hauptfaktor das Einkommen definiert wurde, erfolgt auch bei den Investitionen eine Schwerpunktsetzung. Als maßgebliche Faktoren der Investitionsbereitschaft werden das Zinsniveau und die gesamtwirtschaftliche Nachfrage bzw. das Gesamteinkommen definiert. Investitionen als zinsabhängig zu betrachten ist vor allem betriebswirtschaftliche und volkswirtschaftlich klassische Perspektive.

Investitionen:
- Investitionen sind abhängig vom Zinsniveau.
- Investitionen sind autonom gegeben.

4.3.3.1   Zinsabhängigkeit von Investitionen

Inwiefern hängen nun Investitionen vom Zinsniveau ab? Wir gehen davon aus, dass die meisten Investitionen über Kredite zu finanzieren sind.[26] Je höher die Soll- bzw. Kreditzinsen sind, desto teurer sind Investitionskredite, beziehungsweise desto eher lohnt es sich wegen der höheren Habenzinsen Geld am Kapitalmarkt anzulegen. Je niedriger die Kreditzinsen sind und je niedriger eine alternative Habenverzinsung ist, desto lohnender könnte eine kreditfinanzierte Investition sein.

Opportunitätskostenprinzip:

Der Aspekt der alternativen Habenverzinsung zeigt im Übrigen, dass Investitionen nicht immer kreditfinanziert sein müssen, um eine Abhängigkeit der Investitionen vom Zinsniveau ableiten zu können. Auch wenn ein Unternehmen genügend Eigenmittel zur Verfügung hat, spielt das Zinsniveau eine Rolle. Statt Geld für eine unsichere Investition auszugeben, könnte das Geld auch hochverzinslich angelegt

---

[26] Die mittelständische Wirtschaft in Deutschland ist zu ungefähr 90 Prozent fremdkapitalfinanziert!

werden. Wenn beispielsweise die Verzinsung meiner Einlagen bei der Bank mit
5 Prozent höher ausfällt als die erwartete Rendite der Investition mit 3 Prozent,
spricht das für die Geldanlage und nicht für die Investition.

Wir resümieren: Investitionen sind abhängig vom Zinsniveau. Dieser Zusammenhang zwischen Investitionen und Zinsniveau wird durch die klassische Investitionsfunktion „I = I (i)" zum Ausdruck gebracht.

Investitionsfunktion:

➢   Investitionen sind abhängig vom Zinsniveau: I = I (i)

Grafisch stellt die Investitionsfunktion eine fallende Funktion dar. Mit sinkendem
Zins nehmen die Investitionen zu. Auch hier ist zu beachten, dass die Investitionen
als abhängige Variable nicht wie sonst üblich auf der y-Achse eingezeichnet werden, sondern auf der x-Achse.

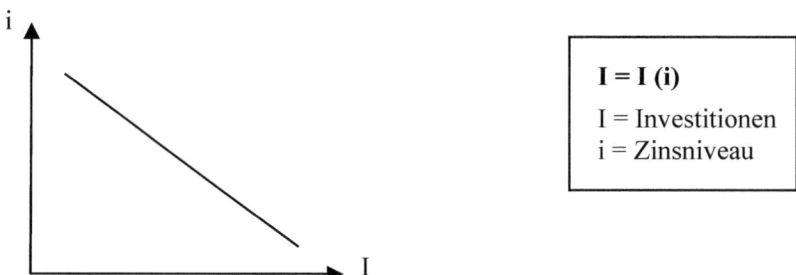

Abbildung 1.17a: Zinsabhängige Investitionsfunktion

4.3.3.2   Zinsunelastische Investitionen

Investitionen als zinsabhängig zu betrachten ist nachvollziehbar. Man kann aber
auch Argumente für eine Zinsunabhängigkeit der Investitionen finden, indem
andere Faktoren als wichtiger beziehungsweise den Zinsaspekt kompensierend
betrachtet werden. Eine zinsunabhängige, auch zinsunelastische Funktion genannt,
ist in folgendem Schaubild dargestellt:

Abbildung 1.17b: Zinsunabhängige Investitionsfunktion

Zinsunelastisch bedeutet, dass sich Investitionen unelastisch oder starr gegenüber Zinsänderungen verhalten. Die Höhe der Investitionen ist immer gleich groß, egal wie hoch das Zinsniveau ist. Investitionen sind somit eine autonome, gegebene Größe: $I = I$.

Je nach Untersuchungsgegenstand und Modell werden Investitionen als zinsabhängig oder als zinsunabhängig definiert. Das keynsianische Multiplikatormodell, das im Folgenden beschrieben wird, beinhaltet die zinsunabhängige autonome Investitionsvariante; das später dargestellte IS-Modell die zinsabhängige Variante.

Übungsaufgabe: Investitionen und Sparen im Gleichgewicht

Gegeben sind die Konsumfunktion und die Investitionen: $C = 25 + 0,8Y$
                                                               $I = 275$

Bestimmen Sie das Gleichgewichtseinkommen, die Sparfunktion und die Ersparnisse beim Gleichgewichtseinkommen und stellen Sie die Konsumfunktion, die Investitionsfunktion und die Sparfunktion grafisch dar!

Lösung:

Gleichgewichtseinkommen: $Y = C + I = 25 + 0,8Y + 275 \Rightarrow Y = 1.500$

Sparfunktion: $S(Y) = Y - C(Y) = -25 + 0,2Y$
Sparen im Gleichgewicht $S(Y=1.500) = 275$

Im Gleichgewicht gilt: $I = S = 275$!

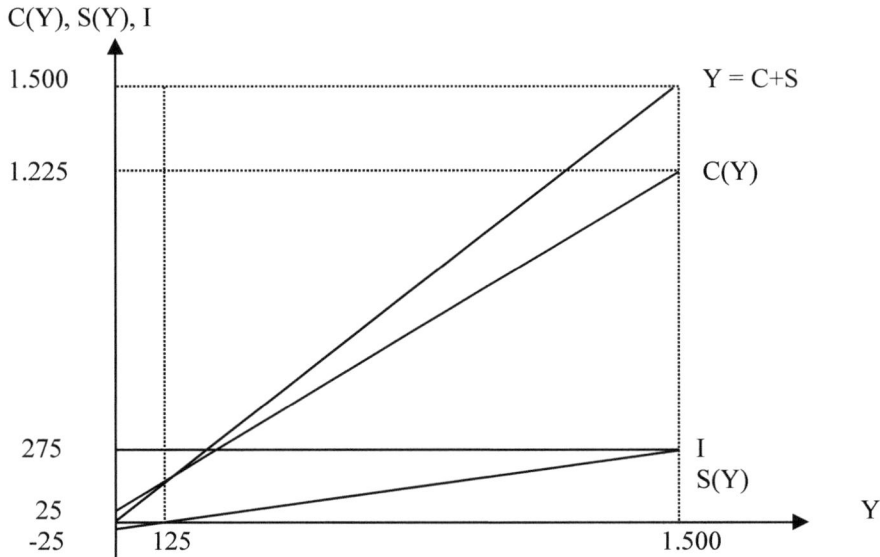

5 Multiplikatoranalyse

Im Rahmen der Multiplikatoranalyse soll untersucht werden, in welchem Zusammenhang die relevanten makroökonomischen Größen wie Konsum, Investitionen und Einkommen stehen und welche Auswirkungen zu erwarten sind, wenn sich diese Größen ändern. Später werden noch die Staatsnachfrage sowie das Ausland hinzukommen. Im Moment konzentrieren wir uns auf den privaten Sektor und den Unternehmenssektor mit den Nachfragemodulen Konsum und Investitionen.

5.1 Konsum und Investitionen

5.1.1 Der Investitionsmultiplikator

Die gesamtwirtschaftliche Nachfrage beziehungsweise das Einkommen (Y) setzt sich aus dem Konsum der privaten Haushalte (C) und der Investitionsgüternachfrage (I) der Unternehmen zusammen: $Y = C + I$

Für den Konsum „C" kann die Konsumgleichung „$C = C_a + cY$" eingesetzt werden. Die Investitionen werden als zinsunabhängig und autonom betrachtet: $I = I$. Somit lässt sich die Gleichung erweitern: $Y = C_a + cY + I$. Wird diese Gleichung schließlich nach Y aufgelöst, ergibt sich folgender funktionale Zusammenhang: $Y = 1/(1-c) \cdot (C_a + I)$. Wird nun im letzten Schritt der Terminus $1/(1-c)$ als Multiplikator „m" definiert, ergibt sich: $Y = m \cdot (C_a + I)$.

Herleitung des Investitionsmultiplikators	
$Y = C + I$ und $C = C_a + cY$ $\qquad\qquad\qquad I = I$	Y = Einkommen C = Konsum c = Konsumneigung C_a = autonomer Konsum I = Investitionen $\mathbf{m}$ = **Multiplikator**
$\Rightarrow Y = C_a + cY + I$ $\Rightarrow Y = \mathbf{1/(1\text{-}c)} \cdot (C_a + I)$ $\Rightarrow Y = \mathbf{m} \cdot (C_a + I)$	

Was bedeutet dieser Zusammenhang und welche Bedeutung wird dem Multiplikator beigemessen? Dazu ein Beispiel:

Konsumneigung:	c	=	0,8
autonomer Konsum:	C_a	=	100
Investitionen:	$\mathbf{I_1}$	=	**150**
=> Multiplikator:	m	=	$1/(1\text{-}c) = 1/(1 - 0{,}8) = 5$
=> **Einkommen:**	$\mathbf{Y_1}$	=	$\mathbf{5 \cdot (100 + 150) = 1.250}$

Anhand der Daten kann der Multiplikator (m = 5) und das Einkommen (y_1 = 1.250) bestimmt werden. Nun kommt ein weiterer wesentlicher Schritt hinzu, um die „Philosophie" der Multiplikatoranalyse zu verdeutlichen. Der Schritt besteht darin, dass eine der bisherigen Größen verändert wird, um dann festzustellen, welche Auswirkungen auf das Einkommen zu beobachten sind. Verändert wird die Höhe der Investitionen, denn Investitionen gelten als eine der Schlüsselgrößen wirtschaftlichen Erfolgs. Sowohl der autonome Konsum als auch die Konsumneigung werden als konstant betrachtet.

Wir führen das Beispiel weiter und nehmen an, dass die Investitionen von 150 auf 200 erhöht werden. Welche Auswirkungen sind auf das Volkseinkommen zu erwarten?

Konsumneigung:	c	=	0,8
autonomer Konsum:	C_a	=	100
Investitionen:	I_2	=	**200**
=> Multiplikator:	m	=	1/(1-c) = 1/(1-0,8) = 5
=> Einkommen:	Y_2	=	**5 · (100 + 200) = 1.500**

Die Analyse des Ergebnisses zeigt, dass die Zunahme der Investitionen in Höhe von 50 (ΔI = 50) zu einer Erhöhung des Einkommens um 250 (ΔY = 250) geführt hat.

ΔI	=	$I_2 - I_1$	=	200 - 150	=	50
ΔY	=	$Y_2 - Y_1$	=	1.500 - 1.250	=	250

Die Erhöhung des Einkommens beträgt das Fünffache der Erhöhung der Investitionen. Und das Fünffache entspricht in diesem Fall dem Wert des Multiplikators.

So lässt sich schreiben:
$$\Delta Y = m \cdot \Delta I$$
$$250 = 5 \cdot 50$$

Multiplikatorwirkung einer Investitionserhöhung	
Konsumneigung: c = 0,8 autonomer Konsum: C_a = 100	
Investitionen: I_1 = 150	**Investitionen: I_2 = 200**
=> Multiplikator: m = 1/(1-c) = 1 / (1 - 0,8) = 5 **Einkommen:** **y_1 = 5 · (100 + 150) = 1.250**	=> Multiplikator: m = 1/(1-c) = 1 / (1 - 0,8) = 5 **Einkommen:** **y_1 = 5 · (100 + 200) = 1.500**

Herleitung des Multiplikators:

Dieser hier am speziellen Beispiel dargestellte Zusammenhang lässt sich auch generell herleiten:

$$Y = 1/(1-c) \cdot (C_a + I) \text{ bzw. } Y = m \cdot (C_a + I)$$

Nehmen wir nun wie im vorigen Beispiel an, dass der autonome Konsum und die Konsumneigung konstant bleiben, während die Investitionen die sich ändernde Größe darstellen. Wir interessieren uns nun lediglich für die Änderungswerte. Dann kann die Gleichung wie folgt geschrieben werden:

$$\Delta Y = m \cdot (\Delta C_a + \Delta I); \quad \Delta C_a = 0 \text{ (keine Änderung)} \Rightarrow \Delta Y = m \cdot \Delta I$$

Diese Gleichung beschreibt den Multiplikatoreffekt:

Multiplikatoreffekt: $\Delta Y \;=\; m \cdot \Delta I$

⬆
Multiplikator

➤   Eine Erhöhung der Investitionen führt zu einer Erhöhung des Volkseinkommens um ein Mehrfaches der Investitionserhöhung.

5.1.2   Konsumneigung und Multiplikatorwirkung

Dieser modelltheoretische Zusammenhang ist wirtschaftspolitisch sehr interessant. Vergessen wir nicht, dass die Einkommensgröße für Wachstum und Wohlstand steht. Je größer das „Y" und je höher seine Zunahme, desto besser für eine Volkswirtschaft. Doch wie kann eine größtmögliche Steigerung erreicht werden?

Eine entscheidende Größe bilden die Investitionen. Wie das Beispiel gezeigt hat, führt die Erhöhung der Investitionen zu einer mehrfachen Erhöhung des Volkseinkommens. Doch es gibt noch einen zweiten Ansatzpunkt – und das ist der Multiplikator. Wie das Produkt „$m \cdot \Delta I$" verdeutlicht, ist der Multiplikatoreffekt umso größer, je größer das „m" ist. Schauen wir uns also das „m" noch einmal genauer an und untersuchen, wie der Multiplikator eventuell vergrößert werden könnte.

Die oben dargestellte Herleitung des Multiplikators zeigt, dass der Multiplikator m für den Ausdruck $1/(1-c)$ steht. Wenn mathematisch betrachtet das „m" und damit der Terminus „$1/(1-c)$" größer werden soll, muss der Nenner „$1-c$" kleiner werden. Und um diesen kleiner werden zu lassen, muss das „c" größer werden. Das „c" steht für die Konsumneigung, so dass gefolgert werden kann:

Je größer die Konsumneigung, desto größer ist der Multiplikatoreffekt!

Beispiel für die Multiplikatorwirkung:

Greifen wir das Beispiel von vorher auf. Die Investitionen erhöhen sich von 150 auf 200. Bei einer Konsumneigung von 0,8 beträgt der Multiplikator 5 und die Erhöhung des Einkommens beträgt somit das Fünffache der Erhöhung der Investitionen.

Konsumneigung:	c	=	**0,8**
autonomer Konsum:	C_a	=	100
Erhöhung Investitionen:	von I_1	=	150 auf I_2 = 200
=> Multiplikator:	**m**	**=**	**1/(1-c) = 1/(1-0,8) = 5**
=> Einkommen:	Y_1	=	5 · (100 + 150) = 1.250
=> Einkommen:	Y_2	=	5 · (100 + 200) = 1.500
Multiplikatorwirkung:	**ΔY**	**=**	**m · ΔI**
	250	**=**	**5 · 50**

Anstieg der Konsumneigung: Nehmen wir an, dass die Konsumneigung von 0,8 auf 0,9 steigt. Dann erhalten wir einen neuen Multiplikator in Höhe von 1/(1-0,9) = 10. Eine Erhöhung der Investitionen um 50 Einheiten wird zu einer Erhöhung des Einkommens um das 10fache dieser 50 Einheiten führen. Das Einkommen nimmt um 500 zu.

Konsumneigung:	c	=	**0,9**
autonomer Konsum:	C_a	=	100
Erhöhung Investitionen:	von I_1	=	150 auf I_2 = 200
=> Multiplikator:	**m**	**=**	**1/(1-c) = 1/(1-0,9) = 10**
=> Einkommen:	Y_1	=	10 · (100 + 150) = 2.500
=> Einkommen:	Y_2	=	10 · (100 + 200) = 3.000
Multiplikatorwirkung:	**ΔY**	**=**	**m · ΔI**
	500	**=**	**10 · 50**

Eine Erhöhung der Konsumneigung um einen Zehntel Prozentpunkt von 0,8 auf 0,9 hat zu einer Verdoppelung des Multiplikators von 5 auf 10 geführt. Je höher die Konsumneigung, desto höher ist die Multiplikatorwirkung von Investitionserhöhungen auf das Einkommen.

Generell heißt das: Je konsum- und ausgabefreudiger die Konsumenten beziehungsweise privaten Haushalte sind, desto wirkungsvoller wird das Investitionsverhalten der Unternehmen unterstützt. So hat jeder der zwei Akteure – sowohl die privaten Haushalte als auch die Unternehmen – ihren Anteil an einem wachsenden Einkommen: Die Unternehmen über die Investitionen und die Haushalte über ihr Konsumverhalten.

Der Multiplikator:

Wenn wir uns abschließend fragen, welche Werte der Multiplikator einnehmen kann, heißt das nach der Bandbreite der Konsumneigung zu fragen. Wenn eine Erhöhung des Einkommens dazu führt, dass kein weiterer Cent für den Konsum ausgegeben wird, beträgt die Konsumneigung Null. Wird jedoch ein Euro zusätzliches Einkommen komplett ausgegeben, bedeutet das, dass die Konsumneigung 100 Prozent beträgt und somit den Wert 1 hat.

Die Konsumneigung reicht von einer völligen Konsumverweigerung mit dem Wert 0 bis zum „Konsumrausch" mit dem Wert 1. Was bedeutet das für den Multiplikator?

Die beiden Extremwerte 0 und 1 in den Terminus $1/(1-c)$ eingesetzt, führen zu folgenden Multiplikatorwerten:

Konsumneigung $c = 0$: => $m = 1/(1 - 0) = 1$
Konsumneigung $c = 1$: => $m = 1/(1 - 1) = \infty$

Der Multiplikator hat einen Minimalwert von 1 und einen Maximalwert von ∞. Im ersten Fall führt eine Erhöhung der Investitionen zu einer 1fachen Erhöhung des Einkommens; das heißt die Einkommenserhöhung hat den gleichen Wert wie die Investitionserhöhung. Eine 100prozentige Konsumneigung mit einem Multiplikator von ∞ führt zumindest in diesem Modell mathematisch zu einer unendlichen Einkommenserhöhung.

Konsumneigung	Multiplikator	$\Delta Y = m \cdot \Delta I$
$c = 0$	$m = 1$	$50 = 1 \cdot 50$
$c = 0,8$	$m = 5$	$250 = 5 \cdot 50$
$c = 0,9$	$m = 10$	$500 = 10 \cdot 50$
$c = 1,0$	$m = \infty$	$\infty = \infty \cdot 50$

Wenn der Multiplikator in einen Zusammenhang mit den Investitionen gebracht wird, spricht man vom Investitionsmultiplikator. Doch es existieren auch andere Größen – wie Staatsausgaben und Steuern –, für die ein Multiplikatoreffekt beschrieben werden kann. Man spricht dann vom Staatsausgaben- oder Steuermultiplikator.

5.2   Staatlicher Sektor

Nachdem der private Sektor mit den Konsumenten und den Unternehmen behandelt wurde, soll nun der staatliche Sektor (Bund, Länder und Gemeinden) in die Analyse mit einbezogen werden. Der staatliche Sektor beinhaltet die Ausgabenseite (Staatsausgaben) und die Einnahmeseite (vor allem Steuern).[27]

Staatsausgaben:	Konsumausgaben des Staates (z. B. Gehälter für Beamte oder Ausgaben für öffentliche Güter wie Hochschulen).
	Transfers an die privaten Haushalte (z. B. Kindergeld) und an die Unternehmen (z. B. Subventionen).
Staatseinnahmen:	Steuern (z. B. Einkommensteuer) und Sozialversicherungsbeiträge

5.2.1   Staatsausgaben

Der Staat tätigt im Rahmen seiner Aufgabenerfüllung und der Versorgung der Gesellschaft mit öffentlichen Gütern eine Reihe von Staatsausgaben wie Ausgaben für Staatsbedienstete, Schulen und Krankenhäuser. Beschlossen werden die Art und Höhe der Staatsausgaben vom Parlament. Dieses legt fest, welches Volumen den einzelnen Ressorts wie beispielsweise dem Gesundheitsministerium zugebilligt wird. Die Ministerien ihrerseits legen dann schließlich fest, für welche Einzelzwecke die Ausgaben budgetiert werden.

5.2.1.1 Bestimmungsfaktoren der Staatsausgaben

Welche Ausgaben getätigt werden und in welcher Höhe diese anfallen, hängt von vielerlei Gründen ab. Der Staat hat gesetzliche Aufgaben wie zum Beispiel das Angebot von Schulen für alle Kinder zu erfüllen. Über diese Pflichtaufgaben hinaus sieht sich der Staat mit weiteren Bedürfnissen und Wünschen der Bürger, wie zum Beispiel nach Schwimmbädern und Gemeindehallen konfrontiert.

Bestimmungsfaktoren der Staatsausgaben:
• Staatliche Aufgabenerfüllung
• Bedürfnisse und Wünsche der Bürger
• Einnahmen des Staates
• Wirtschaftspolitische Steuerungsfunktionen

---

[27] Eine ausführlichere wirtschaftspolitische Darstellung des staatlichen Sektors findet sich in Band III (Finanzpolitik). Hier in der Makroökonomie steht die modelltheoretische Analyse im Vordergrund.

Ob und wie ausgabefreudig der Staat ist, hängt schließlich von der Einnahmeseite wie dem Steueraufkommen ab. Desweiteren ist der Staat bemüht, durch seine Ausgaben eine Steuerungsfunktion wahrzunehmen. Das heißt, er versucht beispielsweise durch den Ausbau der Verkehrsinfrastruktur oder die Gewährung einer Abwrackprämie die Wirtschaft anzukurbeln.

In unserem Multiplikatormodell werden die Staatsausgaben (G)[28] als gegeben und autonom betrachtet. Für die Wirtschaft sind die Staatsausgaben eine vorgegebene Größe: G = G.

Staatsausgaben: $G = G$ (gegebene Größe)

Dass die Staatsausgaben eine gegebene Größe sind, heißt nicht, dass die Staatsausgaben nicht verändert werden können. Diese Veränderung kann jedoch als politischer Beschluss interpretiert werden, so dass keine sonstigen Variablen auf die Staatsausgaben einwirken.

Sollte die Regierung die Staatsausgaben ändern – sei es eine Erhöhung oder eine Verminderung – wird auch hier von Interesse sein, welche Auswirkungen auf das Volkseinkommen zu erwarten sind. Lassen sich wie bei den Investitionen Multiplikatoreffekte erzeugen und … wenn ja .. welche Wirkung entfalten sie dann?

5.2.1.2 Staatsausgabenmultiplikator

Wir führen die makroökonomische Analyse fort, indem wir die bisherigen Module übernehmen und das Staatsausgabenmodul integrieren. Folgende Funktionen können definiert werden:

für den Konsum:	C	$= C_a + cY$
für die Investitionen:	I	$= I$
für die Staatsausgaben:	G	$= G$

Die gesamtwirtschaftliche Nachfrage beziehungsweise das Volkseinkommen ergibt sich unter Einbeziehung der staatlichen Nachfrage als Summe des privaten Konsums, der Investitionen der Unternehmen und der Staatsnachfrage. Somit lässt sich unter Einbeziehung der obigen Funktionen das Volkseinkommen wie folgt definieren: $Y = C_a + cY + I + G$. Die Auflösung der Gleichung nach Y ergibt: $Y = 1/(1-c) \cdot (C_a + I + G)$. Der Multiplikator „m" in Bezug auf die Staatsausgaben „$1/(1-c)$" hat denselben Wert wie der Investitionsmultiplikator.

Staatsausgabenmultiplikator: $m = 1/(1-c)$

---

[28] „G" steht für Government.

Der Staatsaugabenmultiplikator m = 1/(1-c) entspricht exakt dem Investitionsmultiplikator und ist wie dieser abhängig von den Konsumneigung. Da der Staatsausgabenmultiplikator dem Investitionsmultiplikator entspricht, müsste eine Staatsausgabenerhöhung die gleiche Wirkung wie die Erhöhung der Investitionen haben.

Herleitung des Staatsausgabenmultiplikators:

$Y = C + I + G$ und $C = C_a + cY$ $I = I$ $G = G$ $\Rightarrow \quad Y = C_a + cY + I + G$ $\Rightarrow \quad Y = 1/(1\text{-}c) \cdot (C_a + I + G)$ $\Rightarrow \quad Y = \quad m \quad \cdot \quad (C_a + I + G)$	G = **Staatsausgaben** m = **Staatsausgabenmultiplikator** Y = Einkommen C = Konsum c = Konsumneigung C_a = autonomer Konsum I = Investitionen

---

Das folgende Kapitel beinhaltet beispielhaft die Multiplikatorwirkung einer Staatsausgabenerhöhung

5.2.1.3 Multiplikatorwirkung einer Staatsausgabenerhöhung

Folgende Daten sind gegeben:

Konsumneigung:	c	=	0,8
autonomer Konsum:	C_a	=	100
Investitionen	I	=	150
Staatsausgaben	G_1	=	70
Erhöhung auf	G_2	=	120

=> Multiplikator:	m	=	$1 / (1\text{-}c) = 1 / (1 - 0{,}8) = 5$
=> Einkommen:	Y_1	=	$5 \cdot (100 + 150 + \ 70) = 1.600$
=> Einkommen:	Y_2	=	$5 \cdot (100 + 150 + 120) = 1.850$

Multiplikatorwirkung:	ΔY	=	$m \quad \cdot \quad \Delta G$
	250	=	5 $\cdot$ 50

Betrachtet man ausschließlich die Wirkung einer Staatsausgabenerhöhung unabhängig von den Ausgangswerten, gilt analog der Ableitung einer Investitionserhöhung folgender Zusammenhang:

$$\Delta Y = 1/(1\text{-}c) \cdot (\Delta C_a + \Delta I + \Delta G)$$
$$\Delta Y = m \quad \cdot \quad (\Delta C_a + \Delta I + \Delta G)$$

Unter der Annahme, dass bei ausschließlicher Betrachtung der Staatsausgaben der autonome Konsum und die Investitionen als konstant betrachtet werden, es also weder eine Erhöhung noch eine Reduzierung gibt, lässt sich die Gleichung so schreiben:

$$\Delta Y = m \cdot \Delta G$$

Multiplikatorwirkung in Abhängigkeit von der Konsumneigung:

Eine Erhöhung der Staatsausgaben um 50 Mrd. Euro führt zu einer Erhöhung des Einkommens um das 5fache der Staatsausgabenerhöhung, also um 250 Mrd. Euro. Bei einer Konsumneigung von c = 0,9 und einem Multiplikator von 10, wäre der Effekt ein 10facher, sprich das Einkommen würde um 10 mal 50 gleich 500 Mrd. Euro zunehmen.

Staatsausgabenerhöhung um 50 Milliarden Euro: ΔG = 50	
c = 0,8 => m = 5 ΔY = 5 · 50 = 250	c = 0,9 => m = 10 ΔY = 10 · 50 = 500

Wir haben bisher recht ausführlich den Zusammenhang zwischen den verschiedenen makroökonomischen Größen und die Herleitung des Multiplikators erläutert. Im weiteren Verlauf sollen die Ergebnisse und die Implikationen der modelltheoretischen Analyse im Mittelpunkt stehen. Trotz der theoretischen und analytischen Ausrichtung der keynsianischen Gütermarktanalyse wird sie uns spannende und wirtschaftspolitisch relevante Ergebnisse liefern.

5.2.2   Staatseinnahmen

Dass eine Erhöhung der Staatsausgaben einen positiven Effekt auf die gesamtwirtschaftliche Nachfrage und das Volkseinkommen hat, dürfte „logisch" sein. Um jedoch Ausgaben tätigen zu können, muss der Staat zuvor jedoch etwas einnehmen und das wiederum heißt, dass jemand anderem etwas weggenommen werden muss.

Typische Staatseinnahmen sind Abgaben wie Steuern und Sozialversicherungsbeiträge, die die privaten Haushalte und die Unternehmen zu entrichten haben. Zu den Staatseinnahmen gehören auch die Kredite, also die Staatsverschuldung. Hier nimmt zwar der Staat den anderen Sektoren nicht direkt etwas weg, aber indirekt, indem dem Kapitalmarkt Geld entzogen wird, das dem privaten Sektor nicht mehr zur Verfügung steht, beziehungsweise die Zinsen steigen lässt und die Kapitalbeschaffung für den privaten Sektor teurer macht.

Eine Staatsausgabenerhöhung bedeutet eine positive Wirkung. Eine entsprechende Staatseinnahmenerhöhung bedeutet ein „Weniger" für den privaten Sektor und damit sicherlich eine negative Wirkung. Die spannende Frage ist, ob die positive oder die negative Wirkung per Saldo größer ist oder ob sich die beiden Wirkungen kompensieren.

Wir gehen „ceteris paribus" vor und schauen uns im nächsten Schritt lediglich die Wirkung einer Steuererhöhung an. Steuer heißt hier Einkommensteuer, wobei zwei Erhebungsarten unterschieden werden, die Kopf- beziehungsweise Pauschalsteuer und die einkommensabhängige Steuer.

5.2.2.1 Steuermultiplikator einer Kopfsteuer

Um Ausgaben tätigen zu können, braucht der Staat Einnahmen. Eine der wichtigsten Einnahmequellen ist die Steuer, genauer die Einkommensteuer.

Wir beginnen die Gütermarktanalyse mit dem relativ einfachen Fall einer Kopf- oder Pauschalsteuer (T).[29] Kopfsteuer bedeutet, dass ein fester Steuerbetrag vom Einkommen abgezogen wird.

Kopfsteuer (T):
- ➢ Fester Steuerbetrag, der vom Einkommen abgezogen wird.

Stellen wir die Gesamtgleichung auf und leiten den Steuermultiplikator ab. Die Staatsausgaben lassen wir im Moment außen vor. Die wesentliche Änderung gegenüber der bisherigen Analyse liegt darin, dass sich die Konsumfunktion ändert. Das Einkommen Y[30] der Konsumfunktion muss um den Steuerbetrag T reduziert werden, so dass gilt: $C = C_a + c(Y - T)$.

Herleitung des Steuermultiplikators im Fall einer Kopfsteuer

$Y = C + I$ und $C = C_a + c \cdot (Y - T)$ $\phantom{Y = C + I \text{ und } } I = 1$ $\Rightarrow Y = C_a + c \cdot (Y - T) + I$ $\Rightarrow Y = 1/(1\text{-}c) \cdot (C_a - cT + I)$ $\Rightarrow Y = 1/(1\text{-}c) \cdot C_a + \mathbf{\text{-}c/(1\text{-}c)} \cdot T + 1/(1\text{-}c) \cdot I$	Y = Einkommen C = Konsum c = Konsumneigung C_a = autonomer Konsum **T = Steuerbetrag** I = Investitionen

---

Gehen wir von der Annahme aus, dass sich der autonome Konsum und die Investitionen nicht ändern ($\Delta C_a = 0$ und $\Delta I = 0$), lässt sich eine Steuererhöhung wie folgt definieren.

$$\Delta Y = 1/(1\text{-}c) \cdot (\Delta C_a - c \cdot \Delta T + \Delta I) \quad \Rightarrow \quad \Delta Y = \text{-}c/(1\text{-}c) \cdot \Delta T$$

Steuermultiplikator: $\Delta Y = \text{-}c/(1\text{-}c) \cdot \Delta T$

Der Steuermultiplikator hat zum einen ein anderes Aussehen als der Investitions- und Staatsausgabenmultiplikator und er ist negativ. Was bedeutet das? Dazu ein Beispiel!

---

[29] Engl. für tax.
[30] Korrekterweise müsste man vom verfügbaren Konsumeinkommen Y_v im Gegensatz zum Volkseinkommen Y sprechen.

5.2.2.2   Beispiel für die Multiplikatorwirkung einer Steuererhöhung:

Der Staat beschließt eine Steuererhöhung von 50 Mrd. Euro. Die Konsumneigung beträgt 0,8. Welche Auswirkungen sind auf das Volkseinkommen zu erwarten?

Eine Konsumneigung c von 0,8 ergibt einen Multiplikator von m = -0,8/(1 - 0,8) = -4. Eine Erhöhung der Steuern um 50 Mrd. führt zu einer Verringerung des Einkommens um das 4fache. Das Volkseinkommen reduziert sich um 200 Mrd. Euro.

Beispiel: Steuererhöhung um 50 Milliarden Euro: $\Delta T = 50$	
c = 0,8 => m = - 4 $\Delta Y = (-4) \cdot 50 \ = -200$	c = 0,9 => m = - 9 $\Delta Y = (-9) \cdot 50 \ = -450$

Eine Steuererhöhung beziehungsweise zunehmende Abgabenbelastung des privaten Sektors hat negative Konsequenzen und führt zu einem mehrfachen Rückgang des Volkseinkommens. Je höher die Konsumneigung c, desto stärker ist der Multiplikatoreffekt.

Multiplikatoreffekt einer Kopfsteuer

➤   Eine Erhöhung der Kopfsteuer führt zu einer Verminderung des Volkseinkommens um ein Mehrfaches der Steuererhöhung.

Nachdem untersucht wurde, welche positiven Auswirkungen für sich genommen Staatsausgabenerhöhungen haben und welche negativen Auswirkungen durch Steuern finanzierte Staatseinnahmen verursacht werden, soll im nächsten Schritt analysiert und demonstriert werden, wie beide Effekte zusammengenommen wirken. Bekannt ist diese Analyse unter dem Namen „Haavelmo-Theorem".

5.2.3   Das Haavelmo-Theorem

5.2.3.1   Steuerfinanzierte Staatsausgabenerhöhung

Der Staat tätigt Ausgaben, was einen positiven Multiplikatoreffekt bewirkt und er erhebt Steuern, um die entsprechenden Ausgaben zu finanzieren, was einen negativen Effekt bewirkt. Wir wollen nun sehen, wie sich beide Effekte – der positive Ausgabeneffekt und der negative Steuereinnahmeneffekt – gegenseitig beeinflussen. Dazu gehen wir von der Annahme aus, dass die Finanzierung der Staatsausgaben (ΔG) durch eine Steuererhöhung (ΔT) in gleicher Höhe erfolgt.

Annahme:

➤   Eine Staatsausgabenerhöhung ist steuerfinanziert, wobei die Höhe der Steuereinnahmen der Höhe der Staatsausgaben entspricht: $\Delta G = \Delta T$!

Wir stellen die beiden Effekte anhand des bisher demonstrierten Beispiels einander gegenüber:

Staatsausgabenerhöhung	Steuererhöhung:
$\Delta G = 50$ c = 0,8 m = 1 / (1-c) = 1 / (1 - 0,8) = 5 $\Delta Y = 5 \cdot 50 = 250$	$\Delta T = 50$ c = 0,8 m = -c / (1-c) = -0,8 / (1- 0,8) = -4 $\Delta Y = (-4) \cdot 50 = -200$

Per Saldo würde sich die Einkommenszunahme ($\Delta Y = 250$) und die Einkommensreduzierung ($\Delta Y = -200$) auf plus 50 ($\Delta Y = 250 - 200 = 50$) belaufen. Der Positiveffekt würde den Negativeffekt überwiegen.

Lässt sich dieses Ergebnis generalisieren? Wir bilden eine Gleichung:

$$Y = C_a + c \cdot (Y - T) + I + G \quad => \quad Y = 1/(1-c) \cdot (C_a - cT + I + G)$$

Annahme: $\Delta C_a = 0$ und $\Delta I = 0$: $\quad \Delta Y = -c/(1-c) \cdot \Delta T + 1/(1-c) \cdot \Delta G$

Annahme: $\Delta G = \Delta T$! $\quad\quad\quad \Delta Y = -c/(1-c) \cdot \Delta G + 1/(1-c) \cdot \Delta G$

$$\Delta Y = (1-c)/(1-c) \cdot \Delta G$$

$$\Delta Y = \Delta G$$

Es findet grundsätzlich eine Erhöhung des gesamtwirtschaftlichen Einkommens statt und zwar in Höhe der Staatsausgabenerhöhung. Mit anderen Worten, es findet ein Multiplikatoreffekt statt und zwar mit einer 1-fach Wirkung. Der Multiplikator ist „1". $\Delta Y = 1 \cdot \Delta G$.

5.2.3.2 „Philosophie" des Haavelmo-Theorems

Der Multiplikator kann auch separat gebildet werden, indem die beiden Multiplikatoren für die Staatsausgaben und für die Steuern addiert werden:

Staatsausgabenmultiplikator + Steuermultiplikator
    $1/(1-c)$ + $-c/(1-c)$ $= 1$

Eine Staatsausgabenerhöhung, die in gleicher Höhe durch Steuern finanziert wird, bewirkt einen Multiplikatoreffekt von „1". Das Volkseinkommen erhöht sich um den gleichen Betrag wie die Erhöhung der Staatsausgaben. Obwohl also nur Geld hin und her verschoben wird, sich aber der Saldo nicht ändert, gibt es einen Wachstumseffekt, wenn auch nur einen bescheidenen mit einfacher Wirkung; aber immerhin, es gibt einen positiven Effekt.

Dieses interessante und wahrscheinlich für die praktische Wirtschaftspolitik bedenkliche Ergebnis (siehe unten „Interpretationen") ist unter dem Namen Balanced-Budget-Theorem oder auch Haavelmo-Theorem bekannt. Hinter dem Begriff Haavelmo steht der Name Trygve Magnus Haavelmo. Haavelmo war ein norwegischer Ökonom und Professor in Oslo, der 1989 den Wirtschaftsnobelpreis erhalten und von 1911 bis 1999 gelebt hatte.

Haavelmo-Theorem (1945)

> ➤ Eine Erhöhung der Staatsausgaben, die in gleicher Höhe durch eine Steuererhöhung finanziert wird ($\Delta G = \Delta T$), erhöht die Gesamtnachfrage um den Betrag der Staatsausgabenerhöhung ($\Delta Y = \Delta G$).

Die alternative Formulierung des Haavelmo-Theorems als Balanced-Budget-Theorem bringt zum Ausdruck, dass trotz eines ausgeglichenen Staatshaushalts – ausgeglichen meint, dass die Ausgaben den Einnahmen entsprechen (balanced budget) – eine positive beziehungsweise expansive Wirkung auf das Sozialprodukt zu erzielen ist. Die Wirkung kann auch negativ beziehungsweise kontraktiv sein, wenn die Staatsausgaben reduziert werden.

Balanced-Budget-Theorem: Theorem des ausgeglichenen Haushalts

> ➤ Die Variation des Budgetvolumens kann genügen, um expansive bzw. kontraktive Effekte auf das Sozialprodukt auszulösen.

5.2.3.3 Interpretationen und Implikationen des Haavelmo-Theorems

Das Haavelmo-Theorem beinhaltet ein „heikles" Ergebnis. Lapidar formuliert: Der Staat nimmt dem privaten Sektor Geld weg und gibt eben dieses Geld wieder aus, mit dem Ergebnis, dass dieses Vorgehen der Gesamtwirtschaft einen positiveren Effekt bringt, als wenn der private Sektor das Geld selbst ausgegeben hätte. Es soll besser sein, einem Lohnempfänger 1.000 Euro wegzunehmen und dieses Geld dem Staat zu geben, damit er es an dessen statt ausgibt. Kann das sein?

a) Staatliche Konsumneigung höher als die private Konsumneigung:

Eine Begründung für die höhere Ausgabenwirkung des Staates gegenüber den Privaten liegt darin, dass die privaten Haushalte keine 100-prozentige Konsumquote aufweisen, sondern einen Teil des Einkommens sparen. Der Staat dagegen hat quasi eine Konsumquote von 100 Prozent beziehungsweise eine Konsumneigung von 1. Das heißt, 1.000 Euro als Staatsausgaben sind konsumwirksamer und wirtschaftsfördernder als 1.000 Euro Privateinkommen, das nicht zu 100 Prozent konsumiert wird.

Hinweis: In der eben dargestellten Argumentation beruft man sich auf unterschiedliche Konsumneigungen bei privaten Akteuren und beim Staat. Nun könnte eingewendet werden, dass die Konsumneigungen modelltheoretisch gar keine Rolle spielen. Der Staatsausgaben-Steuer-Multiplikator hat immer den Wert 1, unabhängig von der Höhe der Konsumneigung. Trotzdem gilt das Argument, dass dem Staat grundsätzlich eine Konsumneigung von 100 Prozent zugebilligt wird und den privaten Haushalten Werte zwischen 85 und 95 Prozent.

b) Aller Konsum dem Staat?

Wenn man dieses – zugegeben modellhaft schöne – Haavelmo-Theorem allerdings in „purer Dosis" der wirtschaftspolitischen Praxis verordnen würde, müssten die Wirkungen „erschreckend" sein. Die Logik des Modells würde im Hinblick auf eine Erhöhung des Sozialprodukts gebieten, ständig die Staatsausgaben zu erhöhen und diese analog durch Steuererhebungen und -erhöhungen zu finanzieren. Auf die Spitze getrieben hieße das Argument, den Menschen alles Einkommen wegzunehmen und den Konsum vollständig über den Staat abzuwickeln. Aber das kann nicht Sinn der Sache sein.[31]

c) Das Haavelmo-Theorem – Für- und Widerspruch

Jetzt könnte man noch fragen, welche Einwände gegen das Haavelmo-Theorem vorgebracht werden können. Derer gibt es viele. Die Investitionen werden als autonome unabhängige Größe betrachtet. Das Preisniveau und das Zinsniveau werden als konstant betrachtet. Was die Steuereinnahmen anbelangt, wird im Rahmen des Haavelmo-Theorems und der steuerfinanzierten Staatsausgabenerhöhung die einfache aber kaum praktizierte Kopfsteuer verwendet. Vor allem aber werden die Eigeninitiative und Freiheit und damit die Motivation des Arbeitens und Leistens in Frage gestellt.

Die Intention und der Dienst von Haavelmo ist vor dem Hintergrund der damaligen Wirtschaftspolitik zu verstehen. Haavelmo widerspricht nämlich der alten These von der Neutralität oder „Nullwirkung" staatlicher Einnahmen- und Ausgabenpolitik. Frühere Finanzpolitik war von einer kameralistischen Auffassung geprägt. Einnahmen- und Ausgabenpolitik sind überspitzt formuliert eine buchhalterische Angelegenheit – der Saldo ist immer Null, also kann es keine Lenkungsfunktion geben. Und nun wurde der Nachweis erbracht, dass auch bei einem balanced budget fiskalpolitische Wirkungen möglich und bezweckt sind. Statt kameralistischer Finanzpolitik gibt es nun die fiskalpolitische Konjunkturpolitik!

5.2.4   Einkommensabhängige Steuer

Was die Steuereinnahmen anbelangt, wird im Rahmen des Haavelmo-Theorems und der steuerfinanzierten Staatsausgabenerhöhung wie gesagt der einfache aber in der Praxis kaum angewandte Fall einer Kopfsteuer als Grundlage genommen. In der Praxis verhält es sich aber meist so, dass Steuern nicht als fester Pauschalbetrag erhoben werden, sondern einkommensabhängig entrichtet werden. Deshalb soll nun untersucht werden, ob und wie ein Multiplikatoreffekt bei einer einkommensabhängigen Steuer gegeben ist.

Bei der einkommensabhängigen Besteuerung wird das Einkommen mit einem bestimmten und in diesem Fall konstanten Steuersatz (z. B. 20 Prozent Steuer auf

---

[31] Wenn man sich allerdings die Ausgabenpolitik von Deutschland seit den 70er Jahren anschaut, kann man sich des Eindruckes nicht erwehren, dass sich die Politiker von solchen Erkenntnissen und wissenschaftlich untermauerten Argumentationen zu einem großzügigen Ausgabeverhalten gerne haben verführen lassen.

das Einkommen) belastet. Die Steuern sind somit im Gegensatz zum fixen Pauschalbetrag ein zum Einkommen proportionaler Betrag.

Für die Multiplikatoranalyse ergibt sich folgende Ableitung:

$Y = Y - T$ und $T = t \cdot Y$ Y = verfügbares Einkommen
                                      t = Steuersatz
Als Gesamtgleichung ergibt sich: $Y = C_a + c\,(Y - tY) + I + G$

Durch Umformung der Gleichung erhält man:

$Y = C_a + c\,Y - ctY + I + G$ $=>$ $Y - cY + ctY = C_a + I + G$
$=>$ $Y\,[1 - c\,(1-t)] = C_a + I + G$ $=>$ $Y = 1/[1-c(1-t)] \cdot (C_a + I + G)$

Kontraktive Wirkung: Vergleicht man diesen Einkommensmultiplikator $1/[1-c(1-t)]$ mit dem ursprünglichen Multiplikator $1/(1-c)$, wird man feststellen, dass die Besteuerung des Einkommens zu einer Schwächung des Multiplikatoreffekts führt. Der Multiplikator wird gedämpft.

Herleitung des Steuermultiplikators im Fall einer einkommensabhängigen Steuer	
$Y = C + I + G$ und $C = C_a + c \cdot (Y - tY)$ $I = I$ $G = G$ $\Rightarrow$ $Y = C_a + c \cdot (Y - tY) + I + G$ $\Rightarrow$ $Y = 1/[1-c(1-t)] \cdot (C_a + I + G)$ Multiplikator: $1/[1-c(1-t)]$ bzw. $1/(1-c+ct)$	t = **Steuersatz auf das Einkommen** Y = Einkommen C = Konsum c = Konsumneigung C_a = autonomer Konsum I = Investitionen G = Staatsausgaben

Angenommen die Konsumneigung beträgt wie bisher 0,8, dann hat der Multiplikator ohne Besteuerung einen Wert von 5. Wird nun eine Besteuerung des Einkommens beispielsweise in Höhe von 20 Prozent eingeführt ($t = 0,2$), dann reduziert sich der Multiplikator von 5 auf 2,78.

Vergleich des Multiplikators ohne und mit Einkommensbesteuerung:

ohne Besteuerung	**mit Besteuerung**
t = 0	**t = 0,2**
c = 0,8	c = 0,8
=> m = 1 / (1 - 0,8) = 5	=> m = 1 / [1 - 0,8 · (1 - 0,2)] = 2,78

Allgemein gilt: $0 \leq t \leq 1$ $=>$ $1/(1-c) \geq m \geq 1$ (mindestens 1-fach Wirkung).

Wird das Einkommen zu 100 Prozent besteuert ($t = 1$), dann erhält der Multiplikator einen Wert von 1, also immerhin noch einen 1fach Effekt. Wird das Einkommen nicht besteuert (t = 0), dann erhält man wieder den ursprünglichen Multiplikator 1/(1-c) mit dem vollen Multiplikatoreffekt (hier dem 5fach Effekt).

Built-in-Stabilisator: Je höher der Steuersatz für die Besteuerung des Einkommens angesetzt wird, desto stärker ist die Dämpfung des Multiplikatoreffekts. Man spricht im Hinblick auf den Steuersatz t auch vom built-in-Stabilisator. Der Steuersatz ist ein eingebauter Stabilisator beziehungsweise Dämpfer, der automatisch mit Zu- oder Abnahme des Einkommens wirkt.

5.2.5   Crowding-out-Effekt

Die Einführung des staatlichen Sektors in die Multiplikatoranalyse beinhaltet zwei Implikationen, zum einen den positiven und expansiven Effekt von Staatsausgaben und zum anderen den negativen und kontraktiven Effekt einer Steuererhebung.

Der Staat kann Ausgaben nur dann tätigen, wenn die Privatwirtschaft Abgaben an den Staat abführt. Wenn die Privaten allerdings Abgaben wie Steuern entrichten, steht den Privaten Haushalten entsprechend weniger Geld für Konsum und Investitionen zur Verfügung. Die Privatnachfrage wird also zurückgehen. Die Tatsache, dass der Staat Ausgaben tätigt und damit nachfragewirksam wird, führt automatisch dazu, dass dem privaten Sektor Nachfrage entzogen wird. Diese Verdrängung der privaten Nachfrage durch eine Zunahme der staatlichen Nachfrage wird als „crowding out" bezeichnet.

Crowding-out: Verdrängungseffekt
➢ Die Zunahme der staatlichen Nachfrage führt zu einer Verdrängung der privaten Nachfrage.

Die Verdrängung der privaten Nachfrage kann auf zwei Arten erfolgen, durch eine Steuererhebung oder durch eine Kreditaufnahme.

5.2.5.1 Verdrängung privater Nachfrage durch Steuern

Wenn der Staat 1 Million Euro ausgibt und diese Ausgaben durch Steuereinnahmen finanzieren will, dann hat der private Sektor automatisch 1 Million Euro weniger zur Verfügung. Private Ausgaben werden durch staatliche Nachfrage unmittelbar verdrängt, das heißt es wird weniger konsumiert und investiert.

Erhebung bzw. Erhöhung einer Einkommensteuer:
➢ Verfügbares Einkommen der privaten Haushalte und der Unternehmen sinkt.
➢ Abnahme des Konsums und der Investitionen.

5.2.5.2 Verdrängung privater Nachfrage durch Kredite

Im Rahmen des Multiplikatormodells sind wir bisher immer davon ausgegangen, dass der Staat seine Einnahmen, die er für die Ausgaben benötigt, über Steuererhebungen finanziert. Diese Annahme ist nicht falsch, zumal in der Praxis der weitaus größte Teil der Einnahmen über Abgaben wie Steuern und Sozialversicherungsbeiträge erzielt wird. Schaut man sich jedoch die derzeitige politische Lage an, wird man feststellen, dass der Staat seine Aufgaben und Ausgaben nicht alleine über die Abgaben, die wir zu entrichten haben, finanziert, sondern über eine ganz andere Einnahmequelle – nämlich über Kredite und das heißt zunehmende Staatsverschuldung.

Zieht man die Verschuldung des Staates ins Kalkül, stellt sich die Frage, ob dann immer noch eine Verdrängung der privaten Nachfrage stattfindet. Bei den Steuern ist das offensichtlich. Steuern wie die Einkommensteuer mindern direkt und „wehtuend" unser verfügbares Einkommen. Doch tun uns auch Schulden, die der Staat macht, weh? Nehmen Kredite des Staates uns überhaupt etwas weg?[32]

Crowding-out durch höhere Sollzinsen

Auch wenn es nicht so offensichtlich scheint, so können Kredite, die der Staat aufnimmt, private Ausgaben und Nachfrage verdrängen. Denn das Geld, das der Staat als Kredit erhält, muss irgendwo herkommen. Und üblicherweise kommt dieses Geld vom privaten Sektor, also den privaten Haushalten und den Unternehmen, die ihrerseits Geld auf die Seite gelegt haben (Sparen und Kapitalanlagen), auf das der Staat nun zurückgreifen kann. Das Problem dabei ist, dass eventuell auch andere Privatpersonen oder Firmen Geld brauchen und Kredite aufnehmen wollen, nun aber weniger Geld zur Verfügung steht.

Selbstverständlich ist es so, dass Geld an sich nicht ausgeht (hoffentlich, bei der Weltwirtschaftskrise war das nämlich der Fall), aber das Geld auf dem Kapitalmarkt wird knapper. Und wenn etwas knapper wird – also mehr Akteure Geld nachfragen als angeboten wird – dann wird das knappe Gut teurer. Das knappe Gut ist in diesem Fall Geld und wenn Geld teurer wird, bedeutet das, dass die Kosten für das Ausleihen des Geldes, also die Zinsen, ansteigen. Und genau das führt zu einer Verdrängung der privaten Nachfrage. Wenn nämlich durch steigende Zinsen Kredite teurer werden, werden weniger Kredite aufgenommen und somit wird auch weniger konsumiert und weniger investiert.

Crowding-out durch höhere Habenzinsen

Alternativ kann auch über die Habenzinsen argumentiert werden. Je höher die Zinsen für die Geldanlage sind, desto lukrativer ist es Geld anzulegen, statt zu investieren. Je mehr aber Geld angelegt wird, desto weniger wird stattdessen konsumiert und investiert.

---

[32] Zum Thema Staatsverschuldung siehe auch Band III, Kapitel „Finanzpolitik".

Wir resümieren: Eine kreditfinanzierte Ausweitung der Staatsnachfrage kann durch damit induzierte Zinserhöhungen die private Nachfrage mehr oder weniger verdrängen und somit die expansive Wirkung eines Deficit Spending[33] wieder reduzieren.

Kreditaufnahme durch den Staat (Verschuldung):

- Verfügbares Geld am Kapitalmarkt wird knapper.
- Die Zinsen (Preis für Geld) steigen.
  - Mit Erhöhung der Sollzinsen werden Kredite teurer.
  - Mit Erhöhung der Habenzinsen wird die Geldanlage lukrativer.

➢ Abnahme des Konsums und der Investitionen

Hinweis: Dieser eben dargestellte Zusammenhang ist nicht zwingend. Die derzeitige Situation ist nämlich gleichzeitig von einer hohen Staatsverschuldung und von niedrigen Zinsen geprägt. Allerdings spielen hier nicht nur fiskalpolitische Entscheidungen, sondern auch geldpolitische Regulierungen eine wichtige Rolle!

5.3   Exporte und Importe

Die bisherigen Akteure – die privaten Haushalte, die Unternehmen und der Staat – bilden die Sektoren einer geschlossenen Volkswirtschaft. Nun nehmen wir das Ausland mit dazu und betrachten das Modell einer offenen Volkswirtschaft. Die wirtschaftlichen Beziehungen mit dem Ausland umfassen eine Reihe verschiedenster Export- und Importbeziehungen, wie sie in der Zahlungsbilanz zum Ausdruck kommen.[34]

5.3.1   Definition von Export und Import

Für die makroökonomische Analyse betrachten wir ausschließlich den Handel mit Gütern, das heißt, es geht um den Export und Import von Waren und Dienstleistungen. In der Zahlungsbilanz bzw. in der Leistungsbilanz als deren Teilbilanz werden diese Güterströme in der Handelsbilanz (Warenverkehr) und in der Dienstleistungsbilanz (Dienstleistungen) aufgeführt. Der Saldo der Handels- und der Dienstleistungsbilanz wird als Außenbeitrag definiert.

Ausland:

- Export und Import von Waren (Handelsbilanz)
- Export und Import von Dienstleistungen (Dienstleistungsbilanz)

➢ Außenbeitrag: Güterexport minus Güterimport (Saldo von Handels- und Dienstleistungsbilanz)

---

[33] Deficit Spending meint kreditfinanzierte Staatsausgabenerhöhung.
[34] Zur Zahlungsbilanz vgl. Kapitel 2.3.3 und zur Außenpolitik im Allgemeinen Band III!

Betrachtet man die Güterströme mit dem Ausland unter dem Gesichtspunkt der Nachfrage, sind Exporte als Nachfrage des Auslands nach heimischen Gütern definiert, bedeuten also die Ausfuhr inländischer Güter in das Ausland. Importe sind die Einfuhr ausländischer Güter in das eigene Land und beruhen auf der Nachfrage des Inlandes nach Gütern aus dem Ausland.

Definition von Export und Import:

- Export (Ex): Nachfrage des Auslands nach heimischen Gütern
- Import (Im): Nachfrage des Inlands nach ausländischen Gütern

➢ Nettoexport (Ex - Im): Saldo der Nachfrage des Ausland und der Nachfrage des Inlands

---

5.3.2   Bestimmungsfaktoren des Außenhandels

Von welchen Faktoren ist die Nachfrage des Auslands nach unseren heimischen Gütern abhängig? Als wesentliche Faktoren lassen sich anführen:

- Terms of Trade: Austauschverhältnis von Gütern (real)
- Wechselkurse: Austauschverhältnis von Währungen (nominal)
- Kosten des Handels: Handelshemmnisse
- Bedarf an Gütern und deren Nachfrage

Terms of Trade: Unter Terms of Trade sind die so genannten Realaustausch-verhältnisse zu verstehen. Das Realaustauschverhältnis sagt aus, welche Mengen des Importgutes man durch Herausgabe einer Einheit des Exportgutes erhalten kann.

Terms of Trade: Realaustauschverhältnis

➢ Menge des Importgutes, die man durch Herausgabe einer Einheit des Exportgutes erhalten kann.

Wenn zum Beispiel das Realaustauschverhältnis von deutschen Titanschmuckket-ten zu spanischem Rioja 10 zu 1 beträgt, bedeutet das, dass man für eine Titan-schmuckkette (1 Exporteinheit) im Tausch zehn Flaschen Rioja bekommt (10 Importeinheiten). Das Realaustauschverhältnis spiegelt den realen Außenwert einer Währung wieder.[35]

Wechselkurse: Während die Terms of Trade beziehungsweise die Realaustausch-verhältnisse eine mengenmäßige Beziehung zwischen Gütern herstellt, bilden

---

[35] Terms of Trade = Exportpreisindex / Importpreisindex (in heimischer Währung): $P_{Ex} / (wk \cdot P_{Im})$.

Wechselkurse eine wertmäßige Beziehung ab, indem definiert wird, wie viel eine Währung in Preisen einer anderen Währung kostet.

Wechselkurs: Austauschverhältnis von Währungen

➢ Kosten einer Währung in Preisen einer anderen Währung.

Wenn der Kurs des Euro 1,40 US-Dollar beträgt, bedeutet das, dass man für einen Euro 1,40 US-Dollar erhält bzw. bezahlen muss. Steigt der Eurokurs (z. B. auf 1,50 \$/€), führt das dazu, dass die Vereinigten Staaten als Importeure mehr Dollar brauchen, um das gleich teure Auto in Höhe von 50.000 Euro bezahlen zu können. Insofern kann ein hoher Wechselkurs eine Exportbehinderung bedeuten.

Handelshemmnisse: Der Außenhandel wird des Weiteren davon abhängen, ob Handelshemmnisse existieren. Solche Handelshemmnisse nennt man Protektionismus. Protektionistische Maßnahmen können zum Beispiel Export- oder Importverbote, Sanktionen oder hohe Zölle sein. Solche Maßnahmen verteuern den Handel und stellen somit Transaktionskosten für die Länder dar.

Protektionismus

➢ Wirtschaftspolitik, die mit Hilfe von Handelshemmnissen (Einfuhrverbot oder hohe Besteuerung der Einfuhrgüter) die heimische Wirtschaft gegenüber der ausländischen Konkurrenz schützen will.

Bedarf: Schließlich wird der Außenhandel schlicht durch die Frage bestimmt, ob ein Land bestimmte Güter einfach braucht oder gerne haben möchte, wenn das eigene Land diese nicht zur Verfügung hat, nicht herstellen kann oder das andere Land es billiger bewerkstelligen kann. So kommt es zum Import von Hollywoodfilmen oder von Kiwis nach Deutschland und zum Export von Autos und Spezialmaschinen in die ganze Welt.

Bedarf:

• Güter stehen im eigenen Land nicht oder nicht ausreichend zur Verfügung.

• Güter sind im Ausland besser und billiger zu bekommen.

5.3.3   Export und Exportmultiplikator

Betrachtet man im Rahmen des Außenhandels lediglich die Ausfuhrseite, also die **Nachfrage des Auslands nach heimischen Gütern**, geht man von einer autonomen Größe aus. Der Export wird im Multiplikatormodell als unabhängig von anderen Größen betrachtet. Die Nachfrage des Auslands ist eine vorgegebene Größe: $Ex = \overline{Ex}$.

Export: Nachfrage des Auslands nach heimischen Gütern.

> ➤   Der Export ist eine autonome Größe: **Ex = Ex**

Leitet man den Multiplikator in Bezug auf den Export ab, erhält man dieselbe Formel wie beim Investitions- oder Staatsausgabenmultiplikator.

Herleitung des Exportmultiplikators

$Y = C_a + cY + I + G + Ex$ $\Rightarrow Y = 1/(1-c) \cdot (C_a + I + G + Ex)$ Veränderung des Exports unter Annahme der Konstanz der anderen Größen führt zu: $\Delta Y = 1/(1-c) \cdot \Delta Ex$ Exportmultiplikator: **1/(1-c)**	$Ex = $ Export $Y\ = $ Einkommen $C\ = $ Konsum $c\ = $ Konsumneigung $C_a = $ autonomer Konsum $I\ = $ Investitionen $G\ = $ Staatsausgaben

---

Erhöht das Ausland seine Nachfrage nach unseren Gütern, bedeutet das je nach Höhe des Multiplikators (in Abhängigkeit von der Konsumneigung) eine Vervielfachung der Einkommenserhöhung.

5.3.4   Import und Importfunktion

Unter Importen versteht man die Konsumnachfrage der heimischen Wirtschaft nach ausländischen Gütern wie den Kauf und die Einfuhr von Bananen und die Hotelübernachtung im fernen Urlaubsland.

Importe: Nachfrage des Inlands nach ausländischen Gütern.

> ➤   Der Import ist abhängig vom Einkommen: **Im = Im (Y)**

Da die Nachfrage nach ausländischen Gütern prinzipiell der Nachfrage nach heimischen Gütern entspricht, lässt sich die Importnachfrage analog der Konsumfunktion beschreiben: $Im = Im_a + gY$.

Importfunktion:

$Im = Im_a + g\,Y$

$Im_a\ =\ $ autonomer Import
$g\ =\ $ Importneigung
$Y\ =\ $ Einkommen

Das Kürzel „Im_a" beschreibt den autonomen Import bei einem Einkommen von „Null" ($Y = 0$). Das könnte eine vom Ausland finanzierte Nahrungsmitteleinfuhr bei einer Missernte sein.

Das Kürzel „g" steht für die Importneigung, also die durch eine Einkommenserhöhung bedingte Zunahme des Konsums (Grenzkonsum) importierter Güter. Wenn eine Erhöhung des Volkseinkommens um 1 Einheit dazu führt, dass von dieser Einheit 25 Prozent in den Import gehen, wird das durch die Importneigung mit dem Wert 0,25 zum Ausdruck gebracht ($g = \Delta Im / \Delta Y$).

Der Einkommensmultiplikator wird bestimmt, indem die Importfunktion „$Im = Im_a + gY$" in die Globalgleichung integriert wird. Die Auflösung der Gleichung nach Y, ergibt den Multiplikator „$1/(1-c+g)$".

Herleitung des Importmultiplikators	
$Y = C_a + cY + I + G + Ex - (Im_a + g\,Y)$ $Y - cY + gY = C_a + I + G + Ex - Im_a$ $Y\,(1-c+g) = C_a + I + G + Ex - Im_a$ $Y = 1/(1-c+g) \cdot (C_a + I + G + Ex - Im_a)$ Multiplikator: **$1 / (1-c+g)$**	Im_a = autonomer Import g = Importneigung Ex = Export Y = Einkommen C = Konsum c = Konsumneigung C_a = autonomer Konsum I = Investitionen G = Staatsausgaben

Schaut man sich ein Beispiel an, wird man schnell feststellen, dass die Einbeziehung der „Neigung", ausländische Güter zu importieren, den allgemeinen Multiplikatoreffekt dämpft.

Vergleich des Multiplikators ohne und mit Importfunktion:

$g = 0$ **(ohne Import)**	$g = 0,2$ **(mit Import)**
$c = 0,8$ => $m = 1 / (1 - 0,8) = 5$	$c = 0,8$ => $m = 1 / (1 - 0,8 + 0,2) = 2,5$

Importe verringern den Multiplikator und dämpfen somit den expansiven Multiplikatoreffekt. Die Importneigung g wirkt restriktiv. Dass Staaten gerne zu protektionistischen Maßnahmen greifen, also die Einfuhr ausländischer Güter durch Zölle und Verbote erschweren oder verhindern wollen, könnte somit unter anderem auch aus den Implikationen dieser makroökonomischen Analyse erklärt werden.

5.4   Globalgleichung und Globalsteuerung

5.4.1   Globalgleichung und Probleme der Globalsteuerung

Abschließend sollen alle bisher vorgestellten Variablen in eine einzige Globalgleichung integriert werden.

$$Y = C_a + c(Y - tY + Z)^{36} + I + G + Ex - (Im_a + gY)$$

Die Auflösung dieser Gleichung nach Y ergibt folgenden Zusammenhang:

$$Y = 1/(1-c+ct+g) \cdot (C_a + cZ + I + G + Ex - Im_a)$$

Der Multiplikator enthält nun die Konsum- und die Importneigung sowie den Steuersatz. Diese Variablen lassen sich schließlich nach ihrer positiven oder negativen Wirkung auf das Volkseinkommen in expansive oder in kontraktive Variablen unterscheiden.

c   =   Konsumneigung (auch: marginale Konsumquote)   → expansiv
t   =   Steuersatz (auch: marginale Steuerquote)   → kontraktiv
g   =   Importneigung (auch: marginale Importquote)   → kontraktiv

Problematik dieses Modells der Globalsteuerung

Die (keynsianische) Globalgleichung und die auf ihr basierende wirtschaftspolitische Globalsteuerung sind nicht ohne Probleme. Zum einen sind Annahmen unterstellt, die hinterfragt werden können. Dazu gehört die unterstellte gegebene Investitionsbereitschaft der Unternehmen.[37] Dazu gehört vor allem auch die unterstellte kurzfristige Abhängigkeit des Konsums vom aktuellen laufenden Einkommen.

> **Milton Friedman bestreitet grundsätzlich einen (kurzfristigen) Multiplikatoreffekt**
>
> Grund: Permanente Einkommenshypothese
>
> ➢   Private Haushalte und Unternehmen orientieren ihr Konsum- und Investitionsverhalten an langfristigen Plänen!

Milton Friedman, der die permanente Einkommenshypothese – Konsum ist abhängig vom Lebenseinkommen – vertritt, bestreitet generell eine Multiplikatorwirkung. Wenn private Haushalte und Unternehmen ihr Nachfrageverhalten langfristig ausrichten, wirken sich Veränderungen wie zum Beispiel eine Steuersatz-

---

[36] ... mit einer Änderung bzw. Erweiterung: Das Einkommen wird nicht allein durch eine einkommensabhängige Steuer vermindert, sondern durch Transferzahlungen wie Sozialleistungen oder Subventionen erhöht. Das Kürzel „Z" steht für diese Transfers.

[37] ... zum Beispiel die zumindest in diesem Modell angenommene Zinsunabhängigkeit der Investitionen.

änderung zumindest nicht stark und nicht kurzfristig auf das Konsum- und Investitionsverhalten aus.

Problematisch ist im Multiplikatormodell die unterstellte schnelle Anpassungszeit. Eine Änderung soll sich quasi sofort auf das Nachfrageverhalten auswirken. Hinzu kommt, dass kleine Änderungen im Modell große Auswirkungen haben. Erhöht sich minimal die Konsumneigung, führt das über den Multiplikator zu einer übermäßigen Erhöhung oder Verminderung des Volkseinkommens.

Ein Letztes kommt hinzu. Im Wissen um die Globalsteuerung könnten private Haushalte und Unternehmen wirtschaftspolitische Entscheidungen antizipieren oder nicht das tun, was sie wirtschaftspolitisch tun sollten, indem sie beispielsweise in Rezessionsphasen mehr sparen als konsumieren, weil sie der Politik nicht trauen.

Probleme der wirtschaftspolitischen Globalsteuerung:

- Annahmen: Zum Beispiel absolute Einkommenshypothese oder Zinsunabhängigkeit der Investitionen.

- Zeitfaktor: Prinzipiell wird eine unendliche Anpassungsgeschwindigkeit unterstellt.

- Erwartungen: Antizipieren von Entscheidungen oder Verweigerungshaltung wegen mangelndem Vertrauen in die Wirtschaftspolitik.

- Das Maß: Kleine Änderungen mit großen Wirkungen (Multiplikator).

5.4.2   Der Akzelerator

Zum Abschluss dieses Kapitels soll noch der Begriff des Akzelerators Erwähnung finden, wenn es auch keine ausführliche Analyse desselben geben soll. Der Akzelerator steht im Zusammenhang mit dem Multiplikator und definiert sich wie folgt:

Akzelerator:

Investitionshypothese der Makroökonomik, die einen linearen Zusammenhang zwischen den Nettoinvestitionen einer Periode und den Veränderungen der (Netto-) Produktion gegenüber der Vorperiode annimmt, d. h. durch Produktionsänderungen werden in einem durch den sogenannten Akzelerationskoeffizienten (Akzelerator) festgelegten Verhältnis bestimmte Nettoinvestitionen ausgelöst (induzierte Größen)."[38]

---

[38] Gabler Kompakt-Lexikon Volkswirtschaft 2009, S. 7.

Wir nehmen nun eine „Übersetzung" aus der ökonomischen Fachterminologie in eine verständlichere Formulierung vor. Vereinfacht lässt sich sagen, dass Produktionsänderungen (ΔY) zu Investitionen (I) führen. Zu bedenken ist, dass mit Y sowohl die Produktion bzw. das Angebot einer Volkswirtschaft wie auch die Gesamtnachfrage und das Volkseinkommen gemeint sein kann!

Der Multiplikator übrigens beschreibt den umgekehrten Zusammenhang: Investitionserhöhungen führen zu einem höheren Volkseinkommen.

Multiplikator: $\Delta Y = m \cdot \Delta I$
Akzelerator: $\Delta I = v \cdot \Delta Y$

Mit dem Multiplikator und dem Akzelerator beschließen wir das Kapitel zum Gütermarkt und zur Multiplikatoranalyse und widmen uns nun im Folgenden den Grundlagen des Geldmarktes. Diese Grundlagen sind ihrerseits Voraussetzung für das IS-LM-Modell im übernächsten Kapitel, das den Gütermarkt mit dem Geldmarkt in Einklang bringt.

6 Der Geldmarkt

6.1 Geldangebot und Geldnachfrage

Die Theorie des Geldmarktes beschäftigt sich mit dem Angebot und der Nachfrage des Geldes (Zahlungsmitteln) auf dem Geldmarkt. Zwei Fragestellungen bestimmen das Thema:

Geldangebot: Woher kommt unser Geld oder anders gefragt: Wer „produziert" und bietet Geld an und bringt es in Umlauf?

Geldnachfrage: Wer will Geld haben oder anders gefragt: Wer ist Nachfrager von Geld und welche Motive stehen hinter dieser Nachfrage?

Grundsätzlich gilt, dass Geld durch den Bankensektor – das sind die Zentralbank und die Geschäftsbanken – bereitgestellt wird und durch den Nichtbankensektor – das sind private Haushalte, Unternehmen und der Staat – nachgefragt wird.

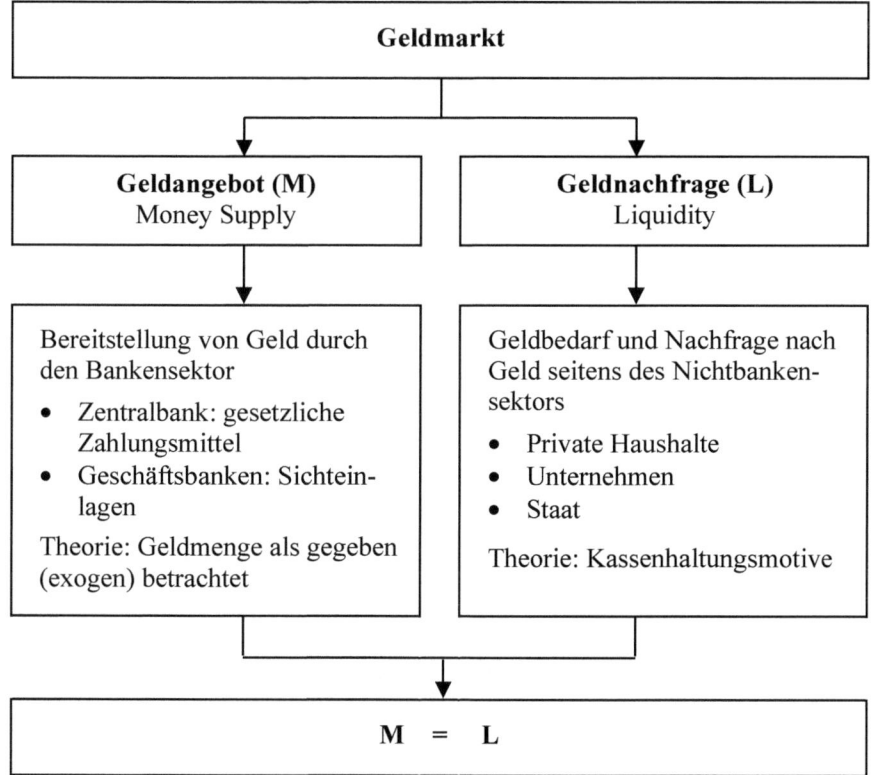

Abbildung 1.18: Angebot und Nachfrage auf dem Geldmarkt

a) Geldangebot: Bereitstellung von Geld durch den Bankensektor

Für die „Produktion" von Geld und das Hineinbringen von Geld in den Wirtschaftskreislauf ist der Bankensektor zuständig. Der Bankensektor setzt sich aus der Zentralbank, auch Notenbank genannt, und den Geschäftsbanken zusammen. Dieser Bankensektor bringt das Bargeld als gesetzliche Zahlungsmittel und das Giralgeld in Umlauf.[39] Somit wird eine bestimmte Menge Geld im Umlauf sein, die aber durch verschiedene Mechanismen erhöht und vermindert werden kann. In der Geldtheorie wird die Menge an angebotenem Geld üblicherweise als gegeben (exogene Größe) betrachtet.

b) Geldnachfrage: Geldbedarf und Nachfrage nach Geld seitens der Nichtbanken

Die Theorie der Geldnachfrage geht der Frage nach, wer einen Bedarf an Geld hat, wer also die Nachfrager sind und welche Gründe bzw. Motive hinter dieser Nachfrage nach Geld stehen. Während auf der Angebotsseite die Banken als Geldanbieter stehen, lassen sich auf der Nachfrageseite die privaten Haushalte (Kunden und Konsumenten), die Unternehmen und der Staat anführen. Die unterschiedlichen Interessen der Geldnachfrage – Geld um etwas damit zu kaufen oder um damit zu spekulieren – sind auch unter dem Begriff der Kassenhaltungsmotive bekannt.

6.2   Kassenhaltungsmotive des Geldes

Drei Gründe oder Motive, Geld nachzufragen und als „Kasse" bei sich zu halten werden unterschieden:

- Transaktionsmotiv und -kasse
- Vorsichtsmotiv und -kasse
- Spekulationsmotiv und -kasse

Transaktion: Transaktionen sind Vorgänge des Kaufens und Verkaufens. Man „trägt" Geld mit sich herum – üblicherweise im Geldbeutel – oder deponiert es daheim in der Haushaltskasse, was dann als Kassenhaltung bezeichnet wird, um damit Kauf- und Verkaufstransaktionen zu tätigen.

Vorsicht: Da man nicht immer genau weiß, was und wie viel man letztlich kaufen will oder muss, wird die „Kasse", die man bei sich trägt, höher sein, als die vorgesehenen Kaufbeträge. Man ist vorsichtig und hält somit zusätzlich zur Transaktionskasse eine Vorsichtskasse.

Spekulation: Das dritte Motiv Geld nachzufragen, kommt in der Spekulationskasse zum Ausdruck. Geld funktioniert nicht allein als pures Zahlungsmittel, sondern kann auch für Aktienhandel und sonstige Risikogeschäfte eingesetzt werden. Man handelt nicht mit Waren, sondern mit Geld selbst – Spekulationsmotiv.

---

[39] Der Prozess der Giralgeldschöpfung wird in Kapitel 9 behandelt.

In Abbildung 1.19 sind die Kassenhaltungen[40] und die dazugehörenden Bestimmungsfaktoren dargestellt.

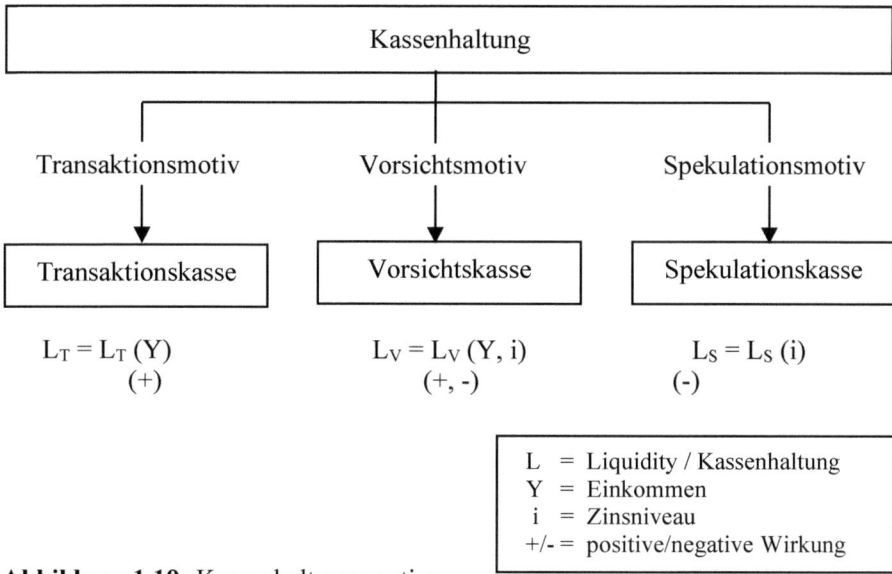

Abbildung 1.19: Kassenhaltungsmotive

6.2.1   Einkommen und Zins als Bestimmungsfaktoren der Kassenhaltung

Einkommen: Erster wichtiger Bestimmungsfaktor der Kassenhaltung ist das Einkommen. Die Geldnachfrage und das Geldausgeben werden davon abhängen, ob man viel oder wenig Geldmittel zur Verfügung hat. Geldnachfrage und Kassenhaltung bestimmen sich über das Einkommen (Y).

Zins: Ein weiterer Faktor kommt hinzu. Wenn man Geld auf der Bank hält, bekommt man üblicherweise Zinsen dafür. Wenn man Geld abhebt und „daheim" aufbewahrt, bedeutet das entgangene Guthabenzinsen. Wenn man einen Kredit aufnimmt, hat man Sollzinsen zu bezahlen. Der Zins (i) spielt also eine wichtige Rolle.

Während die Transaktionskasse allein vom Einkommen abhängt und zwar in einer positiven Beziehung – je höher das Einkommen, desto höher die Transaktionskasse –, hängt die Vorsichtskasse vom Einkommen und vom Zins ab, während die Spekulationskasse nur vom Zins abhängen soll. Die Spekulationskasse wird auch als inaktive, das heißt vom Einkommen unabhängige Kasse bezeichnet, wohingegen die beiden anderen Kassen als aktive, i. e. einkommensabhängige Kassen, beschrieben werden.

---

[40] Im Zusammenhang mit den Kassenhaltungsmotiven wird auch von der Liquiditätspräferenz des Geldes gesprochen – also der Neigung, Bargeld oder Sichteinlagen anstelle von Ertrag bringenden Wertpapieren zu halten. Lapidar gesagt geht es um das Bedürfnis, geldmäßig flüssig zu sein.

6.2.2   Die Transaktionskasse

Die Transaktionskasse umschreibt den Teil der Geldnachfrage, der von Wirt-schaftssubjekten zur Bezahlung von Güterkäufen (z. B. tägliches Mittagsmenü) als Kasse gehalten wird. Hinter dem Transaktionsmotiv steht die Annahme, dass in der Regel Einzahlungen und Auszahlungen nicht synchron sind, was sowohl den Zeitpunkt als auch die Menge betrifft. Würde man eine Ware verkaufen und zum exakt selben Zeitpunkt in gleicher Zahlungshöhe ein anderes Produkt kaufen, benötigt man kein Bargeld. Aber dem ist zum Glück nicht so, sonst wären wir wieder beim Naturaltausch gelandet und den haben wir sinnigerweise durch den praktischeren Geldtausch ersetzt.

Zahlungsmittel: Die Transaktionskasse charakterisiert den klassischen Ansatz des Geldes als Zahlungsmittel. Die Höhe der Transaktionskasse ist in erster Linie abhängig vom Einkommen und – das heißt gesamtwirtschaftlich betrachtet – vom Volkseinkommen. Die Zinshöhe wirkt sich auf das Transaktionsmotiv nicht we-sentlich aus, da Transaktionen wie Käufe und Verkäufe relativ kurzfristig erfol-gen. Die Transaktionskasse kann deshalb als weitgehend unabhängig von der Zinshöhe betrachtet werden.

Die Beziehung zwischen der Geldnachfrage zu Transaktionszwecken und dem Einkommen lässt sich durch folgende Funktionsgleichung darstellen:

Transaktionskasse:

$$L_T = L_T (Y)$$

L_T = Transaktionskasse
Y = Volkseinkommen

➤   Die Geldnachfrage zu Transaktionszwecken ist direkt proportional abhängig vom Volkseinkommen.

Je höher das Einkommen, desto mehr Geld wird für Transaktionen wie Käufe und Verkäufe bereitgestellt und je niedriger das Einkommen, desto weniger Geld steht für das „Geldausgeben" zur Verfügung.

6.2.3   Die Vorsichtskasse

Die Vorsichtskasse umschreibt den Teil der Geldnachfrage, den Wirtschaftssub-jekte aus Vorsichtsgründen als Kasse halten, um unvorhergesehene Zahlungen leisten zu können. Die Haltung der Vorsichtskasse entspricht nach Keynes der Unsicherheit über Höhe und zeitliche Synchronisation von Zahlungseingängen und -ausgängen. So kann es beispielsweise vorkommen, dass man eine Autopanne hat und unvorhergesehene Reparaturkosten oder Taxikosten für die Weiterfahrt auftreten. Um auf solche Situationen finanziell vorbereitet zu sein, hält man sich ein „Vorsichtspolster" an Bargeld bzw. flüssigen (liquiden) Mitteln. Man will Liquiditätsprobleme vermeiden.

Im Hinblick auf das Transaktionsmotiv als Hauptmotiv der Geldnachfrage könnte man die Vorsichtskasse als "Zuschlag" auf die Transaktionskasse auffassen. Im Unterschied zur Transaktionskasse hängt die Vorsichtskasse nicht ausschließlich vom Einkommen sondern auch vom Zins ab.

Vorsichtskasse:

$$L_V = L_V (Y, i)$$

L_V = Vorsichtskasse
Y = Volkseinkommen
i = Zinssatz

➢ Die Geldhaltung der Vorsichtskasse ist abhängig vom Einkommen und vom Zinsniveau.

Je höher das Einkommen, desto eher ist man in der Lage zusätzliches Vorsichtsgeld zu halten. Je niedriger das Einkommen, desto weniger wird man Geld für unvorhergesehene Zwecke bei sich tragen.

Da dieses Geld, das man aus Vorsichtsgründen als Kasse hält, nicht produktiv ist, muss der Marktteilnehmer mit entgangenem Zinseinkommen rechnen. Denn das Geld wird weder für Investitionen, die Zinsen bringen könnten, eingesetzt, noch lassen sich Habenzinsen erzielen, weil sich das Geld im Geldbeutel statt auf dem Bankkonto befindet. Insofern spielt der Zins neben dem Faktor Einkommen eine maßgebliche Rolle. Je höher die potentiellen Habenzinsen der Geldanlage beziehungsweise die potentiellen Marktzinsen einer Investition sind – im Wirtschaftsjargon spricht man von Opportunitätskosten als entgangene Einnahmen –, desto weniger wird man Geld zu Vorsichtszwecken halten und umgekehrt.

Zwischen der Vorsichtskasse und dem Einkommen besteht eine positive (+) und zwischen der Vorsichtskasse und dem Zinssatz eine negative (-) Korrelation.

6.2.4 Die Spekulationskasse

Dritter Teil der keynsianischen Kassenhaltung ist die Spekulationskasse. Die Spekulationskasse ist der Teil der Geldnachfrage, den die Wirtschaftssubjekte zur Finanzierung eventueller Wertpapierkäufe (z. B. Aktien, Optionen oder Hedge-Fonds) halten.

Im Gegensatz zur Transaktionskasse und zur Vorsichtskasse wird die Spekulationskasse als vom Einkommen unabhängig betrachtet (inaktive Kasse). Alleiniger Bestimmungsfaktor dafür, ob viel oder wenig Geld für Spekulationszwecke eingeplant wird, ist der Zinssatz. Denn die Alternativ- bzw. Opportunitätskosten der Kassenhaltung sinken mit abnehmendem Zins. Das heißt, je niedriger die Zinsen am Geldmarkt sind, desto weniger verpasst man entsprechende Guthabenzinsen, wenn man Geld vom Sparkonto auf das Wertpapierdepot umschichtet, beziehungsweise desto weniger muss man Zinsen zahlen, falls man einen Kredit nehmen sollte (von kreditfinanzierten Wertpapierkäufen wird allerdings in der Praxis nicht zu Unrecht abgeraten). Umgekehrt gilt, je höher die Zinsen sind, desto weniger spekulative Wertpapiere werden gekauft.

Spekulationsskasse:

$$L_S = L_S(i)$$

L_S = Kassenhaltung zu Spekulationszwecken
i = Zinssatz

➢ Die Geldhaltung der Spekulationskasse ist abhängig vom Zinsniveau.

Die Geldnachfrage aus Spekulationsmotiven korreliert negativ mit der Zinshöhe, das heißt, die Alternativkosten der Kassenhaltung sinken mit abnehmendem Zins.

Liquiditätsfalle: Allerdings kann diese Konstellation in eine „Falle" geraten – die so genannte Liquiditätsfalle. Wenn das Zinsniveau so tief (absolute Untergrenze) ist, dass alle mit steigenden Zinsen rechnen, verschwindet quasi alles Geld in der Spekulationskasse.

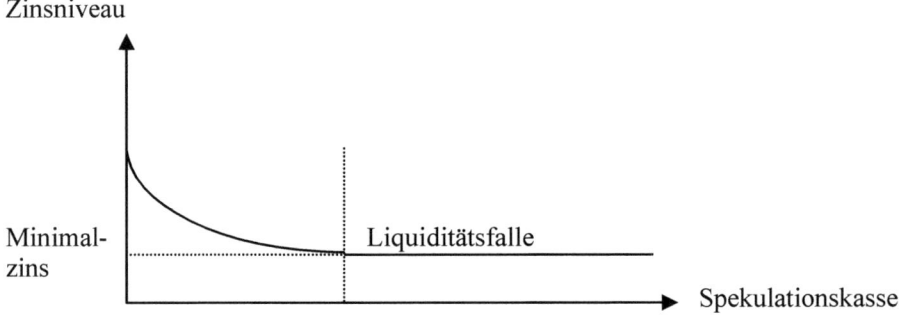

Abbildung 1.20: Die Liquiditätsfalle

Eine Liquiditätsfalle liegt dann vor, wenn die Nominalzinsen so niedrig sind bzw. nahe bei 0 liegen, dass die Menschen zwischen zinsbringenden Anlageformen und (zinslosem) Bargeld indifferent sind. Wer also bei diesem Niedrigstzins Wertpapiere besitzt, kann sie nicht ohne Verluste verkaufen und wer Geld hält, wird aus Angst vor potentiellen Verlusten keine Wertpapiere kaufen. Die Wirtschaft verharrt in der Falle. Während der Weltwirtschaftskrise in der 1930er Jahren wie auch 2008 bis 2009 in den Vereinigten Staaten trat diese Liquiditätsfalle auf. Auch die Situation Japans in den 1990er Jahren könnte als Beispiel dienen. Die Nominalzinsen lagen in Japan bei fast null Prozent und trotzdem hatte die Geldpolitik keine belebenden Effekte auf die gesamtwirtschaftliche Nachfrage.[41]

---

[41] Vgl. Samuelson/Nordhaus 2010, S. 723f und Clement/Terlau/Kiy 2013, S. 326.

6.3 Transaktionskasse und Quantitätstheorie des Geldes

Kommen wir zum Abschluss des Kapitels noch einmal auf die Transaktionskasse zurück. Neben dem Einkommen kann nämlich ein weiterer wichtiger Faktor in die Transaktionskassenhaltung integriert werden, nämlich die Umlaufgeschwindigkeit des Geldes und mit Hilfe dieser Größe lässt sich aus der Transaktionskasse die berühmte Quantitätsgleichung des Geldes ableiten.

6.3.1 Umlaufgeschwindigkeit und Kassenhaltungskoeffizient

Beispiel: Auf der einen Seite stehen die Haushalte (H) als Einkommensempfänger und auf der anderen Seite die Unternehmen (U) als Einkommensgeber mit ihren jeweiligen Transaktionskassen (L_T^H bzw. L_T^U). Jeweils zu Monatsanfang (Monat: t = 30 Tage) wird das Einkommen (1.000 €) ausbezahlt und bis Monatsende kontinuierlich und stetig wieder ausgegeben, wobei diese Auszahlungen aus Sicht der Haushalte den Einzahlungen bei den Unternehmen entsprechen.

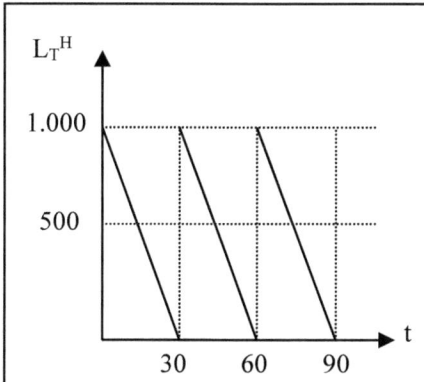

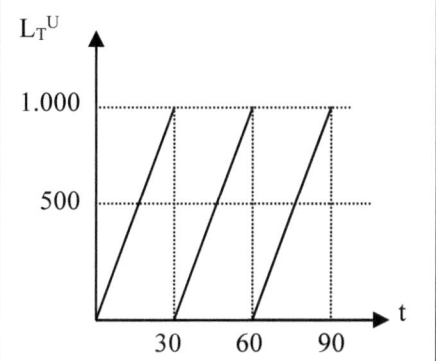

Der Kassenhaltungsbestand der **Haushalte** (L_T^H) beträgt zu Monatsbeginn 1.000 €. Dieser Bestand nimmt bis Monatsende (t = 30 Tage) stetig bis 0 ab, um dann mit dem neuen Monatsbeginn wieder mit 1.000 € zu starten.	Bei den **Unternehmen** verhält es sich genau umgekehrt. Die Auszahlung des Einkommens erfolgt zu Monatsbeginn, so dass der Kassenbestand (L_T^U) zuerst 0 beträgt. Dieser erhöht sich schließlich bis Monatsende auf den Wert von 1.000 €.

Abbildung 1.21: Transaktionskasse und Kassenhaltungsbestand

Die durchschnittliche Kassenhaltung beträgt für beide Wirtschaftsakteure jeweils 500 €, so dass der gesamte durchschnittliche Kassenbestand (L_T) als Summe der beiden Durchschnittsbestände gebildet werden kann.

Durchschnittlicher Kassenbestand: $\emptyset L_T = \emptyset L_T^H + \emptyset L_T^U$
$$1.000 = 500 + 500$$

Betrachtet man die Entwicklung des Kassenbestandes und des Einkommens über einen Betrachtungszeitraum von einem Jahr, kann folgender Zusammenhang gebildet werden: Wenn das Jahreseinkommen 12.000 Euro beträgt und das Monatseinkommen beziehungsweise die durchschnittliche Kassenhaltung pro Monat 1.000 Euro beträgt und wir davon ausgehen, dass in einem Monat das Geld komplett ausgegeben und von den Unternehmen wieder eingenommen wird, bedeutet das, dass das selbe Geld zwölf mal pro Jahr durch die Wirtschaft zirkuliert

Umlaufgeschwindigkeit des Geldes: Dieses Zirkulieren des Geldes wird als Umlaufen definiert und die Geschwindigkeit dementsprechend als Umlaufgeschwindigkeit des Geldes (v = velocity, Geschwindigkeit). In unserem Beispiel beträgt die Umlaufgeschwindigkeit des Geldes: $v = 12$. Das Umlaufen muss natürlich nicht immer monatlich sein, sondern kann auch langsamer sein und beispielsweise einen Wert von 4 haben.

Umlaufgeschwindigkeit des Geldes (auch Einkommensgeschwindigkeit des Geldes genannt):

➢ Die Umlaufgeschwindigkeit des Geldes definiert, wie oft eine Geldeinheit umgesetzt wird (Geldmarkt) bzw. wie oft ein Güterkauf pro Zeitperiode getätigt wird (Gütermarkt).

Bsp.: Wenn das Volkseinkommen 8.000 Euro beträgt und die Geldmenge ein Volumen von 2.000 Euro hat, muss das Geld vier Mal durch die Wirtschaft „geflossen" sein, um dieses Volkseinkommen zu ermöglichen.

$$v = Y/M$$

v = Umlaufgeschwindigkeit
Y = nominales Sozialprodukt bzw. Volkseinkommen
M = Geldmenge

Die Höhe des Einkommens in einer Volkswirtschaft muss also nicht mit der Höhe des gesamten Geldes übereinstimmen, sondern hängt davon ab, wie oft dasselbe Geld in der Wirtschaft „umläuft". Mit dem Wissen um die Umlaufgeschwindigkeit des Geldes lässt sich die Geldnachfragefunktion $L_T = L_T (Y)$ näher bestimmen. Denn aus dem eben Gesagten kann folgende Gleichung hergeleitet werden:

$$Y = L_T \cdot v$$

Y = Einkommen
L_T = Transaktionskasse
v = Umlaufgeschwindigkeit des Geldes

Bsp.: 12.000 Euro = 1.000 Euro · 12

Das Einkommen beträgt das Zwölffache der Transaktionskassengeldmenge.

Löst man die Gleichung nach L_T auf, erhält man $L_T = Y/v$. Das Interessante ist nun, dass der Kehrwert $1/v$ eine bekannte Größe darstellt, nämlich den Kassenhaltungskoeffizienten (k). Während mittels der Umlaufgeschwindigkeit v definiert wird, wie häufig die vorhandene Geldmenge pro Jahr durchschnittlich umgesetzt wird (hier 12 mal pro Jahr) definiert, beschreibt der Kassenhaltungskoeffizient k als Kehrwert der Umlaufgeschwindigkeit $(k = 1/v)$ die Verweildauer (Anteil pro Jahr) des Geldes in der Transaktionskasse bzw. den Anteil des Einkommens, das als Kasse gehalten und für den Kauf einer Gütereinheit im Jahr benötigt wird (hier ein Zwölftel).

Umlaufgeschwindigkeit:	Häufigkeit, mit der die Geldmenge pro Jahr umgesetzt wird (z. B. v = 12)
Kassenhaltungskoeffizient:	Anteil des Einkommens, das als Kasse gehalten wird (z. B. k = 1/12)

Wenn ein Gut beispielsweise 240 Euro kostet, braucht die Volkswirtschaft einen Bargeldbestand von 240/12 = 20 Euro, um über das Jahr gesehen, die Transaktionen tätigen zu können.

Für die Transaktionskasse ergibt sich die Gleichung:

$$L_T = k \cdot Y$$

L_T = Transaktionskasse
k = Kassenhaltungskoeffizient
Y = Volkseinkommen

Herleitung: $Y = L_T \cdot v = L_T \cdot 1/k \Rightarrow L_T = k \cdot Y$

Bsp.: 1.000 Euro = 1/12 · 12.000 Euro.

Die Transaktionskasse beträgt ein Zwölftel des Einkommens $(L_T = k \cdot Y)$.

6.3.2   Quantitätsgleichung des Geldes

Aus der Gleichung der Transaktionskasse lässt sich die Quantitätsgleichung des Geldes herleiten, welche als klassische Gleichung des Geld- und Gütermarktes bekannt ist:

Gleichgewichtsbedingung: M = L!
wobei M = M und L = L_T

$L_T = k \cdot Y$ wobei $Y = P \cdot Y_r$
$\Rightarrow \quad L_T = k \cdot P \cdot Y_r$
$\Rightarrow \quad M = L_T = k \cdot P \cdot Y_r$
$\Rightarrow \quad M/k = Y_r \cdot P$ wobei k = 1/v
$\Rightarrow \quad M \cdot v = Y_r \cdot P$
$\Rightarrow \quad \mathbf{P \cdot Y_r = M \cdot v}$

M = Geldangebot
L = Geldnachfrage
L_T = Transaktionskasse
k = Kassenhaltungskoeffizient
Y = Volkseinkommen
Y_n = nominales Volkseinkommen
Y_r = reales Volkseinkommen
P = Preisniveau
v = Umlaufgeschwindigkeit des Geldes

Die Quantitätsgleichung des Geldes verbindet die realwirtschaftliche mit der monetären Sphäre der Wirtschaft, indem die bewertete Gütermenge ($Y_r \cdot P$) den Gütermarkt definiert und die Geldmenge multipliziert mit der Umlaufgeschwindigkeit des Geldes ($M \cdot v$) den Geldmarkt beschreibt.[42]

Quantitätsgleichung des Geldes:

$$Y_r \quad \cdot \quad P \quad = \quad M \quad \cdot \quad v$$

Gütermenge · Preisniveau = Geldmenge · Umlaufgeschwindigkeit

Beispiel: Eine Volkswirtschaft stellt lediglich Brezeln her und zwar in einer Menge von 1.200 Stück. Betrachtungszeitraum ist 1 Jahr. Eine Brezel kostet 0,50 Euro. Wenn die Kassenhaltungsdauer ein Viertel des Transaktionsvolumens beziehungsweise die Umlaufgeschwindigkeit des Geldes den Wert „4" hat (vier Mal pro Jahr zirkuliert das Geld), müssen das Geldangebot und die Geldnachfrage 150 Euro betragen. Die Menge von 150 Euro durchläuft vier Mal die Wirtschaft, so dass sich auf dem Geldmarkt ein Volumen von 600 Euro ergibt, was dem Gegenwert von 600 Euro (Wert der 1.200 Brezeln) auf dem Gütermarkt entspricht.

Gütermarkt	**Geldmarkt**
P = 0,50 Euro pro Stück Y_r = 1.200 Stück	$L - M = 150$ Euro k = ¼ und v = 4
$L = k \cdot P \cdot Y_r$: $150\,€ = ¼ \cdot 0,50\,€/St \cdot 1.200\,St$ $Y_r \cdot P = M \cdot v$: $\underline{1.200\,St \cdot 0,50\,€/St} = \underline{150\,€ \cdot 4}$ $600\,€ \quad = \quad 600\,€$	

Übungsaufgabe „Rosen":

a) In einer Minivolkswirtschaft werden im Jahr 5.000 Rosen gezüchtet und geerntet (einziges Gut!). Verkauft werden die Rosen zu einem Preis von 2 Euro je Stück. Die Geldmenge beträgt 2.000 Euro. Wie hoch ist die Umlaufgeschwindigkeit des Geldes?

b) Angenommen die Geldmenge erhöht sich durch eine expansive Geldpolitik der Zentralbank auf das Doppelte. Welches neue Ergebnis erhält man – unter der Annahme, dass die Geldumlaufgeschwindigkeit konstant ist und die „Produktion" der Rosen ebenfalls als konstant betrachtet werden kann? Wie hoch ist in diesem Fall die Inflationsrate?

---

[42] Die Quantitätstheorie des Geldes dient auch als methodisches Hilfsmittel, um Inflation und Zielkonflikte von Wachstum und Inflation zu erklären (Vgl. Band III, Kapitel 3).

Lösung „Rosen":

a) $v = (Y_r \cdot P) / M = (5.000 \text{ St} \cdot 2 \text{ €/St}) / 2.000 \text{ €} = 5$

b) $M = 4.000 \text{ €}$

   $P = (M \cdot v) / Y_r = (4.000 \text{ €} \cdot 5) / 5.000 \text{ St} = 4,00 \text{ €/St}$

   Inflationsrate: $(4 - 2) / 2 = 1 = 100 \%$

7 Gleichgewichtsmodelle

Während die im vorigen Kapitel dargestellte Quantitätsgleichung des Geldes einen einfachen Zusammenhang zwischen Geld- und Gütermarkt darstellt, erweist sich das zum Standardrepertoire der Makroökonomie gehörende IS-LM-Modell als etwas „schwerere Kost".

7.1 IS-LM-Modell

Das IS-LM-Modell dient zur Bestimmung eines simultanen Gleichgewichts auf dem Güter- und Geldmarkt. I und S stehen für Investitionen und Sparen, während L und M die Geldnachfrage und das Geldangebot kennzeichnen. „IS" repräsentiert also den Gütermarkt und „LM" den Geldmarkt. [43]

7.1.1 Die IS-Kurve

Die relevanten Variablen, um ein Gleichgewicht von Investieren und Sparen auf dem Gütermarkt bilden zu können, sind der Zins und das Volkseinkommen. Die IS-Kurve ihrerseits repräsentiert das Gütermarktgleichgewicht.

> **IS-Kurve**
> ➢ Sämtliche Kombinationen von Zins und Volkseinkommen, bei denen ein Gleichgewicht auf dem Gütermarkt herrscht.

Folgende Annahmen gelten:

Investitionsfunktion: $I = I(i)$ Investitionen vom Zins (negativ) abhängig.
Sparfunktion: $S = S(Y)$ Sparen vom Volkseinkommen (positiv) abhängig.

Gütermarktgleichgewicht:

$Y = C(Y) + I(i) \Rightarrow Y - C(y) = I(i)$

Annahme: $Y - C(Y) = S(Y)$!

$\Rightarrow S(Y) = I(i) \Rightarrow i = IS(Y)$

I	= Investitionen
S	= Sparen
Y	= Volkseinkommen
i	= Zins
C	= Konsum

---

[43] Dass das keynsianisch geprägte IS-LM-Modell als Standardmodell der Makroökonomie in Lehrbüchern dargestellt wird, kritisiert Peter Bofinger und stellt dem IS-LM-Modell das BMW-Modell (Bofinger, Mayer, Wollmershäuser) entgegen. Vgl. Bofinger u. a.: Das BMW-Modell: Neukeynsianische monetäre Makroökonomie für die Lehre. In: WiST, Heft 10, Oktober 2004, S. 574 - 581.

Grafische Herleitung der IS-Funktion:

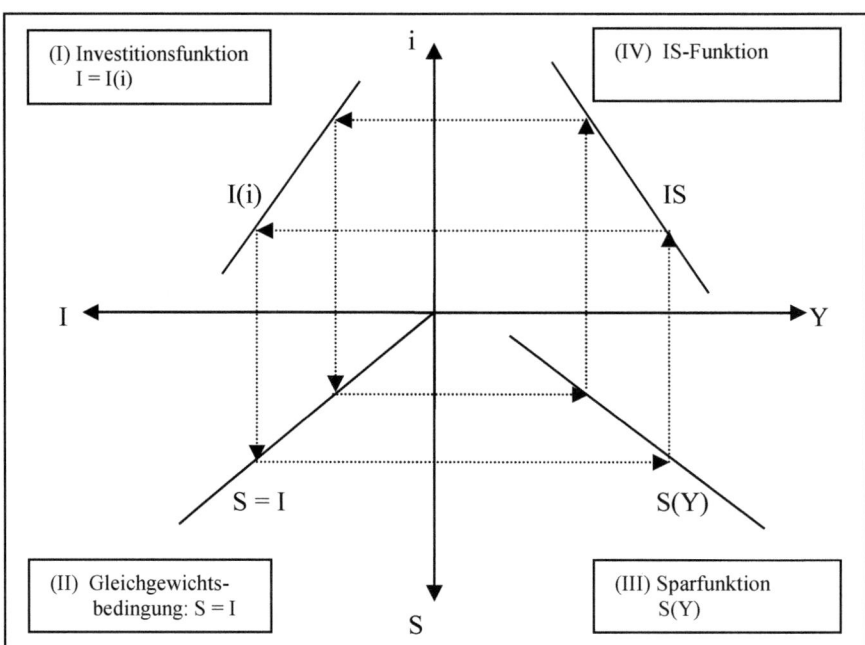

Abbildung 1.22: Herleitung der IS-Funktion

Höhere Zinsen bedeuten weniger Investitionen. Wenn die Ersparnisse entsprechend geringer sein sollen (Gleichgewichtsbedingung), muss auch das Einkommen geringer sein. Niedrigere Zinsen bedeuten, dass Unternehmen ihre Investitionsbereitschaft erhöhen. Hierzu sind entsprechend höhere Ersparnisse bei höherem Einkommen notwendig.

Beispiel einer IS-Funktion

Folgende Funktionen und Daten sind gegeben:[44]

Investitionen: $I(i)$ = 200 - 1.000i
Sparen: $S(Y)$ = -100 + 0,2Y

Gegeben sind die Zinssätze i. Zu bestimmen sind die Investitionen $I(i)$, die Ersparnisse $S(Y)$ und die Einkommen Y!

Fall	i [%]		I(i)	S(Y)	Y
1	12,5		75	75	875
2	10,0		100	100	1.000
3	7,5		125	125	1.125

---

[44] Beispiel in Anlehnung an Clement/Terlau/Kiy, 2013, S. 87f.

Beispielrechnung Fall 1: I $= 200 - 1.000 \cdot 0,125 = 75$
I $= $ S
$=> 75 = -100 + 0,2Y => Y = 875$

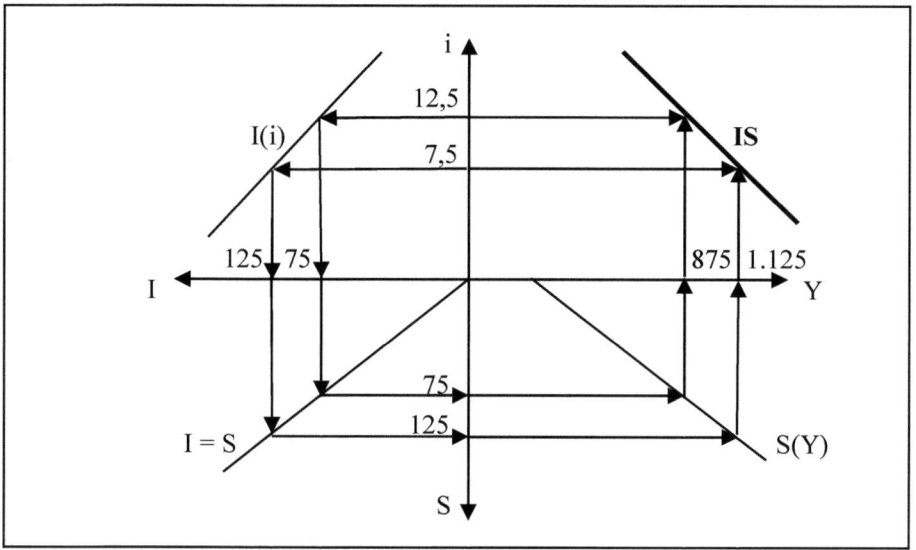

Abbildung 1.23: Beispiel einer IS-Funktion.

7.1.2   Die LM-Kurve

Analog den für die Gleichgewichtsbildung relevanten Variablen auf dem Gütermarkt bilden auch auf dem Geldmarkt Zins und Einkommen die zwei wesentlichen Größen.

LM-Kurve

➤   Sämtliche Kombinationen von Zins und Volkseinkommen, bei denen
ein Gleichgewicht auf dem Geldmarkt herrscht.

Folgende Annahmen gelten:

Geldmarktgleichgewicht: $M = L$

Geldangebot: M (exogene Größe)

Geldnachfrage: $L = L(Y, i) = L_T(Y) + L_S(i)$
$=> i = LM(Y)$

M	=	Geldangebot
Y	=	Volkseinkommen
i	=	Zins
$L_T(Y)$	=	Transaktionskasse
$L_S(i)$	=	Spekulationskasse

Grafische Herleitung der LM-Kurve:

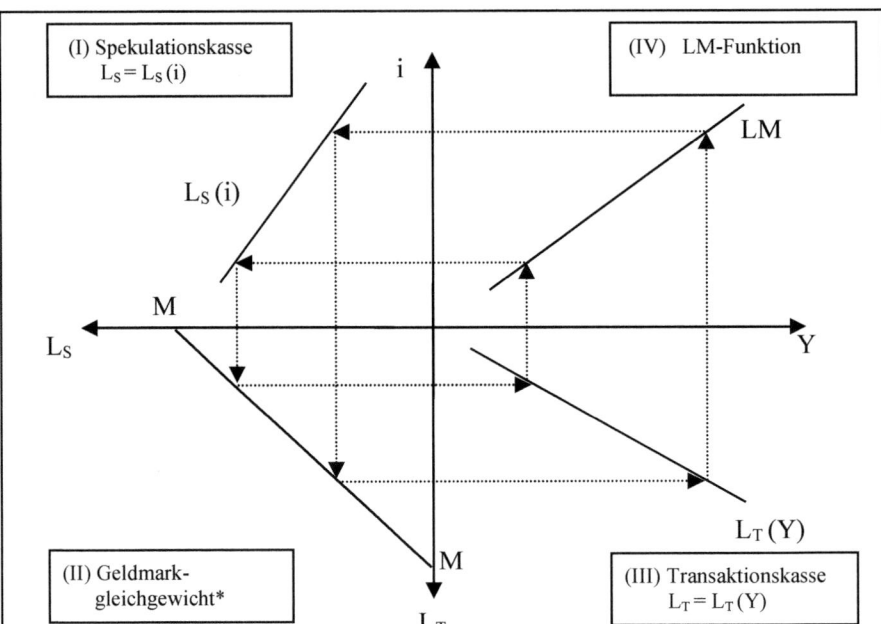

* Geldmarktgleichgewicht: Bei einer gegebenen realen Geldmenge und einer Aufteilung
   dieser Geldmenge auf die Transaktions- und Spekulationskasse muss gelten: Geringere
   Transaktionskasse bedeutet höhere Spekulationskasse und umgekehrt ($L_T + L_S = M$)

Abbildung 1.24: Herleitung der LM-Funktion.

Ein hohes Einkommen führt zu einer entsprechend hohen Transaktionskassenhaltung. Ist das Geldangebot konstant, muss die Geldnachfrage zu Spekulationszwecken niedrig sein. Ein niedriges Niveau der Spekulationskasse ist wiederum nur
gegeben, wenn der Zins der alternativen und bisherigen Geldanlage hoch ist. Ist
der Zins niedrig, bedeutet das eine vermehrte Geldnachfrage zu Spekulationszwecken. Die verminderte Transaktionskasse muss dann wieder mit einem geringeren
Einkommen korrespondieren.

Beispiel einer LM-Funktion

Folgende Funktionen und Daten sind gegeben:[45]

Geldangebot (autonom):	M	= 1.000 €
Geldnachfrage (einkommensabhängig):	$L_T(Y)$	= 0,2 Y
Geldnachfrage (zinsabhängig):	$L_S(i)$	= 800 - 2.000i

---

[45] Vgl. Clement/Terlau/Kiy, 2013, S. 95f.

Gegeben sind die Geldmenge M und die Werte für das Einkommen Y. Gesucht sind die Geldnachfrage zu Transaktionszwecken L_T und die Geldnachfrage aus Spekulationsmotiven L_S!

Fall	M	Y		L_T	L_S	i [%]
1	1.000	2.500		500	500	15
2	1.000	2.000		400	600	10
3	1.000	1.500		300	700	5

Beispielrechnung zu Fall 2:
$$M = L_T + L_S$$
$$1.000 = 0{,}2 \cdot 2.000 + (800 - 2.000 \cdot i)$$
$$\Rightarrow i = 0{,}1 \ (10\,\%)$$

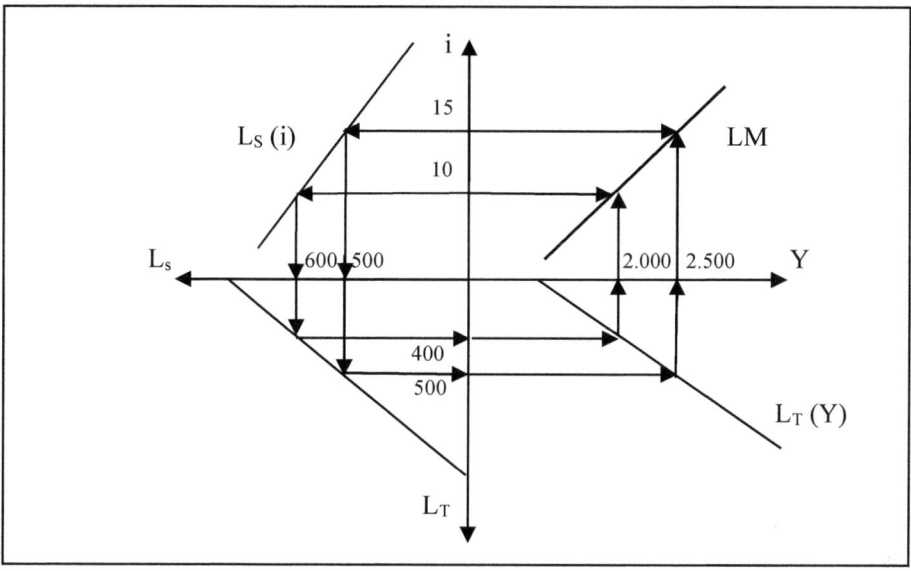

Abbildung 1.25: Beispiel einer LM-Funktion.

7.1.3   Das IS-LM-Modell

Kombiniert man das IS-Modell mit dem LM-Modell, erhält man das IS-LM-Modell.

IS-LM-Modell:

➢   Kombination von Zins und Volkseinkommen, bei der ein simultanes Gleichgewicht auf dem Güter- und Geldmarkt herrscht.

Der Schnittpunkt der IS- und der LM-Funktion und die dazugehörende Zins- und Einkommensgröße (i* und Y*) beschreiben einen Gleichgewichtszustand, der sowohl auf dem Güter- als auch auf dem Geldmarkt herrscht. Ist das Gleichgewicht von Güter- und/oder Geldmarkt gestört, bedarf es verschiedener Anpassungsprozesse hinsichtlich von Zinsniveau und Einkommen, um das Gleichgewicht wieder herzustellen.

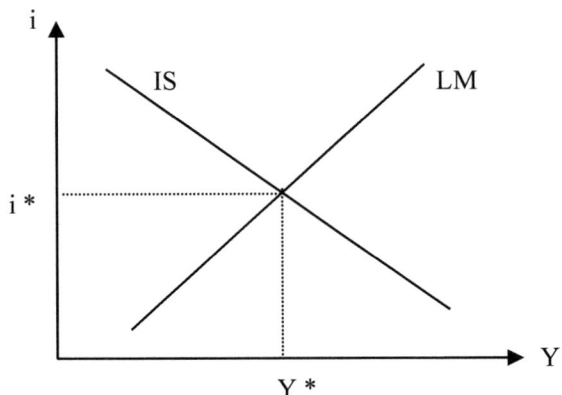

Abbildung 1.26: IS-LM-Modell

Das IS-LM-Modell gehört zum ureigenen Themengebiet der Makroökonomie – wenn auch nicht unumstritten. Ein ästhetischer und argumentativ logischer Gehalt ist diesem Modell nicht abzusprechen. Was die Implikationen und Praxisrelevanz des Modells anbelangt, sind die Meinungen weitaus kritischer. Auf die Kritik von Bofinger wurde zu Beginn des Kapitels schon hingewiesen (siehe Fußnote 46).

Das IS-LM-Modell wie überhaupt viele makroökonomische Ansätze und Modelle sind keynsianisch geprägt und sehr einflussreich für das volkswirtschaftliche Denken. Deshalb soll auch nicht vergessen werden, dass auch die objektiven Modelle der Makroökonomie auf subjektiven Meinungen und Hypothesen beruhen – man erinnere sich an die absolute Einkommenshypothese von Keynes und die permanente von Friedman.

Mit diesen zwei großen Makroökonomen soll nun auch in einem letzten Kapitel die Makroökonomie und das Modul 2.1 abgeschlossen werden. Schauen wir uns also die zwei Gegenspieler und deren Botschaften etwas genauer an.

7.2   John Maynard Keynes und Milton Friedman

Makroökonomische Theorien sind keine Wahrheiten, sondern Ergebnis von Untersuchungen und Hypothesen. Dahinter stehen Wissenschaftler, die Meinungen haben und Behauptungen aufstellen.

Zwei Personen haben die Makroökonomie besonders geprägt, nämlich John Maynard Keynes und Milton Friedman. Keynes wurde schon ausführlicher in Band I behandelt[46] – insbesondere dessen nachfrageorientierter Ansatz auf dem Arbeitsmarkt. Nichtsdestotrotz soll die Person Keynes an dieser Stelle nochmals zur Geltung kommen, um insbesondere auch in Abgrenzung zu Friedman die Unterschiede zwischen dem nachfrageorientierten und dem angebotsorientierten Ansatz stärker zum Ausdruck zu bringen.

7.2.1   John Maynard Keynes und die Allgemeine

7.2.1.1   Kurzbiografie von John Maynard Keynes

Keynes wurde 1883, dem Todesjahr von Karl Marx, in Cambridge geboren. Sein Vater war Verwaltungsleiter der Universität von Cambridge und seine Mutter Bürgermeisterin. Die Kindheit von Keynes wird als Idylle beschrieben. Kinderfräulein, Konzerte und Reisen charakterisieren die jungen Jahre. Mit 14 Jahren trat Keynes in das renommierte Eaton College ein. Mit 19 wechselte er an das King's College der Universität Cambridge. Dort studierte er Mathematik und drei Jahre später Nationalökonomie. Das Staatsdienstexamen schloss er als Zweitbester von 104 Kandidaten ab, wobei er in Wirtschaftswissenschaften mit dem schlechtesten Ergebnis vorlieb nehmen musste.

John Maynard Keynes:

- Englischer Nationalökonom
- Geboren 1883 in Cambridge und gestorben 1946 in London

Seine wissenschaftlichen Ambitionen waren allerdings nicht vom erhofften Erfolg gekrönt. Sein Dissertationsversuch in Mathematik schlug fehl; stattdessen kam er schließlich über die Nationalökonomie an die Universität. 1909 wurde er Mitglied des Lehrkörpers des King's College in Cambridge. Das Amt eines ordentlichen Professors war ihm jedoch nie vergönnt![47]

Sein Berufsweg führte ihn als Beamter nach London in das Indien-Ministerium, in dem er angeblich vormittags hauptsächlich die Times las und sich nachmittags seiner Privatkorrespondenz widmete. Mit Beginn des Ersten Weltkriegs im Jahre

---

[46] Vgl. Band I, Kapitel 6.
[47] In Cambridge war Keynes auch Herausgeber des renommierten Economic Journal. 1933 lehnte Keynes einen Beitrag von Milton Friedman ab, was eine lebenslange Gegnerschaft Friedmans zur Folge hatte. Vgl. Weitz 2008, S. 130ff.

1914 nahm er eine Tätigkeit im Schatzamt des Finanzministeriums auf, denn da er ohne Waffenpflicht war, stand ein Kriegseinsatz nicht zur Debatte.

Pariser Friedenskonferenz: 1916 wurde Keynes als Finanzbeauftragter zur Pariser Friedenskonferenz entsandt, was einen Einstieg in die Politik bedeutete. Auch bei der Konferenz zum Versailler Vertrag 1919 war Keynes als Abgesandter zugegen, trat aber angesichts der seiner Meinung nach inkompetenten Staatschefs aus Frust zurück. Den US-Präsidenten Wilson bezeichnete er als "tauben Don Quichote", der "Blinde Kuh" spiele. In einer Buchveröffentlichung "Die wirtschaftlichen Folgen des Friedensvertrages" warnte er davor, dass der Vertrag die Weimarer Republik ruinieren würde, was den Demokratisierungsprozess für Deutschland gefährden könne. Die Geschichte gab ihm mit dem Aufstieg der Nationalsozialisten recht.

Keynes war nicht nur Theoretiker. Als Spekulant verdiente er sich ein großes Vermögen. Er vertrat einen elitären Standpunkt. Philosophen sollten Könige sein und Könige Philosophen, die allein für Frieden und Heil zu sorgen in der Lage wären. Die Liebe, das Schöne, die Wahrheit und das Wissen bildeten den Lebenssinn. John Maynard Keynes starb 1946 in London. Zehn Jahre zuvor war sein Hauptwerk „Die Allgemeine" erschienen.

7.2.1.2   „Die Allgemeine" und das Jahr 1936

1936 war das Jahr der Olympischen Spiele in Deutschland. Charlie Chaplin brachte seinen Film „Modern Times" in das Kino – damals als Unterhaltungsfilm für die Masse gedacht, dient er heute als Reminiszenz für alte Zeiten und als sozialkritischer Befund für einige wenige Cineasten. Und noch etwas datiert auf das Jahr 1936, nämlich eine Buchveröffentlichung einer damals völlig unbekannten Frau in den USA. Kennt man das Buch nicht, wird man den Film kennen, der einige Jahre später die literarische Vorlage auf Leinwand bannen sollte. Wie das Buch so wurde auch Selznicks Kinofilm drei Jahre später ein Kassenschlager und mit 10 Oscars bedacht. Scarlett O'Hara (Vivian Leigh) und Red Butler (Clark Gable) zogen in dem Südstaatenepos „Vom Winde verweht" Millionen Menschen in ihren Bann. Die Autorin von „Gone with the Wind" war übrigens Margeret Mitchell.[48]

„Überfall auf den Leser" (Keynes)

Während nun das Buch von Margeret Mitchell weltbekannt, aber kaum die Geschicke der Welt verändernd war, verhielt es sich mit einem anderen Buch genau umgekehrt. Es ist der Allgemeinheit völlig unbekannt, hat aber zumindest die Geschicke der Volkswirtschaftslehre und der Wirtschaftspolitik in den letzten Jahrzehnten maßgeblich geprägt; wobei es vielleicht nicht so sehr das Buch an sich war, sondern die Person, die hinter diesem Buch stand. Die Person ist Keynes

---

[48] Dass Margaret Mitchell diesen Weltbestseller schreiben konnte, hatte sie übrigens einem Autounfall zu „verdanken". Sie muss lange Zeit ans Krankenbett gefesselt gewesen sein. Und wie es das Schicksal manchmal so will, erwuchs aus dieser unguten Situation etwas völlig Neues und etwas Positives – eines der am meisten gelesenen Bücher der Welt.

und das Buch trägt den Titel „The General Theory of Employment, Interest and Money" („Allgemeine Theorie der Beschäftigung, des Zinses und des Geldes" oder kurz „Die Allgemeine").

John Maynard Keynes (1936)

➤ „The General Theory of Employment, Interest and Money"
   „Allgemeine Theorie der Beschäftigung, des Zinses und des Geldes"
   (kurz: „Die Allgemeine")

Keynes selbst sah sein Vorhaben selbstbewusst:

"Ich traue mir zu, ein Buch zu schreiben, das die Art und Weise, wie die Welt über Wirtschaftsprobleme denkt, revolutionieren wird, vermutlich nicht sofort, aber im Laufe der nächsten zehn Jahre."

Das klingt anmaßend, aber der Autor hatte Recht. Keynes revolutionierte tatsächlich die Art und Weise des wirtschaftlichen Denkens – 160 Jahre nach Adam Smiths Klassiker vom „Wohlstand der Nationen".[49]

Die ganze „Bildergalerie" von Keynes darzustellen ist hier nicht machbar und auch nicht gewollt, ein „Bild" soll jedoch herausgegriffen werden, um einige wesentliche Kerngedanken der „neuen" Wirtschaftspolitik zu erläutern. Das Bild, um das es sich handelt, ist das des Unterbeschäftigungsgleichgewichts im Arbeitsmarkt bei Lohnstarrheit nach unten und den daraus abgeleiteten wirtschaftspolitischen Implikationen. Statt Lohnflexibilisierung nach unten – also Lohnsenkungen bei Arbeitslosigkeit – und prozyklischer Haushaltspolitik des Staates – also Sparen in der Krise –, plädierte Keynes für einen antizyklischen und nachfrageorientierten Ansatz. Der Staat soll bei einem Nachfragerückgang „einspringen" und die private Wirtschaft – notfalls durch kreditfinanzierte Ausgabenprogramme – unterstützen. Das deutsche Konjunkturprogramm im Jahr 2009 mit Abwrackprämie und Infrastrukturförderungen ist beredtes Beispiel einer keynsianischen Problemlösung.

Nichtsdestotrotz sind Sparappelle nicht aus der Mode und auch die Geldpolitik ist neben der Finanzpolitik nicht zu vergessen. Beschäftigen wir uns also mit Milton Friedman.

---

[49] Das Werk von John Maynard Keynes stellt sich keineswegs als geschlossene Theorie dar. Sein Hauptwerk „Die Allgemeine" gilt als recht konfus und unnahbar und stellt für den Leser eine schwer verdauliche Kost dar. Dem Keynes-Schüler John Hicks ist es schließlich zu verdanken, hier Abhilfe verschafft zu haben. Ihm kommt das Verdienst zu, das keynsianische Gedankengut verarbeitet und als „Keynsianismus" kompakter und geschlossener dargestellt zu haben.

7.2.2   Milton Friedman und der Monetarismus

"Bombe" – "Messias" – "Verrückter Gnom"[50]

Als der große Ökonom des letzten Jahrhunderts gilt John Maynard Keynes. Sollte es überhaupt einen ebenbürtigen Gegenspieler gegeben haben, kann diese Rolle Milton Friedman zugeschrieben werden. Er spricht selbst von einer „Konterrevolution" gegen die Theorie des Ökonomen Keynes.

Viele Theorien und wirtschaftspolitische Maßnahmen sind von diesen zwei Fronten geprägt. Die absolute Einkommenshypothese von Keynes steht der permanenten von Friedman gegenüber. Während Keynes einen Multiplikatoreffekt in seiner makroökonomischen Gütermarktanalyse propagiert, wird dieser von Friedman verneint. Auf Initiative und Anraten von Keynes auf der Bretton Woods Konferenz wird nach dem Zweiten Weltkrieg ein Weltwährungssystem mit festen Wechselkursen installiert. Friedman sieht die festen Wechselkurse als großen Fehler an. Ganz besonders kritisch beäugt Friedman eine zu dominante Rolle des Staates in der Wirtschaft, die er von Keynes als zu stark propagiert sieht. Friedman spricht von „Sozialklimbim".

7.2.2.1 Kurzbiografie von Milton Friedman

Vielleicht haben diese unterschiedlichen Ansichten auch mit den unterschiedlichen Lebensläufen zu tun. Keynes wuchs behütet und wohlhabend auf. Friedman musste sich vieles hart erkämpfen: „Geldmangel war unser ständiger Begleiter". Anscheinend haben die zermürbenden Lebensumstände – vormittags Jobben im Restaurant und nachmittags Vorlesungen – sein unerbittliches und konservatives Denken geprägt.

Milton Friedman
- US-amerikanischer Ökonom
- Geboren am 31.07.1912 in New York City, gestorben am 16.11.2006; Eltern aus Österreich-Ungarn (heute Ukraine).

Im Jahr 1938 heiratete Friedman Rose Director, eine ehemalige Studienkollegin, mit der er später in den achtziger Jahren Beiträge für das Fernsehen produzierte. Das Begleitbuch „Free to choose", avancierte zur Nummer 1 auf der Bestsellerliste für Sachbücher.

1946 erfolgte die Berufung an die Universität Chicago, der er bis zum Jahre 1977 angehören sollte. Friedman gilt als Begründer und Mentor der Chicagoer Schule, die durch einen wirtschaftsliberalen und monetaristischen Ansatz charakterisiert ist.

---

[50] Attribute, die Milton Friedman in verschiedenen Zeitungen (Frankfurter Allgemeine Zeitung, Times, Economist) zugeschrieben wurden.

Werke von Friedman:

1957: "A Theory of the Consumption Function".

1962: „Capitalism and Freedom".

1963: „A Monetary History of the United States, 1867-1960"
(Coautorin: Anna Schwartz).

1976 erhielt Milton Friedman den Nobelpreis für Wirtschaftswissenschaften. Im November 2006 starb der große Ökonom im Alter von 94 Jahren.

7.2.2.2 Der Monetarismus

Mit dem Namen Milton Friedman und seiner Chicagoer Schule ist eine Denkrichtung verbunden, die die Volkswirtschaftslehre seit den 60er Jahren maßgeblich geprägt hat – das Konzept des Monetarismus.

Zentrale Größe im Rahmen des monetaristischen Denkansatzes ist die Geldmenge. Eine stabile, das heißt stetige und angemessene Steuerung der Geldmenge bedingt eine entsprechende Entwicklung des Volkseinkommens und Sozialprodukts. Im Umkehrschluss formuliert, sollte sich die Versorgung der Wirtschaft mit Geld an der Entwicklung des gesamtwirtschaftlichen Produktionspotentials orientieren.

Monetarismus

➤ Wirtschaftstheorie, die insbesondere von Milton Friedman (Chicagoer Schule) in den sechziger Jahre des 20. Jahrhunderts entwickelt wurde und ausgehend von einer grundsätzlich stabilen Marktwirtschaft eine am Produktionspotential orientierte stabile Geldmengenpolitik propagiert.

In einfachster Form kommt dieser Zusammenhang in der klassischen Quantitätsgleichung des Geldes zum Ausdruck, wie sie oben im Kapitel „Geldmarkt" bereits vorgestellt wurde.

Quantitätsgleichung des Geldes:

$$Y_r \cdot P = M \cdot v$$

Gütermenge · Preisniveau = Geldmenge · Umlaufgeschwindigkeit

Die Bedeutung und Steuerung der Geldmenge ist ein zentraler Aspekt der Monetaristen. Es kommen weitere Aspekte hinzu. Beispielsweise verneint Friedman eine langfristig positive Wirkung fiskalischer Maßnahmen, die darin bestehen sollte, durch Steuererhöhungen oder Staatsneuverschuldungen und dadurch finanzierte staatliche Maßnahmen, expansive Effekte auf die Privatwirtschaft auszuüben.

Die Monetaristen verneinen auch einen langfristig stabilen Zusammenhang zwischen Inflation und Arbeitslosigkeit, wie er in der Phillipskurve zum Ausdruck kommt.[51] Friedman und sein Kollege Edmund Phelps[52] wiesen nach, dass das Ansinnen, Arbeitslosigkeit über hohe Inflationsraten bekämpfen und reduzieren zu können, nicht funktioniert.

Friedman sah überhaupt die Rolle der politischen Entscheidungsträger und des Staates kritisch und warnte vor angeblich leichten Konzepten; sein Plädoyer: Im Zweifel mehr Markt und weniger Staat.[53]

7.2.3   Nachfragetheorie versus Angebotstheorie

In Weiterentwicklung dieses klassischen Konzepts werden die Monetaristen als Neo-Klassiker charakterisiert und den Angebotstheoretikern zugeordnet. Diese wiederum stehen in Gegenposition zu den Nachfragetheoretikern und Fiskalisten keynsianischer Prägung. In folgender Übersicht sind abschließend wichtige Aspekte dieser beiden Denkrichtungen gegenübergestellt.[54]

Nachfrageorientierter Ansatz	Angebotsorientierter Ansatz
John Maynard Keynes keynsianisch	Milton Friedman (neo-)klassisch, monetaristisch
Fiskalismus	Monetarismus
▪ kurzfristig ▪ Ablaufpolitik und Fiskalpolitik	▪ langfristig ▪ Ordnungspolitik und Wettbewerbspolitik
▪ antizyklisch ▪ Marktpessimismus ▪ Interventionismus ▪ Haushaltsdefizit	▪ prozyklisch ▪ Marktoptimismus ▪ Laissez-faire ▪ Haushaltsausgleich
▪ politisch tendenziell „links" z. B. Kaufkraftargument bei Lohnverhandlungen (höhere Lohnzuwächse) ▪ eher arbeitnehmerorientiert	▪ politisch tendenziell „rechts" z. B. Kostenargument bei Lohnverhandlungen (niedrigere Lohnzuwächse) ▪ eher arbeitgeberorientiert

Im ersten Teil dieses Buch lag der Schwerpunkt auf der Fiskalpolitik (also Einnahmen- und Ausgabenpolitik des Staates), sofern es um staatlichen Einfluss ging. Im Folgenden zweiten Teil steht die Geldpolitik im Mittelpunkt – also monetaristisches Gedankengut und dessen Anwendung in der heutigen Geldpolitik.

---

[51] Zur Phillipskurve siehe auch Band III, Kapitel 3.
[52] Phelps wurde zwischenzeitlich (2006) ebenfalls der Nobelpreis für Wirtschaft verliehen.
[53] Vgl. Blanchard, Illing, 2009. S. 828ff.
[54] Eine ausführliche Gegenüberstellung findet sich bei Altmann, Wirtschaftspolitik, 2007, S. 233f.

Modul 2.2

Geld und Währung

8 Das Phänomen Geld

„Endlich weiß ich, was den Menschen vom Tier unterscheidet: Geldsorgen."

(Jules Renard)

8.1 Wert, Definition und Funktion des Geldes

Geld spielt im Leben der meisten Menschen eine dominierende Rolle. Dass Geld sowohl Heil als auch Unheil stiften kann, spiegelt sich in vielen Erkenntnissen und Aphorismen wieder.

Aphorismen zum Thema Geld:

- Geld regiert die Welt.
- Je mehr man davon hat, desto schöner wird es.
- In God we trust. (Dollarnote)
- Money, Money, Money must be funny. (ABBA)
- … weil man es als solches nicht genießen oder irgend wozu gebrauchen kann. (Immanuel Kant)
- Pecunia (non) olet / Geld stinkt (nicht).
- Vor Geld stinken.
- No money, no honey.
- Riecher fürs Geld haben.
- Geld aber ist die Beseelung unserer gegenwärtigen Gesellschaft. (Honoré de Balzac)
- Geld verdirbt den Charakter.
- Money makes the world go round. (Cabaret)
- Money is a veil. (Arthur Cecil Pigou)
- Zeit ist Geld.
- Geld vermehrt sich.[55]
- Über Geld spricht man nicht.

8.1.1 „Money is a veil"

Wozu brauchen wir Geld? Die Antwort scheint offensichtlich wie die dahinter stehende Frage zu sein. Wir fragen Geld nach, um mit eben diesem Geld wieder Güter nachfragen zu können, d. h. um mit diesem Geld etwas kaufen zu können, uns Anschaffungen leisten zu können, ja letztlich um leben zu können. Wir brauchen ein „Dach über dem Kopf", etwas zu essen und zu trinken, usw. und das kostet Geld.

Geld gehört ja nicht umsonst zu den angeblich zwei wichtigsten Dingen im Leben – neben der Liebe. Und es gibt kaum jemanden, der sich nicht über einen satten

---

[55] Im Griechischen haben Kinder und Geld den gleichen Wortstamm!

Lottogewinn freuen würde. Geld ist also extrem nützlich, wichtig und wertvoll!? Doch ist dem tatsächlich so? Denn der britische Philosoph und Ökonom John Stuart Mill[56] behauptet:

" ... es kann, wenn man der Sache auf den Grund geht, in der Wirtschaft der Gesellschaft nichts Bedeutungsloseres geben als Geld; außer insofern es ein Mittel zur Ersparnis von Zeit und Arbeit ist."

Geld kann man nicht essen. Wenn man sich auf einer einsamen Insel befindet und für das viele Geld nichts kaufen kann – dann ist Geld wert- und nutzlos. Die Nützlichkeit von Geld setzt also voraus, dass es Güter gibt, die man mit Geld erwerben kann. Ohne Güter ist Geld nutzlos! Insofern erfüllt Geld eine nützliche und praktische Funktion als Tausch- und Zahlungsmittel – nicht mehr und nicht weniger. Geld ist so viel wert, wie Güter da sind, um diese damit erwerben zu können. Geld ist lediglich ein „Schleier" über den realen Vorgängen der Wirtschaft:

"Money is a veil."[57]

Die Klassiker betrachteten Geld ausschließlich als Zahlungsmittel und „Schmiermittel" der Wirtschaft, das an sich keinen Wert besitzt, sondern diesen Wert ausschließlich über den Wert der Güter erfährt. Man spricht vom Grundsatz der Neutralität des Geldes. Geld ist neutral, „farblos" und wertlos. Es wird „wirklich", „farbig" und wertvoll erst über das Gegenüber einer Ware oder einer Dienstleistung, die man damit erwerben kann.

8.1.2   Bewertungsmöglichkeiten von Geld

Der Wert des Geldes bestimmt sich letztlich über die Möglichkeit, damit etwas kaufen zu können – also über die Kaufkraft. Eine indirekte Bestimmung könnte zudem über die Arbeitszeit erfolgen, die man braucht, um ein bestimmtes Gut herzustellen. Eine dritte Möglichkeit bestünde darin, den Wert einer Geldeinheit mit einer ausländischen Geldeinheit (Währung) zu vergleichen.

Gegenwert des Geldes:

1 €	≡	½ Brot	Güterwert und Kaufkraft (real)
1 €	≡	2 Minuten	Arbeits- und Zeitwert (real)*
1 €	≡	1,20 $	Außenwert und Wechselkurs (nominal)
1 €	≡	0,20 Cent	Materialwert einer Geldmünze**
1 Taler	≡	20 Euro	Sammlerwert von Münzen und Scheinen**

*   Arbeitsleistung bei einem Stundenlohn von 30 Euro
** Materialwert und Sammlerwert sind fiktive Beispiele

---

[56] John Stuart Mill (1806 - 1873).
[57] Nach dem britischen Ökonomen Arthur Cecil Pigou (1877 - 1959).

Schließlich lässt sich ein Gegenwert eventuell über den Materialgehalt des Geldes bei einer Münze bestimmen. Zuletzt könnte noch der Sammlerwert von Geld erwähnt werden, der bei Gedenkmünzen, alten oder seltenen Münzen oder Geldscheinen eine Rolle spielt.[58]

8.1.3   Funktionen des Geldes

Geld hat den Zweck, damit etwas kaufen zu können – es dient als Tausch- oder Zahlungsmittel. Hinzu kommen weitere Funktionen, wie die Recheneinheitsfunktion und die Wertaufbewahrungsfunktion.

Funktionen des Geldes:
- Tausch- und Zahlungsmittel
- Recheneinheit und Bewertungsmaßstab
- Wertaufbewahrungsmittel

1.)   Geld als Tauschmittel bzw. Zahlungsmittel

➔   Kauf und Verkauf von Gütern

Der direkte Naturaltausch wird durch Geld als indirektes Tauschmittel ersetzt. Geld funktioniert wie ein „Tauschmittel", Der direkte zweiseitige Tausch wird in zwei einseitige Tauschvorgänge überführt, was den Tausch von Gütern enorm erleichtert – allein schon aus pragmatischen Gründen. Ich muss nun nicht mehr ein Ferkel mit mir herumschleppen, um einen Tisch dafür zu bekommen. Ein 200 Euroschein im Geldbeutel reicht aus (siehe „Exkurs: Geld und die Erleichterung von Tauschvorgängen" am Ende des Kapitels!).

2.)   Geld als allgemeine Recheneinheit

➔   Wertigkeit und Vergleichbarkeit von Gütern

Geld als Recheneinheit bringt die Wertigkeit von Gütern im Vergleich zu anderen zum Ausdruck und fördert somit die Vergleichbarkeit von Gütern. Wenn ein Kinobesuch 6 Euro kostet, ist dieser Kinobesuch gleich viel wert wie 10 Brezeln a 60 Cent. Wenn eine Jeans im Schaufenster mit 3.000 Euro ausgezeichnet ist, wird dieses Beinkleid ungleich höher bewertet als eine andere Jeans, die ein 30-Euro-Preisschild trägt.

Dass diese Vergleichbarkeit nicht selbstverständlich ist, merkt man dann, wenn man ins Ausland geht und mit einer ungewohnten Währung Schwierigkeiten hat einzuschätzen, ob die Jeans, die man im Schaufenster sieht und 3.000 Rubel oder 3.000 japanische Yen kosten, nun viel teurer oder viel billiger ist als eine vergleichbare in Deutschland.

---

[58] Zum Beispiel hat ein 2 Pfennigstück aus Kupfer aus dem Jahr 1969 (Prägestätte J) einen Sammlerwert von ca. 450 Euro.

3.) Geld als Wertaufbewahrungsmittel

➔ Zeitüberbrückung

Geld in seiner Funktion als Wertaufbewahrungsmittel bedeutet, dass man nicht genau zum selben Zeitpunkt etwas kaufen muss, zu dem man selbst etwas verkauft hat. Kauf und Verkauf können zu völlig unterschiedlichen Zeitpunkten stattfinden. Wenn ich also einen Haarschnitt für 25 Euro anbiete und verkaufe, kann ich die dafür erhaltenen 25 Euro aufheben – die 25 Euro bewahren ihren Wert – und zwei Wochen später für ein Abendessen ausgeben. Es erfolgt eine Zeitüberbrückung. Ich konsumiere entweder früher, indem ich Schulden mache, oder ich konsumiere später, was nichts anderes als Sparen bedeutet.

Exkurs: Geld und die Erleichterung von Tauschvorgängen

Die Einführung von Geld ermöglicht eine enorme Erleichterung von Tauschvorgängen. Je größer die Anzahl der Güter (n), desto größer ist der Einspareffekt. Im Beispiel sind vier Produkte (n = 4) und deren Tauschverhältnisse gegeben. Um einen Haarschnitt beim Friseur zu erhalten, muss der Bauer fünf Einheiten Kartoffeln eintauschen. Der Bäcker gibt zwei Brote, um seinerseits die Kartoffeln zu erhalten, usw.. Wie viele Angaben bzw. Tauschverhältnisse sind bei n Gütern nun nötig, um alle Tauschbeziehungen darstellen zu können? Ohne Geld als Bewertungsmaßstab sind sechs Tauschbeziehungen zu bilden. Mit der Einführung des Geldes reduziert sich diese Zahl auf die vier Preise entsprechend den vier Gütern. Denn die Zahl der Güter entspricht der Zahl der Preise.

ohne Geldeinheit: $[n \cdot (n - 1)] / 2 = [4 \cdot (4 - 1)] / 2 = 6$ (relative Preise)

mit Geldeinheit: n $= 4$ (absolute Preise)

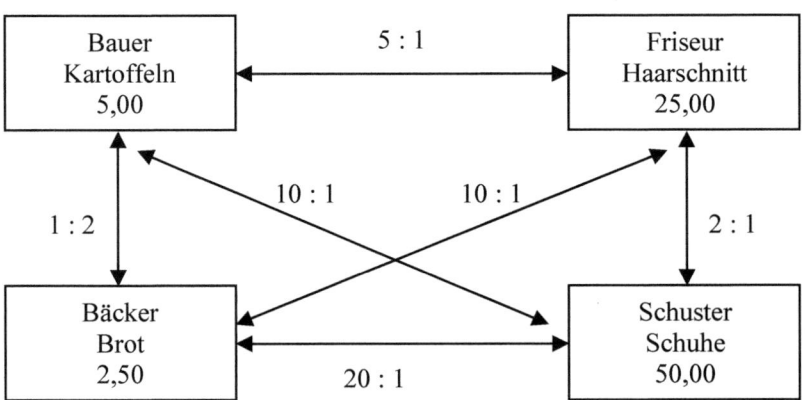

Abbildung 2.1: Güteraustauschverhältnisse

Bei hundert Gütern mit hundert Preisen wären ohne Geld als Bewertungsmaßstab 4.950 Tauschverhältnisse zu bilden! Berechnung: $(100 \cdot 99) / 2 = 4.950$.

8.1.4   Definition von Geld

Was Geld ist, weiß jeder. Aber Geld zu definieren, fällt schwerer. Eine übliche und aussagekräftige Definition von Geld beinhaltet vor allem die Funktion des Tauschmittels.

Definition von Geld:

➤   Mit der Entwicklung der Tauschwirtschaft entstandenes Medium, das den zweiseitigen Moment des Naturaltausches durch zwei einseitige Momente des Kaufs und des Verkaufs ersetzt und somit das Wirtschaften erleichtert.

Ein direkter zweiseitiger Naturaltausch (z. B. ein 1 Huhn gegen 1 Sack Kartoffeln) wird ersetzt durch einen Kauf (20 Geldeinheiten für 1 Huhn) und einen Verkauf (1 Sack Kartoffeln gegen 20 Geldeinheiten), wobei der Kauf und Verkauf nicht bei derselben Person und auch nicht zum gleichen Zeitpunkt stattfinden müssen. Sie funktionieren räumlich und zeitlich unabhängig voneinander.

Exkurs: Definition des Soziologen Niklas Luhmann

Eine sehr interessante und elegante Definition von Geld findet sich beim Soziologen Niklas Luhmann, der die Wirtschaft als ein autopoietisches (selbstorganisierendes und selbstreferentielles) System betrachtet, das seinen Zweck dadurch erfüllt, dass es Zahlungen durch Zahlungen ermöglicht, wobei der Preis die Konditionierung von Zahlungen in „richtig" oder „falsch" bedingt und **Geld** eine Funktion erfüllt als

„symbolisch generalisiertes Kommunikationsmedium der Wirtschaft".[59]

Doch was bedeutet das? Die einzelnen Zuschreibungen meinen (vereinfacht) folgendes:

* symbolisch: zeichenhaft, ohne Materialwert
* generalisiert: allgemein bekannt und akzeptiert
* Kommunikationsmedium: Mittel der Verständigung

Geld ist ein sprachliches Mittel, das einen an sich unwahrscheinlichen Vorgang, wie den Kauf und den Verkauf eines Brotes in der Bäckerei, sehr viel wahrscheinlicher macht. Man nimmt etwas Wertloses wie Papiergeld an, weil man darauf vertraut, dass der nächste dieses wertlose Papiergeld ebenfalls annimmt. Ohne Vertrauen darauf, dass auch die anderen vertrauen, ist Geld wertlos. Geld funktioniert, weil es funktioniert!

---

[59] Niklas Luhmann: Die Wirtschaft der Gesellschaft als autopoietisches System. In: Zeitschrift für Soziologie, Jg. 13, Heft 4, 1984. Vgl. auch generell Luhmann: Die Wirtschaft der Gesellschaft, 1988.

8.2   Entstehungsgeschichte und Arten des Geldes

Geld hat eine lange und interessante Entstehungsgeschichte. Betrachten wir also nicht nur die heute üblichen Münzen und Papierscheine, sondern gehen in die Anfänge der Tauschwirtschaft zurück, wo Menschen Vieh und Schmuck als Tauschmittel benutzt haben. Dabei stellt sich die Frage, warum beispielsweise Perlen als Tauschmittel üblich waren, aber nicht Kieselsteine, Hühnereier oder Mühlsteine. Welche Vorteile haben Perlen – oder auch Zigaretten, die es ebenfalls schon als Währungsersatz gab –, gegenüber Kiesel- oder Mühlsteinen und Hühnereiern?

8.2.1   Technische und ökonomische Eigenschaften von Tauschmitteln

Perlen haben den Vorteil, praktisch und im wahrsten Sinne des Wortes handhabbarer zu sein als Mühlsteine. Des Weiteren sind sie haltbarer als Hühnereier und sie sind homogen, das heißt gleichartig – eine Perle sieht mehr oder weniger gleich aus wie die andere. Schließlich sind sie gut teilbar, denn man kann unterschiedliche „Preise" festlegen, indem man eine Perle oder 10 oder 1000 Perlen nimmt. Perlen sind haltbar, verderben nicht und gehen kaum kaputt. Und sie sind relativ selten – liegen also nicht en masse auf der Straße herum – aber auch nicht so selten, dass man nicht genug davon haben könnte. Aus der Haltbarkeit und relativen Seltenheit ergibt sich auch eine gewisse Wertbeständigkeit über einen längeren Zeitraum. Zuletzt muss sich der Aufwand für die Gewinnung oder Herstellung der Tauschmittel in Grenzen halten.

Eigenschaften von Tauschmitteln wie zum Beispiel Muscheln, Perlen oder Zigaretten:

- relativ selten bzw. relativ häufig
- haltbar
- homogen
- teilbar
- wertbeständig
- geringe Beschaffungs- oder Herstellungskosten

Im geschichtlichen Rückblick lässt sich feststellen, dass die Erscheinungsformen des Geldes eine Entwicklung vom festen und materiellen zum immateriellen ja sogar virtuellen fast verflüchtigenden durchgemacht haben. Die erste Erscheinungsform des „Geldes" war das Naturalgeld.

8.2.2   Natural- oder Warengeld

Die elementarste und ursprünglichste Form des Geldes ist das Natural- oder Warengeld. Bereits 25.000 Jahre v. Chr. lassen sich Vieh, Tierfelle und Schmuck als Tauschmittel nachweisen. Der Begriff **„pekuniär"** (das Geld betreffend) leitet sich im Übrigen von pecus (lat. das Vieh) ab. 4.000 v. Chr. sind in China Muscheln, Schildkrötenschalen, Perlen und Jade als Tauschmittel im Umlauf.

Das Naturalgeld spielt heutzutage so gut wie keine Rolle mehr. Nur in Kriegs- und Krisenzeiten kommt es vor, dass zum Beispiel Zigaretten als Währungsersatz für das nicht vorhandene oder wertlose Papiergeld eingesetzt werden und als Zahlungsmittelersatz gelten.

Natural- oder Warengeld:
➢ natürliche Tauschmittel
• Vieh und Tierfelle
• Schmuck, Perlen und Muscheln
• Unbearbeitete Edelmetalle wie Gold und Silber

Der Übergang vom Waren- und Naturalgeld zum Münzgeld lässt sich über den Einsatz von Edelmetallen wie Gold und Silber verdeutlichen. Ursprünglich waren diese Edelmetalle unbearbeitet, lagen also beispielsweise in Form von Goldklumpen vor. Die unterschiedliche Größe und Form hatte allerdings den Nachteil der mangelnden Homogenität und Teilbarkeit, so dass man darauf angewiesen war, das Gold zu wiegen, um durch die Gewichtseinheit einen allgemein gültigen Bewertungs- und Vergleichsmaßstab zu erhalten. Insofern spricht man auch von Wägegeld, das ein Bindeglied zwischen Naturalgeld und Münzgeld darstellt.

Wägegeld:
➢ Unbearbeitete Metalle werden durch das Wiegen bewertbar gemacht (Gewichtseinheiten).

Man könnte auch sagen, dass ein Übergang von ursprünglichen und natürlichen bzw. naturbelassenen Tauschmitteln (Natur) zu bearbeiteten und kultivierten Zahlungsmitteln stattfindet (Kultur).

8.2.3 Münzgeld

Das Münzgeld hat den unbestreitbaren Vorteil, dass keine extra Bewertung und Gewichtung durch das Wiegen notwendig ist, denn Münzen sind alle gleich und somit gleich viel wert.

Ursprünglich waren Münzen nichts anderes als abgeschlagene Metallscheiben, wobei diese Metallscheiben beziehungsweise Münzen mit einer Prägung versehen wurden, der Wert also aufgeprägt wurde. Diese Münzen mit Prägung lassen sich ihrerseits in Kurantmünzen und in Scheidemünzen einteilen. Bei den sogenannten vollwertigen Kurantmünzen entspricht der Nominalwert dem Metallwert und bei den Scheidemünzen ist der Nominalwert größer als der Wert des Metalls selbst.

Münzgeld:

➢ abgeschlagene und geprägte Edelmetallscheiben

• Kurantmünzen: Nominalwert = Metall-/Materialwert
• Scheidemünzen: Nominalwert > Metall-/Materialwert

Dass vor der Einführung von Münzen die Gewichtsbestimmung von Waren und Edelmetallen eine große Rolle gespielt hat, sieht man noch an manchen Währungsbezeichnungen. Dazu gehört das englische Pfund oder die italienische Lira (Lira heißt Pfund). Die „Mark" (Mark von Markierung) wurde erstmals 1045 urkundlich erwähnt.

Münzprägung: Das Recht auf Münzprägung (Münzregal) haben sich die Herrscher wie Fürsten und Könige meist selbst zugedacht. Krösus, der König von Lydien, hat um 550 v. Chr. erstmals Goldmünzen prägen lassen und diese als offizielles Zahlungsmittel eingesetzt. In Deutschland wurden die ersten offiziellen Kurant- und Scheidemünzen im 17. Jahrhundert eingeführt. Das Recht auf Münzprägung liegt nun bei den Regierungen.

8.2.4   Papiergeld und Banknoten

Neben Münzgeld ist das Papiergeld die dominierende Geldart und markiert den Übergang von der festen, harten und werthaltigen zur leichten und eigentlich wertlosen Geldform.

Papiergeld stellt ein auf einem Blatt Papier schriftlich fixiertes Versprechen dar, das darin besteht, dass eine Person einer anderen Person einen bestimmten Betrag schuldet. Ich verkaufe beispielsweise meinem Nachbarn eine Kiste Äpfel und er gibt mir auf einem Zettel das Versprechen, dass ich dafür einen gleichwertigen Anspruch auf einen Zierstrauch oder sonst etwas Vergleichbares habe. Papiergeld ist eine Vereinbarung und ein Zahlungsversprechen. Anscheinend sind historisch die Hinterlegung von Edelmetallen und Münzen beim Goldschmied gegen Papiergeld als Quittung der Ursprung moderner Banknoten.

Der große Vorteil des Papiergeldes liegt schlicht darin, dass Papiergeld leicht und problemlos zu transportieren ist. Man muss weder Vieh und Schmuck, noch große Schatztruhen mit Münzen transportieren, sondern ein Geldbeutel mit ein paar Scheinen reicht aus.

Papiergeld und Banknoten

• schriftliche Vereinbarung mit Zahlungsversprechen
• „leichte" und „wertlose" Geldform

Die Erfindung des Papiergeldes wird China zugeschrieben und datiert um 618 bis 907 während der Tang-Dynastie. Marco Polo berichtet 1280 von der Erfindung des Papiergeldes in China. Das erste offizielle Papiergeld in Europa soll 1661 in Schweden eingeführt worden sein, nachdem Münzen knapp wurden und die schwedische Bank Papiergeld gedruckt hatte. In Deutschland wurden 1909 Reichsbanknoten gesetzliches Zahlungsmittel.

8.2.5 Giralgeld

Die Entwicklung des Geldes lässt sich in einer zunehmenden Abnahme des Stofflichen und des Materiellen verdeutlichen und wird schließlich zur völligen Abschaffung von materiellem Geld führen. Am Schluss werden dann nur noch virtuelle Vereinbarungen im Raum stehen.

Das bargeldlose, unverbriefte und nicht-stoffliche Geld wird als Giralgeld oder als Buchgeld bezeichnet. Es lässt sich bis 1587 zurückverfolgen, als in Venedig die Banco de Rialto das Giralgeschäft begründete, mit der Verpflichtung Geld anzunehmen und zu überweisen. Es entstand ein Verrechnungskreislauf (giro: gr.-lat.-ital. „Kreis").

Der Begriff „Bank" geht auf die Ursprünge des Geldverkehrs zurück, als Geldverleiher oder -wechsler an Tischen auf Märkten saßen (banca: ital. „Tisch"), um dort ihre Bankgeschäfte zu tätigen. Gingen Bankgeschäfte schief, ging also der Banktisch kaputt, war man bankrott (banca rotta: ital. „zerstörter Tisch").

Giral- oder Buchgeld
  ➢ bargeldlose, unverbriefte und nicht-stoffliche Geldform (Sichteinlagen)

Giralgeld oder Buchgeld ist die konsequente Weiterführung von Geld als Zahlungsversprechen. Man benötigt dazu nicht einmal mehr konkretes Geld. Es reicht aus, dass dieses Zahlungsversprechen auf dem Girokonto in Form eines Zahlungseingangs und Guthabens (Sichteinlagen) ersichtlich ist. Man hat nun selbst die Möglichkeit, auf immaterielle Weise durch eine Überweisung – Geldbeträge werden in Form von Zahlen durch Leitungen oder durch die Luft geschickt – Waren zu erwerben und zu bezahlen. In diesem Kreislauf ist materielles Geld nicht mehr notwendig. Notwendig ist allein ein Medium wie mittelbar eine EC-Karte oder eine Kreditkarte oder unmittelbar das Bankkonto selbst, durch das Informationen abgerufen und gespeichert werden.

Geld ist nicht mehr notwendig. Die Information reicht aus.

Virtuelles Geld
  ➢ Information und Mitteilung

8.2.6   Gesetzliche Zahlungsmittel

Die Entstehungsgeschichte des Geldes mündet heute in einer starken Differenzierung von Geldarten und so genannten Geldsubstituten (z. B. ein Bausparvertrag) und einer zunehmenden Virtualisierung von Geld. Doch trotz Entmaterialisierung und Virtualisierung von Geld basieren gesetzliche Zahlungsmittel immer noch auf dem „materiellen" Geld.

Gesetzliche Zahlungsmittel sind nämlich Münzgeld und Notengeld, also das Bargeld. Die Mark wurde 1871 gesetzliches Zahlungsmittel. Damals wurde auch die Dezimalteilung der Mark eingeführt. (1 Mark = 10 · 10 = 100 Pfennige). Die Reichsbanknoten wurden 1909 gesetzliches Zahlungsmittel in Deutschland.

Gesetzliche Zahlungsmittel
➢ Münzgeld und Banknoten (Bargeld)

Die heutigen deutschen Euromünzen werden im Auftrag der Bundesregierung geprägt[60], im Gegensatz zu den Banknoten, die im Auftrag der Europäischen Zentralbank (EZB) gedruckt und in Umlauf gebracht werden.

Exkurs: Geldvernichtung[61]

Frage: Banknoten sind angeblich Eigentum der Europäischen Zentralbank!? Das Vernichten von Geldscheinen ist daher strafbar! Stimmt das?

Antwort: Nein! Einerseits sind Banknoten unbeschränktes gesetzliches Zahlungsmittel („öffentliche Einrichtung"); andererseits gilt Paragraf 903 des Bürgerlichen Gesetzbuches, nach dem „der Eigentümer mit den ihm gehörenden Sachen grundsätzlich nach Belieben verfahren kann". Also steht nichts dagegen (außer die Vernunft), mit einem 200-Euro-Schein eine Zigarre anzuzünden, das Geld durch den Reißwolf zu drehen und die Schnipsel in der Fußgängerzone zu verstreuen.

8.2.7   Geldmengenkonzepte

Die gesetzlichen Zahlungsmittel, wie auch einige andere der hier beschriebenen Geldarten, finden sich in den verschiedenen Geldmengenkonzepten der Zentralbank wieder.

Die Europäische Zentralbank unterscheidet drei Geldmengenkonzepte, die mit M1, M2 und M3 bezeichnet werden (Abbildung 2.2).

---

[60] Münzprägungsrecht (Münzregal) des Bundes nach Artikel 73 des Grundgesetzes. Der Münzgewinn (Nennwert minus Prägekosten) wird dem Girokonto des Bundes gutgeschrieben.
[61] Aus der Rubrik „Stimmt's", DIE ZEIT, Nr. 40 25.09.2003.

Geldarten	Geldmengen		
Waren- oder Naturalgeld			
Münzgeld und Notengeld (Bargeld) gesetzliche Zahlungsmittel	**M1**	**M2**	**M3**
Giralgeld täglich fällige Einlagen			
Termin- und Spareinlagen • Einlagen mit vereinbarter Laufzeit von bis zu zwei Jahren. • Einlagen mit vereinbarter Kündigungsfrist von bis zu drei Monaten.			
• Repogeschäfte (Darlehen) • Geldmarktfonds und Geldmarktpapiere • Schuldverschreibungen (Obligationen)			

Abbildung 2.2: Zusammenhang zwischen Geldarten und Geldmengen.

Die Geldmenge M3 umfasst einen weiten Geldmengenbegriff, der neben dem Bar- und Giralgeld auch die Termin- und Spareinlagen sowie Repogeschäfte, Geldmarktfonds, Geldmarktpapiere und Schuldverschreibungen enthält. Die letztgenannten Positionen gehören zu den Geldsubstituten (auch Quasigeld oder ‚near money' genannt). Zu den Geldsubstituten zählt man weiterhin Bausparverträge und Versicherungen, die allerdings nicht mehr zum Geldmengenkonzept M3 gerechnet werden.

Bargeld: Bargeld macht nur einen kleinen Prozentsatz des gesamten Geldmengenbestandes aus (ca. 8 % von M3). Die Banknoten decken hierbei im Gegensatz zu den Münzen mit rund 97 Prozent fast das ganze Volumen des Bargeldumlaufs ab.

Doch Bargeld ist immer noch das „Zahlungsmittel Nummer 1". Die Verwendung von Bargeld am POS (Point of Sale) hat sich bei 53 Prozent der getätigten Umsätze stabilisiert. 97 Prozent aller Befragten verfügen übrigens über mindestens eine Girocard. Annähernd 30 Prozent der Umsätze am POS werden mittlerweile damit bezahlt.[62]

---

[62] Quelle: Zahlungsverhalten in Deutschland 2014. Dritte Studie über die Verwendung von Bargeld und unbaren Zahlungsinstrumenten. (Deutsche Bundesbank 2015)

9 Die Geldschöpfung

9.1 Prozess der Geldschöpfung

Der Prozess der Geldschöpfung beschreibt quasi einen Akt der Geldvermehrung. Das Transaktionsvolumen des Geldes in einer Volkswirtschaft ist weitaus größer als das, was tatsächlich an Bargeld vorhanden ist und dies kommt dadurch zustande, dass mit Geld „gearbeitet" werden kann.

9.1.1 Definition der Geldschöpfung

Mit Geld zu „arbeiten" bedeutet, dass die Bank Geld, das sie von einer Person als Einlage bekommt, wieder anderen Marktteilnehmern als Kredit zur Verfügung stellt. Diese Vorgehensweise setzt voraus, dass es Marktteilnehmer gibt, die Geld haben, dieses aber momentan nicht brauchen und dass es andere Marktteilnehmer gibt, die im Moment selbst nichts zur Verfügung haben, aber Geld gut brauchen könnten. Die einen bringen also Geld auf die Bank – dies nennt sich Einlage. Die anderen leihen sich Geld von der Bank aus – dies nennt sich Kredit.

> **Passive Giralgeldschöpfung**:
> ➤ Bareinzahlung und Einlagenbildung durch Kunden bei der Bank.
>
> **Aktive Giralgeldschöpfung**:
> ➤ Kreditgewährung seitens der Banken an den Nichtbankensektor.

Dadurch, dass Geld zur Bank gebracht wird und dieses Geld wieder anderen zur Verfügung gestellt wird, kommt „zusätzliches" Geld in den Wirtschaftskreislauf. Es wird neues Geld geschaffen. Man spricht auch von Geld „schöpfen".

9.1.2 Modellbeispiel für die Geldschöpfung

Wir starten unseren Geldschöpfungsprozess mit einer Bargeldmenge in Höhe von 1.000 Euro. Dieses „normale" Geld brauchen wir, um weiteres Geld schaffen und „schöpfen" zu können. Für den Geldschöpfungsprozess braucht es darüber hinaus Banken, die Geld annehmen und dieses weitergeben, also Einlagen und Kredite gewähren. Doch zuerst beginnen wir mit einer Welt, die noch keine Banken kennt.

1. Fall: Welt ohne Banken

In der Welt ohne Banken beträgt die Bargeldmenge beziehungsweise das Geldangebot 1.000 Euro.

> Bargeldmenge = 1.000 € ≡ Geldangebot = 1.000 €

2. Fall: Bank für Einlagen, aber ohne Kredite

Bank Alpha wird eingeführt. Diese Bank nimmt Einlagen an, gewährt aber keine Kredite. Ein Kunde legt 1.000 Euro bei Bank Alpha an.

Bank Alpha

A (Aktiva: Forderungen)		P (Passiva: Verbindlichkeiten)	
Reserve	1.000 Euro	Einlagen	1.000 Euro
(Tresor)		(Verbindlichkeit gegenüber Kunden)	

Alles Geld verbleibt bei der Bank (Geldreserven = 100 %). Es findet keine Geldschöpfung statt. Das Geldangebot beträgt weiterhin 1.000 Euro.

3. Fall: Geld „arbeiten" lassen (Kreditgewährung)

Bank Alpha kann Geld als Kredit weitergeben, muss jedoch eine Mindestreserve einbehalten. Diese Reserve beträgt in unserem Beispiel 10 Prozent. 90 Prozent der Einlagengelder können somit als Kredit verwendet werden (Überschussreserve!).

Bank Alpha

A		P	
Reserve	100 €	Einlagen	1.000 €
Kredite (Forderung)	900 €	(Verbindlichkeit)	

Die Bank hat nun 900 Euro Bargeld als Kredit an einen zweiten Kunden vergeben. Der erste Kunde kann jedoch weiterhin ein Guthaben von 1.000 Euro beanspruchen. Da der erste Kunde somit potentiell immer noch einen Anspruch auf 1.000 Euro geltend machen kann und der zweite Kunde faktisch 900 Euro zur Verfügung hat, kann man argumentieren, dass das Geldangebot auf 1.900 Euro gestiegen ist beziehungsweise 900 Euro zusätzliches Geld geschöpft wurde.

	Sichtguthaben	1.000 Euro
+	Bargeld	900 Euro
=	Geldangebot	1.900 Euro

4. Fall: Einbeziehung weiterer Banken

Der zweite Kunde, der von Bank Alpha den Kredit über 900 Euro erhalten hat, kauft beim dritten Kunden zu eben diesem Betrag Waren ein. Der dritte Kunde bringt seinerseits diese 900 Euro zur Bank Beta.

Bank Beta

A		P	
Reserve	90 €	Einlagen	900 €
Kredite	810 €		

Bank Beta behält von diesen 900 Euro die zehnprozentige Reserve in Höhe von 90 Euro zurück und vergibt ihrerseits die restlichen 810 Euro als Kredit an einen vierten Kunden. Dieser vierte Kunde gibt die 810 Euro beim nächsten Kunden aus, der wiederum das Geld zur Bank Gamma bringt. Auch diese Bank hält 10 % zurück und gibt die restlichen 729 Euro an den fünften Kunden.

Bank Gamma

A		P	
Reserve	81 €	Einlagen	810 €
Kredite	729 €		

Stoppen wir den Geldschöpfungsprozess an dieser Stelle, um die Geldschöpfung und das Geldangebot zu bestimmen:

	Einlage		=	1.000 €	
+	Kredit Alpha	(0,9 · 1000)	=	900 €	⎫
+	Kredit Beta	(0.9 · 900)	=	810 €	⎬ Geldschöpfung = 2.439 €
+	Kredit Gamma	(0,9 · 810)	=	729 €	⎭
=	Geldangebot		=	3.439 €	

Das Geldangebot beträgt 3.439 Euro und die Geldschöpfung abzüglich der ursprünglichen Einlage 2.439 Euro.

5. Fall: Unendlich viele Banken

Wir treffen nun die Annahme, dass der Prozess des Geldschöpfens bis ins Unendliche fortgesetzt wird, das heißt unendlich viele Kredite vergeben werden. In der Praxis ist das natürlich nicht möglich, glücklicherweise jedoch in der Theorie, da sich modelltheoretisch ein sehr interessantes Ergebnis ergibt:

	Einlage		=	1.000,00 €	
+	Kredit Alpha	(0,9 · 1000)	=	900,00 €	⎫
+	Kredit Beta	(0.9 · 900)	=	810,00 €	⎪
+	Kredit Gamma	(0,9 · 810)	=	729,00 €	⎬ Geldschöpfung = 9.000 €
+	Kredit Delta	(0,9 · 729)	=	656,10 €	⎪
+	Kredit Epsilon	(0,9 · 656,1)	=	590,49 €	⎪
	usw.				⎭
=	Geldangebot			10.000,00 €	

Würde man sich der unendlichen Mühe unterziehen, auf jeder Stufe den Geldschöpfungsbetrag auszurechnen und zusammenzuzählen, käme man auf eine Geldschöpfung von 9.000 Euro und zusammen mit der ursprünglichen Einlage von 1.000 Euro auf eine Geldmenge in Höhe von 10.000 Euro.

Die Geldmenge lässt sich folgendermaßen herleiten:

$1.000 + 0,9 \cdot 1.000 + 0,9 \cdot 0,9 \cdot 1.000 + 0,9 \cdot 0,9 \cdot 0,9 \cdot 1.000 + \ldots = 10.000$

$1.000 \cdot \underbrace{(1 + 0,9 + 0,9^2 + 0,9^3 + \ldots)}_{} = 10.000$

1.000	10	= 10.000
↑	↑	↑
Geldbasis	Multiplikator	Geldmenge

9.1.3 Zusammenhang von Geldmenge und Geldbasis

Wenn man den Ausgangswert von 1.000 Euro, also den ursprünglichen Bargeld-bestand, als Geldbasis (B) bezeichnet und den Endbestand von 10.000 Euro als Geldmenge (M), so erhält man unter Einbeziehung des Multiplikators (m) folgen-den Zusammenhang:

$\mathbf{M = B \cdot m}$	M = Geldmenge B = Geldbasis m = Multiplikator

Den Multiplikator erhält man, indem man den Kehrwert des Reservesatzes (r) bildet.

Geldmultiplikator: | $\mathbf{m = 1/r}$ | | r = Reservesatz |

In unserem Beispiel hätte der Multiplikator beim Reservesatz von 10 % bzw. als Dezimalzahl von 0,1 den Wert 10 (m = 1 / 0,1 = 10).

9.1.4 Formel für die Berechnung der Geldschöpfung

Will man die Geldschöpfung und die Geldmenge nicht idealtypisch für einen unendlichen Geldschöpfungsprozess berechnen, sondern für eine begrenzte Zahl von Geldschöpfungen, bietet sich die mathematische Summenformel für eine geometrische Reihe an. Die Formel lautet:

mathematische Summenformel für eine geometrische Reihe	
$s_n = a \cdot \dfrac{1 - q^n}{1 - q}$	s_n = Endsumme (hier: Geldschöpfung) a = erstes Reihenglied (hier: erste Überschuss-reserve bzw. erster Kredit) q = Multiplikator der geometrischen Reihe (hier: Überschussreservesatz) 1 - q = hier Reservesatz n = Anzahl Summanden (hier: Kredite)

Kommen wir auf unser voriges Beispiel zurück. Der Betrag der Geldschöpfung in Höhe von 2.439 Euro lässt sich anhand dieser mathematischen Summenformel wie folgt berechnen:

$2.439 = 900 \cdot \dfrac{1 - 0{,}9^3}{0{,}1}$	s_n = 2.439 (Geldschöpfung) a = 900 (erste Überschussreserve) q = 0,9 (Überschussreservesatz) $1 - q$ = 0,1 (Reservesatz) n = 3 (Anzahl Kredite)

Wenn man mit den Werten aus dem Beispielfall die Summenformel auf den theoretisch unendlichen Geldschöpfungsprozess anwendet, müsste sich das Ergebnis ebenso bestätigen lassen. Wir setzen die entsprechenden Werte in die Formel ein:

$9.000 = 900 \cdot \dfrac{1 - 0{,}9^{\infty}}{0{,}1} = 900 \cdot \dfrac{1}{0{,}1} = 900 \cdot 10$	Wenn $n = \infty$, ergibt $q^n = 0$ und der Quotient vereinfacht sich zum Kehrwert des Reservesatzes.

Zu beachten ist, dass mit dieser Formel die Geldschöpfung (9.000 Euro) berechnet wird. Um die Geldmenge (10.000 Euro) zu erhalten, muss der Geldschöpfung die Geldbasis (1.000 Euro) hinzugefügt werden!

9.1.5   Bedeutung der Mindestreserve

Für die Geldschöpfung spielt der Reserve- bzw. Mindestreservesatz die entscheidende Rolle. Je höher der Mindestreservesatz, das heißt, je mehr Geld die Bank zurückhalten muss, desto niedriger ist die Multiplikatorwirkung und die Geldschöpfung und je niedriger der Reservesatz, desto höher ist die Wirkung auf Multiplikator und Geldschöpfung.

> **Geldschöpfung in Abhängigkeit vom Mindestreservesatz:**
> ➢   Je höher der Mindestreservesatz, desto geringer ist die Geldschöpfung.

Insofern bewegt sich die Geldschöpfung in Abhängigkeit vom Mindestreservesatz zwischen den zwei Extrempolen einer Null-Schöpfung und einer unendlichen Schöpfung:

1.)   Mindestreservesatz von 100 %   =>   keine Geldschöpfung!

Wenn die Bank den vollen Geldbetrag, den sie als Einlage bekommt, als Reserve zurückhalten muss, kann es keine Geldschöpfung geben:

$r = 1 \Rightarrow m = 1 \Rightarrow M = B \cdot 1 = B$.   =>   Die Geldmenge entspricht der Geldbasis!

2.) Mindestreservesatz von 0 %   =>   unendliche Geldschöpfung!

Wenn die Bank alle Einlagen als Kredite weitergeben kann, das heißt, keine Reserven bilden muss, wäre die Multiplikatorwirkung unendlich groß:

$r = 0 => m = \infty => M = B \cdot \infty = \infty$ => Die Geldmenge wäre ebenfalls unendlich!

9.2   Geldschöpfung und Praxisrelevanz

9.2.1   Bestimmungsfaktoren der Geldschöpfung

Das aufgezeigte Geldschöpfungsmodell geht von Annahmen aus, die idealtypisch sind und in der Praxis selten gelten. Das betrifft die Reservehaltung der Banken, die Kreditvergabe und -inanspruchnahme und die Bargeldhaltung.

1.) Reservehaltung der Banken: In der Praxis verhält es sich meist so, dass die Banken mehr Geld zurückhalten, als die vorgeschriebene Mindestreserve (in der Europäischen Währungsunion beträgt der Mindestreservesatz zurzeit 1 Prozent). Diese Reserve, die zusätzlich zur Mindestreserve gehalten wird, wird als Liquiditätsreserve (liquide: flüssig) bezeichnet. Der Betrag, der nach Abzug von Mindest- und Liquiditätsreserve übrig bleibt, wird als Überschussreserve definiert.

2.) Kreditvergabe und -inanspruchnahme: Was die Kreditvergabe anbelangt, wird modelltheoretisch jeder überschüssige Euro, der der Bank nach Abzug der Reserven übrig bleibt (Überschussvolumen) als Kredit weitergegeben. In der Praxis muss man davon ausgehen, dass das Kreditvolumen niedriger ist als das Überschussvolumen. Nicht jeder Euro, den die Bank nach Zurücklegung in die Mindest- und in die Liquiditätsreserve zur Verfügung hat, verlässt die Bank als Kredit.

3.) Bargeldhaltung der Nichtbanken: Der dritte Punkt betrifft das Ausgabeverhalten der Kreditnehmer und Konsumenten. In der Theorie wird jeder Betrag, den ein Unternehmer beispielsweise durch den Verkauf eines Produktes zur Verfügung hat, gleich und in voller Höhe auf das Girokonto bei der Bank eingezahlt. In der Praxis wird jedoch ein Teil des Geldes als Bargeld gehalten. Nicht jeder Betrag wird also zu 100 Prozent als Sichteinlage bei der Bank angelegt.

Geldschöpfung und Praxis-Annahmen:

- **Liquiditätsreserve:** Banken halten höhere Reserve als die Mindestreserve. Diese zusätzliche Reserve dient als Liquiditätsreserve.

- **Kreditvolumen:** Nicht jeder Euro wird auch wieder als Kredit ausgegeben. Das Kreditvolumen ist geringer als die Überschussreserve.

- **Bargeldhaltung:** Nicht jeder Betrag wird zu 100 Prozent als Sichteinlage angelegt. Ein Teil des Geldes wird auch bar gehalten.

9.2.2   Das Geldbasiskonzept

Im Rahmen des Geldbasiskonzeptes erfolgt eine Modifizierung des bisherigen Geldschöpfungskonzeptes, indem die Bargeldhaltungsquote sowie das Zentralbankgeld in das Modell integriert wird.

1.) **Bargeldhaltungsquote**: Um dem Umstand Rechnung zu tragen, dass nicht alles Geld auf dem Girokonto deponiert ist, sondern ein bestimmter Teil als Bargeld gehalten wird, führt man die Bargeldhaltungsquote (c) ein. Die Bargeldhaltungsquote definiert sich als fester Anteil, der als Bargeld im Verhältnis zum Giralgeld gehalten wird.

2.) **Zentralbankgeld:** Wir unterscheiden zusätzlich zu den Sichtguthaben der Unternehmen und Konsumenten (Nichtbanken) auch die Guthaben der Banken, die diese als Bankreserven bei ihrer Zentralbank halten (nennt sich „Zentralbankgeld der Banken").

Folgende Größen und Zusammenhänge lassen sich definieren:

(1)   Die Geldmenge ergibt sich als Produkt von Geldbasis und Multiplikator.

(2)   Die Geldmenge ergibt sich als Summe aus Bargeld der Nichtbanken und Sichtguthaben der Nichtbanken.

(3)   Die Geldbasis ergibt sich als Summe aus Bargeld der Nichtbanken und Zentralbankgeld der Banken.

(4)   Das Zentralbankgeld ergibt sich als Produkt aus Mindestreservesatz mal Sichtguthaben der Nichtbanken.

(5)   Die Bargeldhaltungsquote ergibt sich als Dividend von Bargeld der Nichtbanken und deren Sichtguthaben.

(1) $M = B \cdot m$	M = Geldmenge
(2) $M = B_c^N + D$	B = Geldbasis
(3) $B = B_c^N + B_z^B$	m = Geldmultiplikator
	B_c^N = Bargeld („Cash") der Nichtbanken
(4) $B_z^B = r \cdot D$	B_z^B = Zentralbankgeld der Banken
	D = Sichtguthaben der Nichtbanken
(5) $c = B_c^N/D$	r = Mindestreservesatz
	c = Bargeldhaltungsquote

Herleitung des Multiplikators:

$$\text{aus (1), (2) und (3): } m = \frac{M}{B} = \frac{B_c^N + D}{B_c^N + Bz^B} \qquad \text{und aus (5): } B_c^N = cD$$

$$\text{und aus (4): } B_z^B = rD$$

$$=> \quad m = \frac{cD + D}{cD + rD} = \frac{D\,(1 + c)}{D\,(c + r)} = \frac{1 + c}{c + r}$$

Der neue Geldmultiplikator ist in Erweiterung des Modells nicht mehr allein vom Mindestreservesatz abhängig, sondern auch von der Bargeldhaltungsquote.

$m = \dfrac{1 + c}{c + r}$	m = Geldmultiplikator c = Bargeldhaltungsquote r = Mindestreservesatz

Anwendungsbeispiel:

Im ursprünglichen Beispiel hatte der Geldmultiplikator bei einem Mindestreservesatz von 10 Prozent den Wert 10 ($m = 1 / 0{,}1 = 10$). Angenommen die Bargeldhaltung macht ein Fünftel im Vergleich zum Giralgeldhaltung aus ($c = 0{,}2$), dann ergibt sich ein Geldmultiplikator von $m = (1 + 0{,}2) / (0{,}2 + 0{,}1) = 4$.

Wie erwartet, erfährt die Geldschöpfung eine Dämpfung. Wenn das Geld „untätig" im Geldbeutel gehalten wird, ist die Geldschöpfung geringer. Wenn jedoch alles Geld zur Bank gebracht wird und dort als Kredit weitergegeben und in die Wirtschaft investiert wird, ist die Geldschöpfung größer.

$$\left.\begin{array}{l} c = 0{,}2 \\ r = 0{,}1 \end{array}\right\} \quad m = \frac{1 + 0{,}2}{0{,}2 + 0{,}1} = \frac{1{,}2}{0{,}3} = 4$$

Wenn die Bargeldhaltung auf null zurückgeht, erhalten wir den ursprünglichen Multiplikator $m = 1/r$.

Einbeziehung der Bargeldabzugsquote:

Eine weitere Modifikation des Geldschöpfungsmodells besteht darin, statt der Bargeldhaltungsquote die **Bargeldabzugsquote (k)** in das Modell zu integrieren. Die Bargeldabzugsquote beschreibt im Unterschied zur Bargeldhaltungsquote nicht das Verhältnis von Bargeld zu Sichtguthaben, sondern von Bargeld zur gesamten Geldmenge.

Bargeldabzugsquote: $k = B_c^N / M$

Ersetzt man M und D in der Gleichung $M = B_c^N + D$ durch B_c^N/k und B_c^N/c, erhält man durch Umformung schließlich den Ausdruck: $c = k/(1-k)$. Diesen Ausdruck wiederum in den Multiplikator $m = (1 + c) / (c + r)$ eingesetzt, ergibt durch Umformung den Multiplikator $m = 1 / [\, k + r\, (1 - k)]$.

Auch hier gilt, dass mit zunehmender Bargeldabzugsquote der Multiplikatoreffekt gedämpft wird.

Resümee:

Die Einbeziehung von Faktoren wie Bargeldhaltungsquote und weitere Differenzierungen der Gleichungen bedeutet nicht, dass dieser ältere und „mechanistische" Ansatz nun sehr ausgereift wäre. Das Modell unterstellt weiterhin einfache Annahmen und geht außerdem von einem exogenen Geldmengenangebot aus. Unter der Annahme, dass die bestimmenden Faktoren des Multiplikators – nämlich Mindestreservesatz und Bargeldhaltungsquote – gegeben sind, kann die Geldmenge in der Theorie des Geldmarktes in der Tat als gegeben und als konstante Größe betrachtet werden.

In der Praxis hat es sich jedoch gezeigt, dass die Zentralbank die Geldmenge nicht über die Geldbasis als Mengengröße (endogene Größe), sondern über den Preis, das heißt über den Zins (Tagesgeldzinssatz), steuert.

Wie diese Geldpolitik in der Praxis funktioniert, wird Thema des nächsten Kapitels sein.

10 Geldpolitik der Europäischen Zentralbank

10.1 Ziele und Strategien der Europäischen Zentralbank

10.1.1 Das Ziel der Preisstabilität

Mit der Inflation kann man keine Kompromisse schließen – wenn man ihr den Finger reicht, ergreift sie rasch die ganze Hand, und wenn man mit ihr flirtet, wird man schließlich von ihr geheiratet (der frühere Bundesbankpräsident Otmar Emminger).

Wofür ist eine Zentralbank beziehungsweise Notenbank da, wofür ist sie gut, was ist ihr Zweck – sei es die EZB (Europäische Zentralbank) unter der Leitung von Mario Draghi oder die Fed (Federal Reserve System) der USA unter der Leitung von Janet Yellen? Eine wichtige Rolle müssen die Zentralbanken wohl einnehmen, denn sie gelten als „heilige" Institutionen vergleichbar den Verfassungsgerichten und genießen in ihrer Unabhängigkeit und in ihrem Einsatz für das Funktionieren des Staatswesens und der Wirtschaft eine hohe Reputation.

Worin besteht nun dieser Einsatz und was ist dieses hohe Gut, das sich die Zentralbanken auf ihre Fahnen geschrieben haben? Die Antwort ist knapp und einfach. Vorrangiges Ziel der Zentralbank ist die Geldwert- bzw. Preisstabilität.

Vorrangiges Ziel der Europäischen Zentralbank:
➢ Preisstabilität in den EU-Mitgliedsländern.

Preisstabilität versus Wachstumsziel:

Dass die Preisstabilität an erster Stelle der Zielsetzungen von Zentralbanken steht und andere Ziele nur eine untergeordnete Bedeutung haben, ist nicht selbstverständlich. Schaut man sich die Europäische Zentralbank an, trifft das Primat der Preisstabilität unbedingt zu, schaut man sich aber die amerikanische Notenbank an, steht der Einsatz für die allgemeine wirtschaftliche Entwicklung, also für Wirtschaftswachstum, an erster Stelle. Die EZB verneint nun zwar nicht, dass sie dieses Ziel nicht auch für wichtig hält; doch wenn solche Ziele wie Wirtschaftswachstum überhaupt verfolgt werden, dann nur, wenn sie dem Ziel der Preisstabilität nicht entgegenstehen.

Diese Position ist nicht unumstritten. Es sind nicht so sehr Wissenschaftler, sondern Politiker, die eine Zielumkehr der Europäischen Zentralbank in dem Sinne fordern, dass sie den Einsatz für Konjunktur und Wirtschaftswachstum vorrangig vor der Preisstabilität sehen. Konkret würde das eine eher lockere Zinspolitik bedeuten, während der vorrangige Einsatz für die Preisstabilität eine eher strengere Zinspolitik mit im Zweifel höheren Zinsen bedeutet.

Dass die Europäische Zentralbank im Gegensatz zur amerikanischen Notenbank eine sehr vorsichtige Zinspolitik und strikte Preisstabilitätsorientierung verfolgt, wie das früher übrigens auch die Deutsche Bundesbank praktiziert hatte, hat auch historische Gründe. Die Europäer und insbesondere die Deutschen haben im letzten Jahrhundert sehr schmerzlich erfahren, wie durch einen Preisverfall in den Hyperinflationszeiten von 1923 ihr Geld total wertlos wurde und damit ihre Vermögen vernichtet wurden. Länder sind hier also unterschiedlich sensibilisiert. Die Amerikaner verspüren diese Ängste nicht in dem Maße wie es die Deutschen und die Europäer tun, was folgerichtig in der eben erwähnten unterschiedlichen Einschätzung der Zielsetzungen der Zentralbanken zum Ausdruck kommt.

Exkurs: Preisstabilität und Preisniveaustabilität

Wenn es um die Zielsetzung der Geldpolitik geht, wird sowohl der Begriff der Preisstabilität als auch der Begriff der Preisniveaustabilität verwendet. Während beispielsweise im Stabilitätsgesetz von der Stabilität des Preisniveaus die Rede ist, benutzt die Zentralbank den Begriff der Preisstabilität. Worin besteht der Unterschied zwischen Preisstabilität und Preisniveaustabilität? Antwort: Es besteht kein Unterschied. Es könnte höchstens Missverständnisse geben. Warum?

Preise: In einer Marktwirtschaft gehören freie Preise und sich ändernde Preise zum freien Spiel von Angebot und Nachfrage und sind somit konstitutives (eingebautes) Merkmal des Preis- und Marktmechanismus. Die einzelnen Preise müssen sich ändern können.

Preisniveau: Stabilität des Preisniveaus dagegen bedeutet, dass die Preise insgesamt – man könnte sagen im Durchschnitt – einigermaßen stabil sind. Deshalb spricht man vom Preis*niveau*. Wenn man in den Monatsberichten der EZB den Begriff der Preisstabilität vorfindet, ist die Stabilität des Preisniveaus und des Preisgefüges einer Volkswirtschaft gemeint. Insofern werden die beiden Begriffe Preisstabilität und Preisniveaustabilität synonym verwendet.

10.1.2   Der Verbraucherpreisindex als Indikator für Preisstabilität

Die Zielsetzung der Preis- und Geldwertstabilität ist nicht nur eine vage Formulierung, sondern lässt sich messen, operationalisieren und kontrollieren. Als Indikator für die Preisstabilität gilt die Inflationsrate (Preissteigerungsrate).

10.1.2.1 Inflationsrate der Verbrauchsgüter

Die Inflationsrate selbst kann ebenfalls noch einmal genauer differenziert werden. Denn in einer Volkswirtschaft können unterschiedliche Preisgruppen definiert werden. So gibt es beispielsweise die Preise von Investitionsgütern, die für die Unternehmen, aber nicht für die Verbraucher und Konsumenten interessant sind. Und es gibt die Preise der Güter, die uns als Verbraucher betreffen, also beispielsweise die Preise für Butter, DVD-Player oder die Mietwohnung. Das sind die Verbraucherpreise.

Verbraucherpreise: Wenn sich die EZB um die Stabilität der Preise im Euroland bemüht, sind die Verbraucherpreise gemeint. Statistisch korrekt wird der so genannte „Harmonisierte Verbraucherpreisindex" (HVPI) als Indikator für die Preisentwicklung und -stabilität verwendet. Im letzten Schritt wird noch die Frage zu klären sein, wie stark dieser Verbraucherpreisindex steigen darf, um von einem stabilen Preisniveau reden zu können.

10.1.2.2 Referenzwert für die Definition von Preisstabilität

Mit Gründung der EZB und dem Startschuss für die eigentliche europäische Geldpolitik wurde ein entsprechender Referenzwert für den Anstieg des Verbraucherpreisindex festgelegt, der bei 2 Prozent liegt. Preisstabilität liegt also dann vor, wenn der Harmonisierte Verbraucherpreisindex für das Euro-Währungsgebiet nicht mehr als 2 Prozent gegenüber dem Vorjahr ansteigt.

Definition von Preisstabilität:

➢ Anstieg des Harmonisierten Verbraucherpreisindex (HVPI) für das Euro-Währungsgebiet von unter 2 Prozent gegenüber dem Vorjahr.

Diese Definition der Preisstabilität wurde übrigens einige Jahre später bestätigt und gilt auch heute noch. In der EZB-Sitzung am 8. Mai 2003 erfolgte eine gründliche Überprüfung der geldpolitischen Strategie der EZB mit dem Beschluss, die Preissteigerungsrate mittelfristig von „nahe 2 %" beizubehalten. Einige Änderungen gab es jedoch im Hinblick auf die Analyse der gesamtwirtschaftlichen und monetären Situation (siehe hierzu auf der nächsten Seite „Auszug aus dem Monatsbericht der Deutschen Bundesbank").

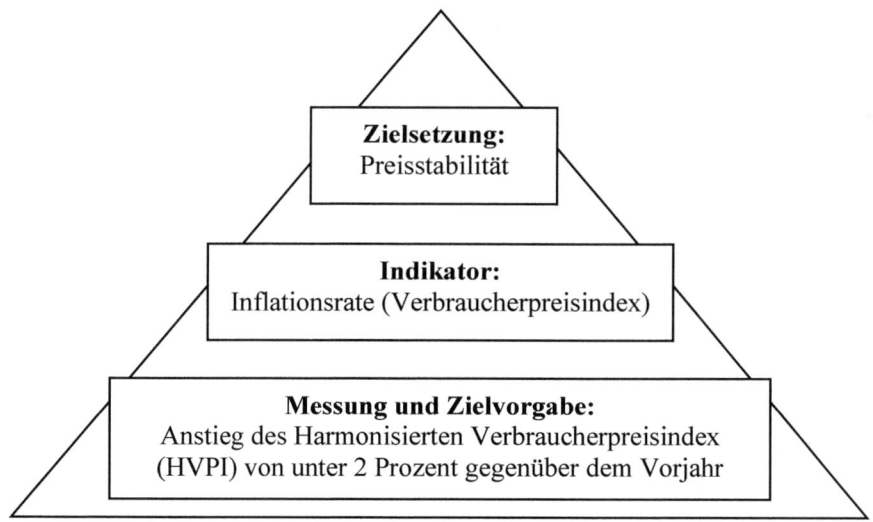

Abbildung 2.3: Zielsetzung, Indikator und Messung der Preisstabilität

Auszug aus dem Monatsbericht der Deutschen Bundesbank (Mai 2003)

Der EZB-Rat hat eine gründliche Überprüfung der geldpolitischen Strategie der EZB vorgenommen und in seiner Sitzung vom 8. Mai 2003 hierzu folgende Beschlüsse gefasst:

Preisstabilität wird weiterhin definiert als Anstieg des Harmonisierten Verbraucherpreisindex (HVPI) für das Euro-Währungsgebiet von unter 2 % gegenüber dem Vorjahr. Der EZB-Rat stellte nun klar, dass seine Politik darauf abzielen wird, mittelfristig eine Preissteigerungsrate von nahe 2 % beizubehalten. Hierdurch berücksichtigt er eine ausreichende Sicherheitsmarge zum Schutz gegen Deflationsrisiken, einen eventuell vorliegenden Messfehler beim HVPI und mögliche Auswirkungen von Inflationsunterschieden innerhalb des Euro-Währungsgebiets.

Um die Kommunikation zu erleichtern, werden die „Einleitenden Bemerkungen" des Präsidenten der EZB auf der Pressekonferenz nach der ersten Sitzung des EZB-Rates im Monat künftig neu strukturiert. Sie werden mit der Analyse gesamtwirtschaftlicher Indikatoren zur Ermittlung der kurz- bis mittelfristigen Risiken für die Preisstabilität beginnen. Hierauf wird die monetäre Analyse folgen, in der die mittel- bis langfristigen Inflationstrends bewertet werden. Wie bislang will der EZB-Rat hierbei eine Reihe monetärer Indikatoren berücksichtigen, insbesondere die Geldmenge M3, ihre Komponenten und Gegenposten, vor allem die Kredite, sowie verschiedene Messgrößen der Überschussliquidität.

Die monetäre Analyse dient dabei in erster Linie dazu, die sich auf Basis der kurz- bis mittelfristig ausgerichteten gesamtwirtschaftlichen Analyse abzeichnenden Risiken für die Preisstabilität aus mittel- bis langfristiger Perspektive zu überprüfen. Um die längerfristige Natur des Referenzwertes für das Wachstum der Geldmenge M3 zur Bewertung der monetären Entwicklung zu betonen, hat der EZB-Rat beschlossen, den Referenzwert nicht mehr regelmäßig in jährlichem Rhythmus zu überprüfen. Die ihm zu Grunde liegenden Bedingungen und Annahmen wird er gleichwohl auch weiterhin beurteilen und gegebenenfalls den Referenzwert anpassen.

10.1.3 Preisstabilität durch Geldmengensteuerung

Wie ist das Ziel der Preisstabilität zu erreichen? Hauptelement der Zielerreichung ist die Steuerung der Geldmenge, genauer gesagt der Geldmenge M3 (Bargeld + Sichtguthaben + Termineinlagen + Geldmarktfondsanteile und Repogeschäfte).

Hauptelement, um das Ziel der Preisstabilität zu erreichen:
➢ Steuerung der Geldmenge M3.

Steuerung der Geldmenge bedeutet, dass die Zentralbank die Wirtschaft über die Geschäftsbanken mit Geld versorgt. Und diese Versorgung mit Geld kann „großzügig" oder „knauserig" sein und erfolgt über eine entsprechende Zinspolitik. Je niedriger der Leitzins angesetzt wird und je großzügiger die Wirtschaft mit Geld versorgt wird, desto größer ist die Gefahr, dass das Geldvolumen das Gütervolumen übersteigt, was zu einer Verteuerung der Güter führt und steigende Inflation bedeutet. Die Steuerung der Geldmenge über den Leitzins ist also ein entscheidender Faktor für die Entwicklung des Preisniveaus und die Gewährung von Preisstabilität.

a) Referenzwert für das Geldmengenwachstum

In welchem Maß sich die Geldmenge entwickeln soll, lässt sich vergleichbar der Inflation ebenfalls operationalisieren und messen, indem ein Referenzwert für die Geldmenge festgelegt wird. Der Referenzwert für das Geldmengenwachstum wurde für das Startjahr 1999 auf 4,5 Prozent festgelegt und sollte in jährlichem Rhythmus überprüft und neu festgelegt werden. In der EZB-Sitzung im Mai 2003 wurde dann jedoch beschlossen, den längerfristigen Charakter des Geldmengenwachstums zu betonen und den Referenzwert nicht mehr jährlich sondern in größeren Abständen zu überprüfen. Bisher wurde jedoch keine Änderung vorgenommen, so dass der Referenzwert weiterhin bei 4,5 Prozent liegt.[63]

Der Referenzwert für das Geldmengenwachstum lässt sich übrigens nach einer Formel festlegen, die die Geldmenge in Beziehung zum Bruttoinlandsprodukt, zur Geldumlaufgeschwindigkeit und zur Inflationsrate setzt.[64]

Referenzwert für das Geldmengenwachstum:

Formel: $\Delta M\,[\%]\ =\ \Delta Y\,[\%]\ -\ \Delta U\,[\%]\ +\ \Delta P\,[\%]$

Jahr 1999:   4,5 %   = (2 bis 2,5 %) - (-0,5 bis -1%) + (<2%)

ΔM = Wachstum der Geldmenge M3
ΔY = Wachstum des realen Bruttoinlandprodukts
ΔU = Veränderung der Umlaufgeschwindigkeit des Geldes
ΔP = „normativer" Preisniveauanstieg (nicht tatsächliches, sondern akzeptiertes Niveau von bis zu 2 Prozent)

Der Referenzwert von 4,5 Prozent soll nicht wesentlich überschritten werden, weil ansonsten ein zu starker Anstieg der Inflation befürchtet wird. Schaut man sich rückblickend die Entwicklung der Geldmenge (M3) und im Vergleich dazu die Entwicklung der Inflationsrate (HVPI) an, wird man zweierlei feststellen. Erstens konnte der Referenzwert der Geldmenge bei weitem nicht eingehalten werden, aber zweitens hat sich das nicht in dem Maß auf die Inflation ausgewirkt, wie das vielleicht zu erwarten war – wenn auch insgesamt eine eindeutige Korrelation zwischen Geldmenge und Inflation festzustellen war (Abbildung 2.4).

---

[63] Für die USA hat Milton Friedman die Empfehlung ausgesprochen, die Zentralbank solle die Geldmenge um 3 bis 5 Prozent pro Jahr erhöhen, was der normalen Wachstumsrate der US-Wirtschaft entspricht und eine Ausgabenerhöhung ohne Inflationswirkung bedeuten würde.

[64] Vgl. Reiner Clement und Wiltrud Terlau: Die neue europäische Geldpolitik. In: WISU, 2/99, S. 180. Vgl. auch Clement, Terlau, Kiy: Grundlagen der Angewandten Makroökonomie, 2013, S. 399f.

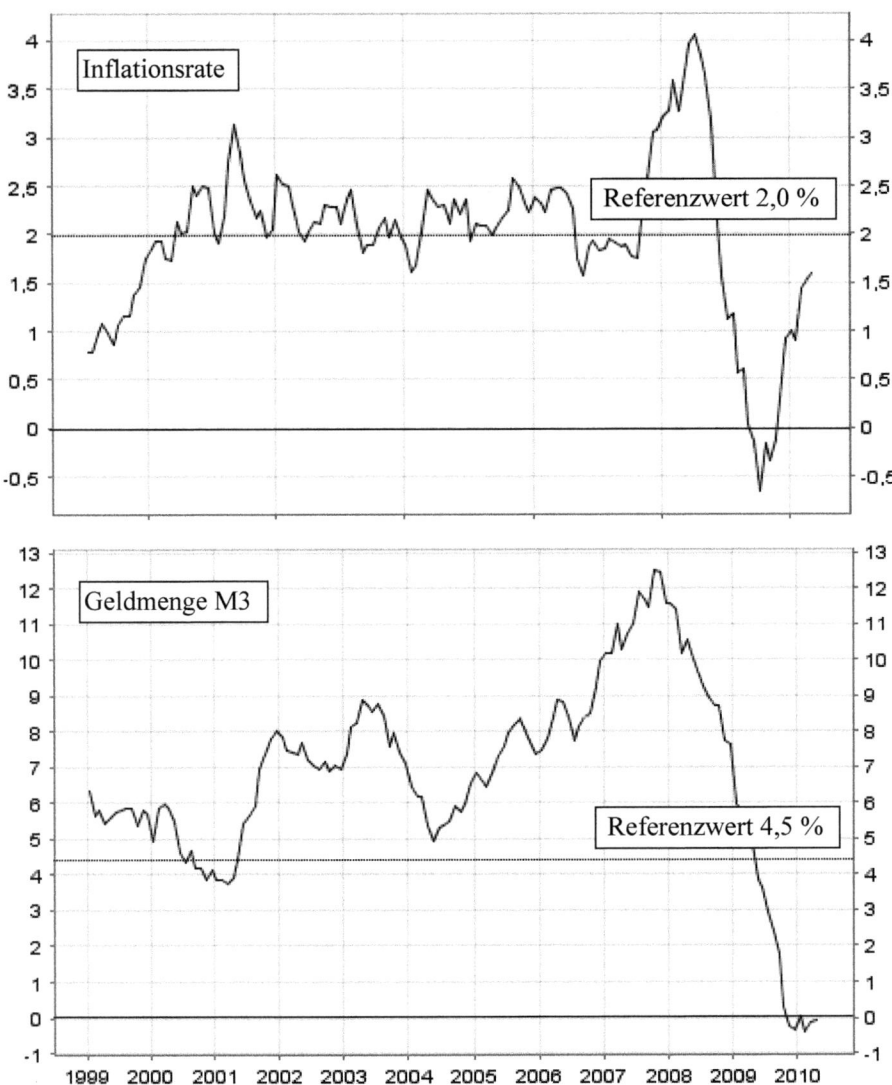

Abbildung 2.4: Inflationsrate und Geldmenge im Euroraum / Veränderung gegenüber dem Vorjahr in Prozent [Quelle: EZB]

Die Veränderung der Geldmenge M3 lag seit 1999 fast immer über dem Referenzwert von 4,5 Prozent und stieg sogar im Jahr 2008 auf über 12 Prozent. Der
Zielwert der Inflationsrate wurde den Anfangsjahren mit Ausnahme des Startjah-
res 1999 zwar immer wieder überschritten, doch hielt sich diese Überschreitung
mit bis zu rund 2,5 Prozent in Grenzen. Die Jahre 2008 und 2009 verzeichneten
sowohl bei der Geldmenge wie auch bei der Inflation heftige Ausschläge – nach
oben und nach unten – Ausdruck der Krisenjahre!

So lässt sich resümieren, dass die Entwicklung der Inflationsrate mit dem Geldmengenwachstum korrespondiert, sich das Geldmengenwachstum allerdings nicht
in dem Maße auf die Inflationsrate auswirkt, wie ursprünglich zu befürchten war.
Allerdings bedeutet das aber auch, dass die Steuerungswirkung der Geldmenge
auf die Inflationsrate eine gedämpfte ist.

b) Strategie der Europäischen Zentralbank

Um eine erfolgreiche Geldmengen- und Zinspolitik durchführen zu können, ist die
EZB auf relevante Daten und deren verlässliche Interpretation angewiesen. Die
Analyse und Bewertung der Wirtschaft und des Geldmarktes erfolgt anhand der
Zweisäulenstrategie.

An erster Stelle steht die Analyse gesamtwirtschaftlicher Indikatoren, wobei die
Faktoren im Mittelpunkt stehen, die einen Einfluss auf das Preisniveau haben.
Dazu gehören die Löhne, die Wechselkurse und das Wirtschaftswachstum. An
zweiter Stelle folgt die monetäre Analyse, wobei im Mittelpunkt wie bisher die
Entwicklung der Geldmenge M3 steht.[65]

Zwei-Säulen-Strategie:

- Analyse gesamtwirtschaftlicher Indikatoren wie Löhne, Wechselkurse
  und Wirtschaftswachstum.

- Analyse monetärer Indikatoren, insbesondere die Entwicklung der
  Geldmenge M3.

Um Geldpolitik betreiben zu können, bedarf es verschiedener Institutionen und
deren Beziehungen untereinander sowie geldmarktspezifischer Regularien.

10.2   Wirkungsweise geldpolitischer Strategien

10.2.1   Zentralbank, Geschäftsbanken und Nichtbankensektor

In der Geldpolitik existieren drei relevante Ebenen der Entscheidung und Mitwir-
kung (Drei-Ebenen-Modell): Die Ebene der Europäischen Zentralbank, dann die
Ebene der Geschäftsbanken und schließlich die Ebene des Nichtbankensektors.
Der Nichtbankensektor seinerseits besteht aus den privaten Haushalten (Konsumenten), den Unternehmen und den staatlichen Institutionen.

---

[65] Ursprünglich stand die monetäre Analyse mit der Entwicklung der Geldmenge vor der
Analyse der allgemeinen Wirtschaftslage an erster Stelle. 2003 wurde diese Reihenfolge
umgekehrt.

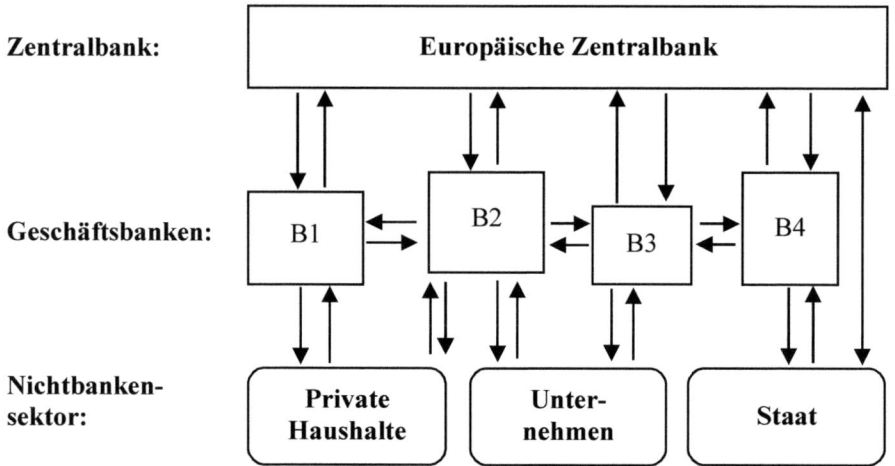

Abbildung 2.5: Drei-Ebenen-Modell der Geldpolitik

a) Die Geschäftsbanken

Ein wichtiger Aspekt der Geldpolitik besteht darin, dass die Zentralbank ihre Instrumente der Geldpolitik nicht direkt bei den „Kunden" des Nichtbankensektors ansetzt, also bei den Konsumenten, Unternehmen und öffentliche Institutionen, sondern dies mittels der Geschäftsbanken bewerkstelligt.

Die Geschäftsbanken sind die uns bekannten genossenschaftlichen Banken wie Volks- und Raiffeisenbanken, die öffentlich-rechtlichen Sparkassen und die privaten Banken mit den Großbanken Deutsche Bank, Commerzbank, Unicredit Bank und Postbank

Diese drei Säulen des deutschen Bankenwesens bilden das zentrale Bindeglied zwischen Zentralbank und dem Nichtbankensektor.

Die drei Säulen des deutschen Bankenwesens[66]			
	Genossenschaftliche Banken	**Öffentlich-rechtliche Banken**	**Private Banken**
	Volks- und Raiffeisen-banken und genossen-schaftliche Zentralbanken	Sparkassen und Lan-desbanken	Großbanken und Privatbanken
Anzahl	ca. 1.100 Volksbanken	ca. 450 Sparkassen	ca. 220 Privatbanken

---

[66] Quelle: Bundesbank, Stand 2013.

Die mit Abstand größte Bank in Deutschland ist die Deutsche Bank. Mit einer Bilanzsumme von 1.611 Mrd. Euro (Stand 2013) ist sie unangefochtener Spitzenreiter (Abb. 2.6).

	Bankinstitute	Bilanzsumme in Mrd. Euro
1	Deutsche Bank AG, Frankfurt/M.	1.611
2	Commerzbank AG, Frankfurt/M.	550
3	KfW Kreditanstalt für Wiederaufbau, Frankfurt/M.	465
4	DZ Bank AG, Frankfurt/M.	387
5	Unicredit Bank AG, München	290
6	Landesbank Baden-Württemberg, Stuttgart	274
7	Bayerische Landesbank, München	256
8	Norddeutsche Landesbank Girozentrale, Hannover	201
9	Landesbank Hessen-Thüringen Girozentrale, Frankfurt/M.	178
10	Postbank AG, Bonn	162

Abb. 2.6: Die größten deutschen Bankinstitute (Stand 2013) [Quelle: Bundesverband deutscher Banken, Berlin 2014]

b) Der Interbankenhandel

Die Geschäftsbanken agieren nicht nur „senkrecht" als Bindeglied zwischen Zentralbank und Nichtbankensektor, sondern sie tätigen auch „horizontal" untereinander Geldgeschäfte. Diese „Geldgeschäfte" der Geschäftsbanken mit dem Geld, das ihnen die Zentralbank zur Verfügung stellt und deshalb auch als Zentralbankgeld bezeichnet wird, charakterisieren den eigentlichen Geldmarkt, also den Handel mit Zentralbankgeld zwischen Geschäftsbanken – auch als Interbankenmarkt bezeichnet.

Interbankenhandel:
➢ Handel mit Zentralbankgeld zwischen den Geschäftsbanken (Geldmarkt).

Liquiditätsausgleich Basis des Geldhandels zwischen den Geschäftsbanken sind kurzfristige Kredite (Tagesgelder) bis hin zu längerfristigen Geldmarktpapieren mit einer Laufzeit bis zu zwei Jahren. Wenn also eine Bank quasi zu viel Geld und die andere zu wenig zur Verfügung hat, ist es sinnvoll, sich gegenseitig zu helfen, was dann in der Fachsprache unter dem Begriff des Liquiditätsausgleichs bekannt ist.

c) Der Einlagen- und Kreditmarkt

Der Handel zwischen Geschäftsbanken und Nichtbankensektor wird je nach Perspektive als Einlagenmarkt oder Kreditmarkt bezeichnet. Unter Einlagenmarkt versteht man das Geldangebot der Bankkunden an die Geschäftsbanken als Nachfrager dieser Einlagen. Der Kreditmarkt beschreibt die Kreditaufnahme seitens der privaten Haushalte, der Unternehmen und des öffentlichen Sektors.

Handel zwischen Geschäftsbanken und Nichtbankensektor:

- **Einlagenmarkt**: Geldangebot seitens der Nichtbanken (z. B. Spareinlagen) an die Geschäftsbanken.

- **Kreditmarkt**: Kreditnachfrage seitens der privaten Haushalte, der Unternehmen und des öffentlichen Sektors bei den Geschäftsbanken.

Finanzierung: Hauptsächlicher Zweck einer Bank besteht darin, Personen oder Firmen, die zu wenig liquide sind, Geld zu verleihen, mit der Verpflichtung, dass dieses Geld später zurückgezahlt wird. Wenn jemand Geld ausleiht, also einen Kredit nimmt, steckt die Absicht dahinter, mit diesem Geld eine Existenz zu gründen oder sich einen Firmenwagen anzuschaffen (Investition) oder eine Möbelgruppe zu kaufen oder sich ein Privatauto anzuschaffen (Konsum). Die Kreditaufnahme erfolgt also zum Zwecke der Finanzierung von Investitionen oder Konsumausgaben.

Finanzierung:
- ➢ Kreditaufnahme seitens der Nichtbanken bei den Geschäftsbanken zum Zwecke der Finanzierung von Investitionen oder Konsumausgaben.

---

d) Die Refinanzierung der Geschäftsbanken

Refinanzierung: Neben dem Begriff der Finanzierung existiert in der Terminologie der Geldpolitik der Begriff der Refinanzierung. Refinanzierung meint im Prinzip dasselbe wie die Finanzierung, bezieht sich allerdings auf die Finanzierung der Geschäftsbanken bei der Zentralbank. Das heißt, auch Geschäftsbanken können bei der Zentralbank Geld ausleihen, also einen Kredit nehmen, um mit diesem Geld Geschäfte am Geldmarkt tätigen zu können. Diese Geschäfte können darin bestehen, dass die Geschäftsbank dieses Geld selbst als Einlage bei einer anderen Bank anlegt oder es als Kredit an andere Banken oder an Nichtbanken weitergibt.

Refinanzierung:
- ➢ Kreditaufnahme seitens der Geschäftsbanken bei der Zentralbank zum Zwecke der weiteren Kreditvergabe oder der Einlagenpolitik.

Der Unterschied zwischen Finanzierung und Refinanzierung ist vergleichbar einer Versicherung und der Rückversicherung. Der Versicherungsnehmer schließt eine Versicherung – zum Beispiel eine Lebensversicherung – bei einer Versicherung ab. Das Versicherungsunternehmen selbst kann sich seinerseits bei einer anderen Versicherung wieder mit ihrem Versicherungsrisiko versichern – und das nennt sich dann Rückversicherung.

10.2.2   Zinsmechanismus und Geldmengensteuerung

Nachdem die grundlegenden Begriffe und Rahmenbedingungen der Geldpolitik dargestellt wurden, soll die operative Ebene der Geldpolitik analysiert werden. Operative Ebene meint Instrumente und Maßnahmen der Geldpolitik. Die „Stellschrauben", an denen die Zentralbank drehen kann, um die gewünschte Preisstabilität zu erhalten, sind die Liquidität und die Zinsen.

Stellschrauben der Geldpolitik zum Zwecke der Preisstabilität und Geldversorgung der Wirtschaft:

- Liquidität: Menge des Geldes   (Geldmenge)
- Zinsen: Preis des Geldes   (Zinssatz)

Weitergabe von Zinsänderungen der Zentralbank durch die Geschäftsbanken an die Bankkunden:

Will die Zentralbank bewirken, dass wir Konsumenten unseren Konsum ankurbeln, zum Beispiel dadurch dass die Zinsen sehr niedrig sind und wir deshalb leichter – vielleicht auch leichtsinniger – einen Kredit aufnehmen, kann sie das nicht direkt machen, sondern nur mittels der Geschäftsbanken, die uns die Kredite vergeben. Die Zentralbank wird also – um bei diesem Beispiel der Kreditpolitik zu bleiben – ihre Kreditzinsen für die Geschäftsbanken senken, in der Erwartung, dass die Geschäftsbanken dann ihrerseits diese niedrigen Zinsen an uns Kreditnehmer weitergeben.

Bisher hat das auch immer reibungslos funktioniert. Hatte also die Zentralbank ihren Leitzins für die Geschäftsbanken reduziert, gaben die Geschäftsbanken die niedrigeren Zinsen an uns Bürger als Unternehmer und Konsumenten weiter – bis zu dem Tag, als Rolf Breuer, ehemaliger Vorstandssprecher der Deutschen Bank, öffentlichkeitswirksam nach einer Leitzinssenkung der Europäischen Zentralbank verkündete, dass man nicht vorhabe, diese niedrigeren Zinsen an uns weiterzugeben – ein Affront. Übrigens mit der Begründung, dass die Lage der Banken sehr angespannt sei und man keinen Spielraum habe, "großzügig" sein zu können. Diese Erklärung gab Breuer übrigens in seiner Eigenschaft als Präsident des Bundesverbandes deutscher Banken im Dezember 2002. Nach öffentlichem Aufschrei wurden die niedrigeren Zinsen dann doch weitergegeben.

11 Geldpolitische Instrumente

Oberste Zielsetzung der europäischen Geldpolitik ist der Einsatz für Geld- bzw. Preisstabilität. Dieses Ziel versucht die Zentralbank über eine entsprechende Steuerung des Geldes zu erreichen. Geld wiederum kann sie steuern, indem sie entweder die Menge des Geldes oder den Preis des Geldes verändert.

Die „Stellschrauben", an denen die EZB drehen kann, um die gewünschte Preisniveaustabilität zu erhalten, sind die Liquidität (Verfügbarkeit und Menge des Geldes) und die Zinsen (Preis bzw. Kosten des Geldes). Je nach „Stellschraube" und Einsatz dieser Mittel, werden drei wesentliche Instrumente der Geldpolitik unterschieden. Diese drei geldpolitischen Instrumente sind die Offenmarktpolitik, die Politik der ständigen Fazilitäten und die Mindestreservepolitik.[67]

Abbildung 2.7: Systematik der Geldpolitik der Europäischen Zentralbank

---

[67] Die klassischen geldpolitischen Instrumente der Deutschen Bundesbank in ihrer früheren Zuständigkeit für die Geldpolitik in Deutschland waren die Wertpapierpensionsgeschäfte, die Rediskont- und Lombardpolitik sowie die Mindestreservepolitik.

11.1   Offenmarktpolitik

11.1.1   Offenmarktpolitik als Instrument der Refinanzierung

Der Handel der Zentralbank mit den Geschäftsbanken findet auf dem Geldmarkt statt, also dem Markt zwischen Zentralbank und Geschäftsbanken einerseits und den Geschäftsbanken untereinander andererseits. Das Geld, mit dem hier Geldpolitik gemacht wird, nennt man Zentralbankgeld. Wichtigstes Instrument im Rahmen dieser Geldpolitik ist die Offenmarktpolitik.

Offenmarktpolitik:
➤ Refinanzierung der Geschäftsbanken über Kredite, die die Zentralbank den Geschäftsbanken gegen Besicherung gewährt.

Der Zweck der Offenmarktpolitik besteht darin, den Geschäftsbanken Refinanzierungsmöglichkeiten anzubieten. Refinanzierung bedeutet, dass Geschäftsbanken bei Bedarf Geld von der Zentralbank erhalten. Hierzu bietet die Zentralbank im Rahmen der Offenmarktgeschäfte auf Zeit den Geschäftsbanken zwei Möglichkeiten der Refinanzierung an, nämlich Pfandkredite und Pensionsgeschäfte.

Refinanzierung der Geschäftsbanken:
• Pensionsgeschäfte
• Pfandkredite

Was ist unter diesen Instrumenten des Pensionsgeschäfts und des Pfandkredits zu verstehen?

Stellen Sie sich vor, Sie hätten kein Geld, aber eine Perlenkette und sind nun am Überlegen, wie Sie diese Perlenkette zu Geld machen können. Ihnen stehen zwei Möglichkeiten zur Verfügung. Sie verkaufen entweder Ihre Perlenkette oder Sie gehen in ein Pfandhaus und lassen Ihre Perlenkette verpfänden. Der Verkauf der Perlenkette entspricht dem Pensionsgeschäft und die Verpfändung der Perlenkette dem Pfandkredit.

Wie macht man eine Perlenkette zu Geld?
• Verkauf der Perlenkette: Pensionsgeschäft
• Verpfändung der Perlenkette: Pfandkredit

Im ersten Fall ist die Perlenkette übrigens nicht mehr Ihr Eigentum. Sie müssten die Kette zurückkaufen, wenn Sie Ihr Schmuckstück wiederhaben wollten. Im zweiten Fall bleibt die Kette in Ihrem Eigentum. Gegen Rückzahlung des Pfandes erhalten sie auch Ihr Eigentum wieder zurück. Analog funktionieren die Pensionsgeschäfte und die Pfandkredite.

Pensionsgeschäfte	Pfandkredite
vgl. "Verkauf der Perlenkette"	vgl. "Verpfändung der Kette"
Kauf refinanzierungsfähiger Sicherheiten wie bspw. Wertpapiere durch die Zentralbank.	Kreditgeschäfte gegen Verpfändung (z.B. Schuldverschreibungen).
Eigentum am Vermögenswert wird an den Gläubiger, i.e. die Zentralbank, übertragen.	Eigentum am Vermögenswert verbleibt beim Schuldner, i.e. die Geschäftsbank.
ehemals Wertpapierpensionsgeschäfte	ehemals Lombardkreditgeschäfte

a) Pensionsgeschäfte

Wenn die Geschäftsbanken Geld benötigen, besteht auch für die Banken die Möglichkeit, bestimmte Gegenstände an die Zentralbank zu verkaufen. Diese Gegenstände sind natürlich nicht Vermögensgegenstände wie Perlenketten, sondern Vermögenswerte wie zum Beispiel Wertpapiere. Den Verkauf von Wertpapieren als refinanzierungsfähige Sicherheiten beziehungsweise den Kauf seitens der Zentralbank nennt man Pensionsgeschäfte. Die Zentralbank nimmt die Wertpapiere in Pension. Das Wertpapier als Verkaufsgegenstand geht als Eigentum an den Gläubiger, i. e. die Zentralbank, über. Allerdings bestehen das Recht und die Pflicht seitens der Geschäftsbanken, diesen Verkaufsgegenstand zu einem bestimmten Termin wieder zurückzukaufen.

b) Pfandkredite

Im Gegensatz zum Pensionsgeschäft gibt es beim Pfandkredit keine Eigentumsübergabe durch Kauf und Verkauf zwischen der Zentralbank und der Geschäftsbank. Die Zentralbank leiht den Geschäftsbanken einfach Geld aus, verlangt aber für den Kredit eine sogenannte Sicherheit – das Pfand. Ein Pfand kann beispielsweise eine Schuldverschreibung sein. Die Zentralbank gewährt also einen Kredit und erhält eine Schuldverschreibung als Sicherheit und Pfand. Insofern nennt sich diese Refinanzierungsmöglichkeit für die Geschäftsbanken Pfandkredit.

Initiative der Zentralbank: So existieren also zwei wesentliche Formen der Offenmarktpolitik – der Verkauf von Sicherheiten wie Wertpapieren von den Geschäftsbanken an die Zentralbank oder das Ausleihen von Geld gegen die Verpfändung von Sicherheiten. Ein wichtiger Hinweis ist hierbei noch zu geben. Ob Pensionsgeschäfte oder Pfandkredite getätigt werden, liegt nicht im Ermessen der Geschäftsbanken. Die Initiative geht immer von der Zentralbank aus! Wenn die Zentralbank die Absicht verfolgt, vermehrt Geld über die Geschäftsbanken in den Markt zu bringen, kann sie sich dieser offenmarktpolitischen Instrumente bedienen; ob und in welchem Maße die Geschäftsbanken darauf eingehen, ist deren Sache.

Kredit und Einlage: Bisher ist unterstellt worden, dass die Geschäftsbanken Geld haben möchten. Doch gilt auch der umgekehrte Fall. Geschäftsbanken haben Geld übrig und möchten dieses gerne selbst verleihen oder "verkaufen". Vom Prinzip her gilt das bisher Gesagte genauso, nur eben umgekehrt. So kann beispielsweise im Rahmen der Pensionsgeschäfte auch eine Geschäftsbank Wertpapiere ankaufen, um diese der Zentralbank nach einer bestimmten Zeit wieder zurück zu verkaufen. Das heißt, dass Pensionsgeschäfte und Pfandkredite sowohl zur Refinanzierung (Kredit) als auch zur Geldanlage (Einlage) für die Geschäftsbanken dienen können.

11.1.2   Tenderverfahren

Wenn die Zentralbank den Geschäftsbanken Geld zur Verfügung stellt, kann sie das Volumen des Geldes steuern, indem sie entweder direkt eine bestimmte Menge zur Verfügung stellt oder über den Zinssatz den Preis für das Geld festsetzt. Je höher der Zins, desto teurer ist das Geld und desto weniger wird Geld von den Geschäftsbanken nachgefragt und umgekehrt.

Steuert die Zentralbank die Geldmenge über das Volumen beziehungsweise die Menge, spricht man vom Mengentender. Steuert die Zentralbank die Geldmenge über den Zinssatz, spricht man vom Zinstender.

Tenderverfahren: Steuerung der Geldmenge über

... die Menge: → Mengentenderverfahren
... den Zins: → Zinstenderverfahren

Anhand von zwei Beispielen sollen die Unterschiede zwischen dem Mengen- und dem Zinstenderverfahren verdeutlicht werden.[68]

11.1.2.1 Das Mengentenderverfahren

Die Zentralbank stellt dem Geschäftsbankensektor ein potentielles Geldvolumen von 80 Milliarden Euro zur Verfügung. Das Verfahren der Zuteilung erfolgt nach dem Mengentenderverfahren. Mengentender bedeutet, dass der Zinssatz fest ist und die Menge variiert – man könnte sagen „die Menge tendiert".

Mengentender:
➢   Der Zinssatz ist fest und die Menge variabel.

---

[68] Die Beispiele sind dem Beitrag „Die optimale Ausgestaltung der EZB-Offenmarktpolitik" von Michael Frenkel, Christian Pierdzioch und Georg Stadtmann entnommen. In: WISU 1/03, S. 111 - 117.

Die interessierten Geschäftsbanken geben nun an, wie viel Geld sie zu dem von der Zentralbank vorgegebenen Zinssatz beanspruchen möchten.

Beispiel für das Mengentenderverfahren (Zuteilungsvolumen 80 Mrd. Euro)			
Geschäftsbanken	Gebote	Zuteilungsquote (80/100)	Zuteilung
Bank A	40 Mrd. Euro	0,8	32 Mrd. Euro
Bank B	30 Mrd. Euro	0,8	24 Mrd. Euro
Bank C	15 Mrd. Euro	0,8	12 Mrd. Euro
Bank D	10 Mrd. Euro	0,8	8 Mrd. Euro
Bank E	5 Mrd. Euro	0,8	4 Mrd. Euro
Gesamt	100 Mrd. Euro		80 Mrd. Euro

Die Summe des von den Geschäftsbanken erwünschten Geldbedarfs in Höhe von insgesamt 100 Mrd. Euro übersteigt den von der Zentralbank angebotenen Betrag in Höhe von 80 Mrd. Euro. Insofern erhält jede Geschäftsbank nur anteilig 80 Prozent (80/100) dessen, was sie gerne gehabt hätte.

Mengentenderverfahren und Überbietungsproblematik:

Die Problematik des Mengentenders kann darin liegen, dass die Geschäftsbanken im Wissen um eine eventuell niedrigere Zuteilung zukünftig ihren erwünschten Liquiditätsbedarf höher angeben als er tatsächlich ist.

Die Tatsache, dass Geschäftsbanken höhere Angebote abgeben als ihrem Bedarf entspricht, führt zu einem Überbietungswettbewerb. Und dieser Überbietungswettbewerb führt seinerseits dazu, dass die Banken genauso gut oder schlecht dastehen wie vorher. Denn die relative Zuteilungsquote bleibt die gleiche.

Beispiel für das Mengentenderverfahren mit Überbietungsproblematik (Zuteilung: 80 Mrd. Euro)			
Geschäftsbanken	Gebote	Erwartete Zuteilung: Quote: 0,80	Tatsächliche Zuteilung: Quote: 0,64
Bank A	50,00 Mrd. Euro	40 Mrd. Euro	32 Mrd. Euro
Bank B	37,50 Mrd. Euro	30 Mrd. Euro	24 Mrd. Euro
Bank C	18,75 Mrd. Euro	15 Mrd. Euro	12 Mrd. Euro
Bank D	12,50 Mrd. Euro	10 Mrd. Euro	8 Mrd. Euro
Bank E	6,25 Mrd. Euro	5 Mrd. Euro	4 Mrd. Euro
Gesamt	125,00 Mrd. Euro	100 Mrd. Euro	80 Mrd. Euro

11.1.2.2 Das Zinstenderverfahren

Beim Zinstenderverfahren müssen die Geschäftsbanken zusätzlich zur Höhe des Angebots auch einen Zinssatz nennen, zu dem sie bereit sind das Angebot in Anspruch zu nehmen. Die EZB gibt lediglich einen Mindestbietungszinssatz an.

Zinstender:
> ➤ Der Zinssatz und die Menge sind variabel.

---

a) Holländisches und amerikanisches Verfahren

Die Zuteilung der Volumen und der Zinssätze kann auf zwei unterschiedliche Weisen erfolgen, nach dem holländischen Verfahren und nach dem amerikanischen Verfahren.

Zinstenderverfahren:
- Holländisches Verfahren
- Amerikanisches Verfahren

---

a1)   Holländisches Verfahren

Beim holländischen Verfahren erfolgt die Zuteilung nach dem Zinssatz der Bank, die gerade noch zum Zug kommt. Ausgehend von der Bank mit dem höchsten Zinsangebot (auch die Zentralbank darf Einnahmenmaximierung betreiben) werden solange die nachfolgenden Angebote berücksichtigt, bis in unserem Beispielfall die angebotene Summe von 80 Mrd. Euro erreicht ist. So kommt also Bank C mit 20 Mrd. Euro zum Zuge, dann Bank A mit 40 Mrd. Euro. Bank B und E erhalten den Rest in Höhe von 20 Mrd. Euro und müssen sich mit jeweils der angefragten Hälfte zufrieden geben, was sich Repartierung nennt.

Holländisches Verfahren:
> ➤ Zuteilung des Geldes nach dem marginalen Zinssatz (Zinssatz der zuletzt zum Zuge gekommenen Bank).

Wichtig ist aber, dass diese beiden Banken auch den Zuteilungszinssatz bestimmen – im Fachjargon als marginaler Zuteilungssatz bezeichnet (marginal = Grenzzinssatz). Bank D geht leer aus.

a2)   Amerikanisches Verfahren

Die amerikanische Methode berücksichtigt die individuellen Zinssätze und teilt die Beträge – wieder ausgehend von der Bank mit dem höchsten Zinssatz – mit den jeweiligen Zinssätzen zu. Also Bank C mit 20 Mrd. zu 5 Prozent, dann Bank A mit 40 Mrd. zu 4 Prozent und schließlich müssen sich wieder B und E mit der jeweiligen Hälfte begnügen, was auch hier wieder Repartierung bedeutet.

Amerikanische Methode:

➢ Zuteilung des Geldes nach den individuellen Zinssätzen (Zinssatz der jeweiligen Bank).

Unterschiede: Die zugeteilten Beträge sind bei beiden Verfahren die gleichen; der Unterschied besteht in den unterschiedlichen Zinssätzen. Ein weiterer Unterschied besteht in der Überbietungsproblematik, dem die holländische Methode ausgesetzt ist. Man gibt einen möglichst hohen Zins an, um zum Zuge zu kommen und macht das in der Hoffnung, nur den niedrigeren Grenzzinssatz zahlen zu müssen. Denken und handeln allerdings alle Banken so, müssten die Geschäftsbanken ihre absichtlich zu hoch angesetzten Zinsangebote bei Zuteilung auch in Kauf nehmen.

Geschäfts-banken	Gebote	Rang	Holländische Methode	Amerikanische Methode
	**Beispiel für das Zinstenderverfahren nach holländischer und amerikanischer Methode (Zuteilung: 80 Mrd. Euro)**
Bank A	40 Mrd. € zu 4 %	2	40 Mrd. € zu 3 %	40 Mrd. € zu 4%
Bank B	30 Mrd. € zu 3 %	3	15 Mrd. € zu 3 %	15 Mrd. € zu 3%
Bank C	20 Mrd. € zu 5 %	1	20 Mrd. € zu 3 %	20 Mrd. € zu 5%
Bank D	10 Mrd. € zu 2 %	4	0 Mrd. €	0 Mrd. €
Bank E	10 Mrd. € zu 3 %	3	5 Mrd. € zu 3%	5 Mrd. € zu 3%
Gesamt	110 Mrd. Euro		80 Mrd. Euro (einheitlicher Zuteilungszinssatz 3 %)	80 Mrd. Euro (gewichteter Durchschnittszinssatz 4 %)*

$$* \ 40 \cdot 0,04 + 15 \cdot 0,03 + 20 \cdot 0,05 + 5 \cdot 0,03 = 3,2 \quad 3,2 : 80 = 0,04$$

Aufgabe Zinstenderverfahren: Bestimmen Sie die Werte nach der holländischen und der amerikanischen Methode (Volumen der Zuteilung 80 Mrd. Euro)

Ge-schäfts-banken	Gebote	Rang	Zuteilung nach holländischer Methode	Zuteilung nach amerikanischer Methode
Bank A	40 Mrd. € zu 4 %			
Bank B	30 Mrd. € zu 3 %			
Bank C	15 Mrd. € zu 5 %			
Bank D	10 Mrd. € zu 3 %			
Bank E	5 Mrd. € zu 2 %			
	100 Mrd. Euro		80 Mrd. Euro	80 Mrd. Euro

Lösung: Zinstenderverfahren nach holländischer und amerikanischer Methode				
Geschäfts-banken	Gebote	Rang	Holländische Methode	Amerikanische Methode
Bank A	40 Mrd. € zu 4 %	2	40,00 Mrd. € zu 3%	40,00 Mrd. € zu 4%
Bank B	30 Mrd. € zu 3 %	3	18,75 Mrd. € zu 3%	18,75 Mrd. € zu 3%
Bank C	15 Mrd. € zu 5 %	1	15,00 Mrd. € zu 3%	15,00 Mrd. € zu 5%
Bank D	10 Mrd. € zu 3 %	3	6,25 Mrd. € zu 3%	6,25 Mrd. € zu 3%
Bank E	5 Mrd. € zu 2 %	4	0,00 Mrd. €	0,00 Mrd. €
	100 Mrd. €		80,00 Mrd. € (einheitlicher Zutei-lungszinssatz: 3,0 %)	80,00 Mrd. € (gewichteter Durch-schnittszinssatz 3,875)

b) Tenderverfahren der EZB

Nachdem die Europäische Zentralbank ursprünglich das Mengentenderverfahren eingesetzt hatte, werden seit Juni 2000 Offenmarktgeschäfte mit dem amerikanischen Zinstender abgewickelt.[69] In der Anfangsphase der Währungsunion hatte es nämlich massive Überbietungen gegeben.

> **Tenderverfahren der EZB:**
> ➢ Amerikanischer Zinstender seit dem Jahr 2000.

Offenmarktgeschäfte auf Zeit:

Initiative: Pensionsgeschäfte und Pfandkredite zählen zu den Offenmarktgeschäften auf Zeit, sind also zeitlich befristete Transaktionen. Die Initiative zu diesen Refinanzierungsmöglichkeiten der Geschäftsbanken geht von der Zentralbank aus. Sie legt fest, zu welchem Zeitpunkt mit welcher Laufzeit welches Geldvolumen zu welchem Zinssatz angeboten wird.

> **Einsatz und Laufzeit der Tender:**
> • wöchentliche Tender mit 14tägiger Laufzeit
> • monatliche Tender mit dreimonatiger Laufzeit
> • unregelmäßige Tender

---

[69] ... mit einem Mindestbietungssatz, so dass man von einem „verkappten" Mengentender sprechen könnte.

Fristen: Was die zeitlichen Fristen anbelangt, existieren kurzfristige und langfristige Tender sowie regelmäßige und unregelmäßige Tender (Festlegung der Menge und des Zinses). Regelmäßige Tender sind die wöchentlichen Tender mit 14tägiger Laufzeit und die monatlichen Tender mit dreimonatiger Laufzeit. Daneben existieren unregelmäßige Tender zum Zwecke von Schnelltenderverfahren und Sondertender.

11.2   Ständige Fazilitäten

Unter einer ständigen Fazilität versteht man die kurzfristige („über Nacht") Inanspruchnahme von Krediten oder Einlagen der Geschäftsbanken bei der Zentralbank. Da diese Kredite und Einlagen schnell und leicht zu erledigen sind, spricht man von Fazilitäten (Fazilität: Leichtigkeit, Gewandtheit). Die Initiative geht im Gegensatz zur Offenmarktpolitik von den Geschäftsbanken aus.

Fazilität

➢   Kurzfristige („über Nacht") Finanzierungs- und Einlagemöglichkeiten der Geschäftsbanken bei der Zentralbank

- Spitzenrefinanzierungsfazilität: Über-Nacht-Kredit
- Einlagenfazilität: Über-Nacht-Einlage

11.2.1   Spitzenrefinanzierungsfazilität und Einlagenfazilität

a)   Spitzenrefinanzierungsfazilität

Brauchen die Geschäftsbanken kurzfristig dringend Geld, können sie quasi „über Nacht" einen Kredit bei der Zentralbank aufnehmen. Diese kurzfristige Kreditinanspruchnahme ist entsprechend teuer und bildet die Zinsobergrenze am Geldmarkt. Wenn also die Zentralbank einen Höchstzinssatz festgelegt hat, werden andere Geschäftsbanken nicht höhere Zinsen verlangen können. Denn kein rationaler Kreditnehmer würde bei einer Geschäftsbank einen Kredit in Anspruch nehmen, der teurer wäre als der Spitzenkredit bei der Zentralbank. Deshalb nennt sich dieses Instrument auch Spitzenrefinanzierungsfazilität.

b)   Einlagen-Fazilität

Umgekehrt kann es auch vorkommen, dass Geschäftsbanken Geld übrig haben und diese überschüssige Liquidität gerne kurzfristig anlegen möchten. Auch dazu haben sie die Möglichkeit in Form einer Übernacht-Anlage bei der Europäischen Zentralbank. Die Zinsen für diese Einlagen-Fazilität bilden die Untergrenze für Tagesgeldzinsen am Geldmarkt. Das heißt, diese kurzfristige Anlagemöglichkeit ist zwar schnell und leicht gegeben, aber zu einem sehr niedrigen Zinssatz. Wenn also die Zentralbank einen Mindestanlagezinssatz festgelegt hat, wird keine Geschäftsbank diesen unterbieten, da niemand zu diesem niedrigen Zins anlegen würde.

11.2.2   Zinssätze und Zinsspannen

Je nach Festlegung des Höchstkreditzinssatzes und des Mindesteinlagenzinssatzes kann die Europäische Zentralbank einen Zinskorridor festlegen. Die Zinsen für Übernachtkredite im Rahmen der Spitzenrefinanzierungsfazilität bilden die Zinsobergrenze und die Zinsen für Übernachteinlagen bilden die Zinsuntergrenze.

Zinskorridor auf dem Geldmarkt:
- Spitzenrefinanzierungsfazilität: Zinsobergrenze am Geldmarkt
- Einlagenfazilität: Zinsuntergrenze am Geldmarkt

In dieser Zinsspanne bewegt sich der Zinssatz für die Hauptrefinanzierung im Rahmen der Offenmarktgeschäfte, also der Zinssatz für Pensionsgeschäfte und Pfandkredite. Zusammen bilden diese Zinssätze die Leitzinsen, wobei die Hauptrefinanzierung im Offenmarktgeschäft den bekanntesten und wichtigsten Leitzins bildet.

Zinssätze

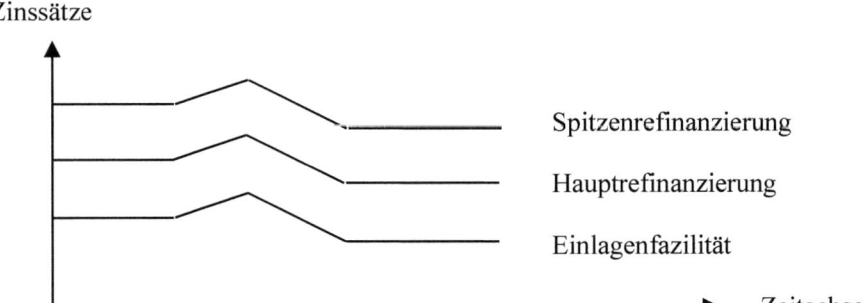

Abbildung 2.8: Zinskorridor auf dem Geldmarkt

Die Zinsen für die Spitzenrefinanzierungsfazilität liegen meistens um 0,5 bis 1,5 Prozentpunkte über dem Leitzins und die Zinsen für die Einlagenfazilität 0,5 bis 1,5 Prozentpunkte unter dem Leitzins. Mit Start der Währungsunion am 1. Januar 1999 notierte der Zinssatz für die Hauptrefinanzierung bei 3,0 und die beiden anderen Zinssätze bei 4,5 und 2,0 Prozent. Aktuell (Stand Juni 2015) haben wir einen extrem niedrigen Zinskorridor von -0,2 (Einlage) und 0,25 (Hauptrefinanzierung) und 0,3 Prozent (Spitzenrefinanzierung).

11.2.3   Der Leitzins

Die Entwicklung der Leitzinsen – sei es in Europa oder in den USA – zeichnet sich durch ein turbulentes Auf und Ab in den letzten Jahren aus (siehe Abb. 2.9). Mit Stand vom Juni 2015 steht der europäische Leitzins bei 0,05 Prozent. Solange die Vorzeichen noch auf europäische Wirtschaftskrise stehen, soll dieses historisch niedrige Niveau beibehalten werden. Sobald die Wirtschaft wieder stärker

anspringt, ist eine Erhöhung des Leitzinses angedacht, um potentiellen Inflations-
gefahren entgegenzutreten. In den USA und Japan ist die Situation ähnlich. Dort
verharren die Zinsniveaus quasi auf „0". Und auch Großbritannien liegt mit 0,5
Prozent auf einem sehr niedrigen Zinsniveau. Die Schweiz bewegt sich sogar im
Minusbereich, der Leitzinskorridor rangiert zwischen -1,25 und -0,25 Prozent.

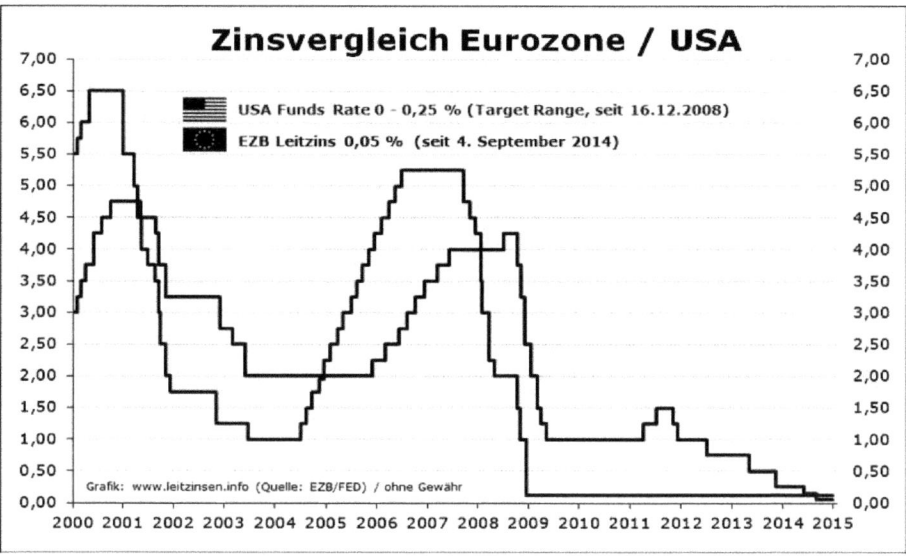

Abbildung 2.9: Entwicklung der Leitzinsen [Quelle: www.leitzinsen.info]

Zinspolitik ist zum einen Gestaltungselement für eine beabsichtigte Geldmengen-
und Wirtschaftspolitik, zum anderen aber auch Ausdruck für Reaktionen auf Entwicklungen in der Wirtschaft. So waren die starken Zinssenkungen nach 2001
Folge und Ergebnis der Terroranschläge vom 11. September 2001. Die EZB hatte,
wie auch die amerikanische und die japanische Notenbank, den Leitzins gesenkt,
um die verunsicherte Wirtschaft mit „billigem" Geld zu versorgen und zu stabilisieren. Starke Zinssenkungen in den Jahren 2008 und 2009 waren ebenfalls Reaktion auf eine Katastrophe – auch hier drohten Türme einzubrechen, allerdings im
übertragenen Sinne als Kollaps des Banken- und Finanzsystems.

11.3   Mindestreservepolitik

Das geldpolitische Instrument der Mindestreservepolitik unterscheidet sich we-
sentlich von den beiden vorangegangenen Instrumenten der Offenmarktpolitik und
der ständigen Fazilitäten. Der Sinn der Offenmarktgeschäfte und der Fazilitäten
im Hinblick auf die Finanzierung liegt darin, dass sich die Geschäftsbanken mit
Geld, also mit Krediten, versorgen können und im Hinblick auf die Geldeinlage,
dass die Geschäftsbanken überschüssige Liquidität bei der Zentralbank anlegen
können. Die Zentralbank ihrerseits gibt je nach Steuerungsabsicht das Geldvolumen und/oder den Zinssatz vor. Offenmarktpolitik und Fazilitäten sind in erster
Linie Refinanzierungsinstrumente.

11.3.1 Definition der Mindestreserve

Im Unterschied zu diesen Refinanzierungsinstrumenten gehört die Mindestreservepolitik nicht zu den Refinanzierungsinstrumenten der Geschäftsbanken. Im Gegenteil, Mindestreserve bedeutet, dass die Geschäftsbanken ein Zwangsguthaben bei der Europäischen Zentralbank anzulegen haben.

Mindestreserve:
> ➢ Zwangsguthaben der Geschäftsbanken bei der Europäischen Zentralbank.

Dieses Zwangsguthaben ist dann zu entrichten, wenn die Geschäftsbanken Einlagen von den Nichtbanken erhalten. Wenn jemand – eine Privatperson oder eine Firma – Geld auf die Bank bringt, um dieses Geld zu Sparzwecken anzulegen, ist die Bank verpflichtet, einen Teil dieses Geldes bei der Zentralbank zu hinterlegen. Dies bedeutet, dass die Bank nicht den vollständigen Betrag der Einlage wieder als Kredit an andere Geschäftspartner weitergeben darf.

11.3.2 Der Mindestreservesatz

Die Höhe der Mindestreserve ergibt sich durch einen von der Zentralbank vorgegebenen Prozentsatz – den Mindestreservesatz. Mit Beginn der Währungsunion im Jahr 1999 wurde der Mindestreservesatz auf 2 Prozent festgelegt; 2012 wurde er schließlich auf 1 Prozent reduziert.

Mindestreservesatz:
> ➢ 1 Prozent auf Einlagen bei den Geschäftsbanken.

Der Mindestreservesatz gilt für alle Verbindlichkeiten aus Einlagen und ausgegebenen Schuldverschreibungen (bis zwei Jahre) und Geldmarktpapieren (Wertpapiere mit kurzer Laufzeit bis zu zwei Jahren; z. B. Schatzwechsel).

Mindestreservesoll: Zu beachten ist, dass die Geschäftsbanken ein Mindestreservesoll einzuhalten haben. Das Mindestreserve-Soll ergibt sich aus dem Faktor „Mindestreservebasis mal Mindestreservesatz". Den Geschäftsbanken wird dabei ein pauschaler Freibetrag von 100.000 Euro eingeräumt.

Verzinsung: Zu klären wäre schließlich, ob die Geschäftsbanken für ihre Zwangseinlage bei der Zentralbank eine Verzinsung erhalten? Die Antwort ist „ja". Die Geschäftsbanken erhalten eine Verzinsung. Mindestreserveguthaben werden zum Zinssatz für das zweiwöchige Offenmarktgeschäft (Hauptrefinanzierung) verzins – aktuell mit 0,05 Prozent (Stand 2015). Das entspricht in etwa dem Leitzins.

11.3.3   Bedeutung der Mindestreservepolitik

a)   Instrument der Grobsteuerung

Die Mindestreservepolitik gehört zu den Instrumenten der Grobsteuerung des Geldmarktes. Der Mindestreservesatz ist ein langfristig geltender Prozentsatz. Die mit Inkrafttreten der Europäischen Zentralbank beschlossenen zwei Prozent sind auch heute noch aktuell und gültig. Allgemein gilt: Je höher der Mindestreservesatz ist, das heißt je mehr die Geschäftsbanken Geld in Reserve zurücklegen müssen, desto geringer ist dementsprechend das potentielle Kreditvolumen, das Privatpersonen und den Unternehmen zur Verfügung gestellt werden könnte.

b)   Sicherungsfunktion

Die Mindestreservepolitik beeinflusst die Geldmengenentwicklung, ist aber kein flexibles Instrument der Geldmengensteuerung. Die Mindestreserve erfüllt neben der groben Funktion der Geldmengensteuerung vor allem auch eine Sicherungsfunktion. Den Geschäftsbanken ist durch diese Pflicht zur Mindestreserve ein Teil des Geldes – eben zwei Prozent der Einlage - aus der Hand genommen; sie können über diesen Anteil nicht mehr verfügen.

Bedeutung der Mindestreservepolitik:

- Langfristiges und grobes Instrument der Geldmengensteuerung.
- Sicherungsfunktion durch die vorgeschriebene Reservehaltung.

Der Mindestreservesatz von zwei Prozent ist im Übrigen relativ niedrig. Zu Zeiten der Geldpolitik in nationaler Verantwortung lag der Mindestreservesatz in Deutschland je nach Anlage bei bis zu fünf Prozent.

Exkurs: Der Ordnungsliberale Walter Eucken brachte in der 30er Jahren des letzten Jahrhunderts einen Gedanken bzw. Vorschlag in die Wirtschaftspolitik ein, nämlich den Mindestreservesatz auf 100 Prozent anzuheben! Frage: Was würde das für die Geldpolitik bedeuten? ... Antwort: Wenn alle Geschäftsbanken ihre Einlagen zu 100 Prozent bei der Zentralbank hinterlegen müssen, bedeutet das zwar keine juristische Verstaatlichung aber zumindest de facto eine Verstaatlichung des Bankensektors. Die Kontrolle des Geldes läge vollständig bei der Zentralbank!

11.4   Geldpolitik und allgemeine Wirtschaftspolitik

Geldpolitik und allgemeine Wirtschaftspolitik stehen in einem unmittelbaren Zusammenhang. Über die Geldmenge und das Zinsniveau werden Anreize für die Investitionsnachfrage der Unternehmen und des Staates sowie die Konsumnachfrage der privaten Haushalte gesetzt. Eine Erhöhung der Investitions- und Konsumnachfrage induziert eine Erhöhung der gesamtwirtschaftlichen Produktion, die ihrerseits beschäftigungssichernde und -fördernde Effekte haben kann.

Im Dezember 2007 beispielsweise pumpte die EZB die gewaltige Summe von 348 Milliarden Euro in das Finanzsystem, um es liquide zu halten und vor dem „Austrocknen" zu bewahren. Doch niedrige Zinsen und ein zu rasches Geldmengenwachstum können inflationäre Tendenzen bedingen. Insofern sind auch mittelbar Auswirkungen auf das Preisniveau zu erwarten. (siehe Abbildung 2.10)

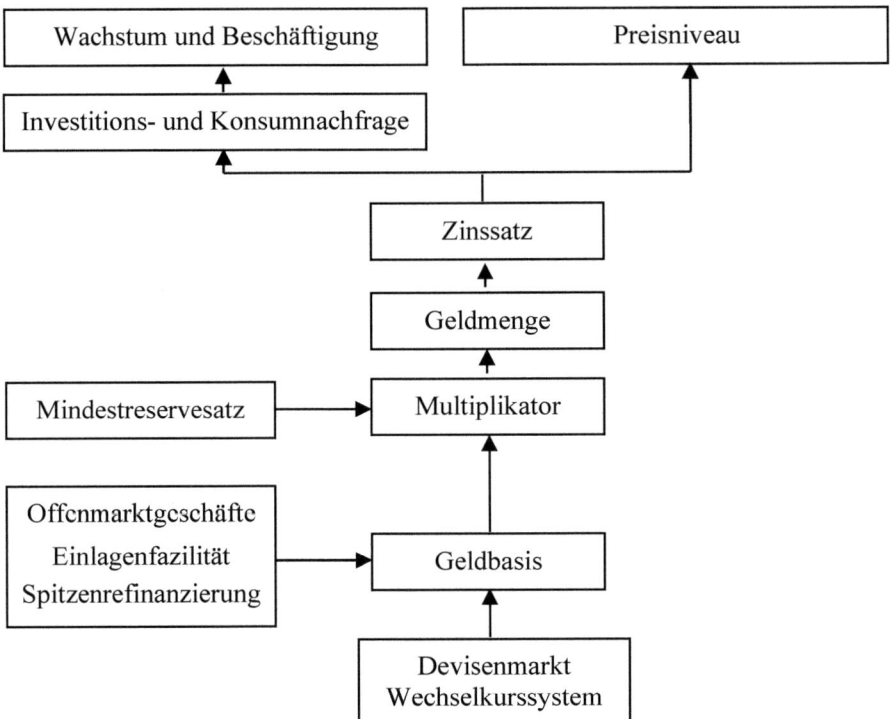

Abbildung 2.10: Wirkungskette und Instrumente der Geldpolitik [Quelle: Lexikon der Volkswirtschaft 2009, S. 268; [70] etwas abgeändert]

Während sich also Geldmenge und Zinsniveau sowohl auf das Preisniveau als auch auf die Investitionsnachfrage der Unternehmen und die Konsumnachfrage der privaten Haushalte auswirken – welche ihrerseits wieder Wachstum und Beschäftigung dämpfen oder stärken können –, ist das geldpolitische Instrumentarium letztlich Angelegenheit der Zentralbank.

Schließlich lassen sich auch Wechselwirkungen – im wahrsten Sinne des Wortes – durch die Wechselkursgestaltung und Devisenpolitik der Zentralbank und des Auslandes erklären.

---

[70] Originalquelle: Horst Siebert: Einführung in die Volkswirtschaftslehre, 1996, S. 310.

12   Die Europäische Union

12.1   Die Symbole Europas

Die Entwicklung der europäischen Nationalstaaten zu einer Europäischen Gemeinschaft und Europäischen Union gründet sich nicht allein auf eine gemeinsame Währung, sondern hat neben der gemeinsamen „Europäischen Wirtschafts- und Währungspolitik" auch innen- und außenpolitische Visionen wie die „Gemeinsame Sicherheits- und Außenpolitik" und die „Zusammenarbeit in der Innen- und Rechtspolitik".

Doch Katalysator und stark bindendes Element dieser wirtschaftlichen und sozialen Gemeinschaftsaufgaben ist der Euro – als gemeinsame Währung und „Sprache" Europas. Der Euro gehört, neben der Europaflagge, der Hymne und dem Europatag zu den Symbolen Europas.

Symbole Europas:

❖   Flagge: Europaflagge
❖   Hymne: Ode „An die Freude"
❖   Währung: Euro
❖   Europatag: 9. Mai

❖   Motto der EU: „In Vielfalt geeint."

Flagge:

Die europäische Flagge präsentiert sich mit 12 gelben Sternen, die kreisförmig auf blauem Untergrund angeordnet sind. Die zwölf Sterne symbolisieren nicht die ersten zwölf Mitgliedsstaaten der Europäischen Währungsunion, sondern die Zahl ,zwölf' und die kreisförmige Anordnung stehen für Vollkommenheit und Einheit.

Hymne:

Die Europahymne stammt aus dem 4. Satz der 9. Symphonie (d-Moll op. 125, 1823) von Ludwig van Beethoven. Sie wird übrigens nur in Instrumentalversion gespielt, um Sprachbevorzugungen zu vermeiden. In der Chorfassung lautet der von Friedrich Schiller verfasste Text (1785): „Freude, schöner Götterfunken,

Tochter aus Elysium, Wir betreten feuertrunken, Himmlische, dein Heiligtum." Noch ein Hinweis: Die Europahymne ist nicht zu verwechseln mit der Erkennungsmelodie der Eurovision! Das „Te Deum" von Marc-Antoine Charpentiere war zwar ebenfalls als Hymne im Gespräch, wurde aber nicht ausgewählt.

Europatag:

Der Europatag ist vielen Bürgern nicht geläufig, ja es ist manchmal noch nicht einmal bekannt, dass es überhaupt einen Europatag gibt. Vielfältige jährliche Aktionen, Feste und Feiern sollen jedoch helfen, den 9. Mai stärker ins Bewusstsein der Menschen zu rücken. Und dabei stellt sich die Frage, auf welches Ereignis der Europatag zurückgeht. An einem 9. Mai verkündete der französische Außenminister Robert Schuman seine Vision und seinen Plan zu einer europäischen Einigung und Union. Das war fünf Jahre nach dem Ende des Zweiten Weltkrieges im Jahre 1950.

Euro:

Das wirtschaftlichste Symbol Europas ist der Euro als gemeinsame überstaatliche Währung. Doch der Euro als Geld- und Währungseinheit Europas besitzt nicht nur diese geld- und währungspolitische Funktion, sondern der Euro wirkt auch identitätsstiftend und völkerverbindend – so zumindest ist die Hoffnung. Ein Land erscheint weniger fremd, wenn an der Grenze nicht mehr Geld in die jeweilige Landeswährung umzutauschen ist, sondern überall die gleiche „Sprachregelung" gilt und die heißt in diesem Kontext „Euro und Cent".

Die Einführung der gemeinsamen Währung für die Bürger von Euroland zum 1. Januar 2002 stellt einen Meilenstein in der europäischen Geschichte dar. Wirtschafts- und währungspolitisch können folgende Entwicklungsstufen definiert werden:

- von der Montanunion zur Europäischen Union
- vom Europäischen Währungssystem zur Europäischen Währungsunion
- von der Deutschen Bundesbank zur Europäischen Zentralbank
- von der DM zum Euro

EU-Motto:

Seit 2000 nennt die Europäische Union übrigens auch ein Motto ihr Eigen: „In Vielfalt geeint".

12.2   Von der Montanunion zur Europäischen Union

Der wirtschafts- und währungspolitische Einigungsprozess Europas ist eingebettet in eine größere politische und gesellschaftliche Entwicklung – wobei der Ausgangspunkt originär ein wirtschaftlicher war, nämlich die Montanunion mit Kohle und Stahl. Schauen wir uns die Entwicklung Europas im Zeitraffer an.

12.2.1 Europa im Zeitraffer

Startpunkt von „Europa" war, sieben Jahre nach Ende des Zweiten Weltkrieges, das Jahr 1952 mit der Gründung und dem Inkrafttreten der Europäischen Gemeinschaft für Kohle und Stahl (EGKS), auch Montanunion genannt. Sechs Jahre später wurde 1958 die Europäische Wirtschaftsgemeinschaft (EWG) sowie die Europäische Atomgemeinschaft (EAG) beziehungsweise Euratom ins Leben gerufen. Beschlossen und geregelt wurde die EWG ein Jahr zuvor in den Römischen Verträgen. Das Jahr 1957 gilt denn auch als das eigentliche Geburtsjahr von Europa.

Im Jahr 1967 erfolgte schließlich die Verschmelzung der Organe der Europäischen Gemeinschaft für Kohle und Stahl, der Europäischen Wirtschaftsgemeinschaft und der Europäischen Atomgemeinschaft zur Europäischen Gemeinschaft (EG).

Die erste währungspolitische Komponente kam 1979 zum Tragen. In diesem Jahr wurde nämlich das Europäische Währungssystem (EWS) gegründet, verbunden mit der Einführung der ersten Europäischen Währungseinheit, die unter der Abkürzung ECU (European Currency Unit) bekannt ist.

Über die Einheitliche Europäische Akte (EEA) im Jahr 1987, in der die Vorbereitungen für die Europäische Union getroffen wurden, erfolgte schließlich die Gründung der eigentlichen Europäischen Union (EU) im berühmten Maastrichter Vertrag. Dieser, im Jahr 1992 in Maastricht[71] beschlossene und 1993 in Kraft getretene Vertrag über die Europäische Union, enthält die drei wesentlichen Ausprägungen der Europäischen Union, nämlich die Wirtschafts- und Währungsunion (EWWU), die Gemeinsame Außen- und Sicherheitspolitik (GASP) und die Zusammenarbeit in der Innen- und Rechtspolitik.

Im Jahr 1993 fielen schließlich die Grenzen zwischen den Europäischen Mitgliedstaaten, denn mit der Einführung des EG-Binnenmarktes wurden auch vier „Freiheiten" eingeführt, nämlich der freie Grenzverkehr von Waren, Personen, Dienstleistungen und Kapital.

Im Jahr 1996 wurde das Europäische Währungsinstitut (EWI) gegründet, das dann im Jahr 1998 in die Europäische Zentralbank (EZB) überführt wurde. 1999 wurde die Europäische Wirtschafts- und Währungsunion (**EWWU**) umgesetzt und der EURO als Gemeinschaftswährung offiziell eingeführt; zunächst als Buchgeld und dann im Jahr 2002 als Bargeld und gesetzliches Zahlungsmittel.

Vorläufig letzter Schritt in der Europäischen Vereinigungsgeschichte sollte der Beschluss einer Europäischen Verfassung im Jahr 2004 sein, die jedoch wegen der Ablehnung Frankreichs und der Niederlande nicht zustande kam. Es gab schließlich mit den Verträgen von Lissabon im Jahr 2007 einen neuen Anlauf, dem dann alle Mitgliedstaaten zustimmten, so dass zum 1. Dezember 2009 eine quasi europäische Verfassung in Kraft treten konnte. Der vollständige Titel des Lissabon-Vertrages lautet übrigens „Vertrag von Lissabon zur Änderung des Vertrags über

---

[71] Hauptstadt der niederländischen Provinz Limburg an der Maas.

die Europäische Union und des Vertrags zur Gründung der Europäischen Gemeinschaft". Insofern handelt es sich eher um einen Reformvertrag, denn um eine Verfassung.

Europa im Zeitraffer – von der Montanunion zur Europäischen Verfassung		
1951		Pariser Vertrag: EGKS
1952	EGKS	Europäische Gemeinschaft für Kohle und Stahl (Montanunion)
Als eigentliches Gründungsjahr Europas gilt das Jahr 1957!		
1957		Römische Verträge: EWG
1958	EWG	Europäische Wirtschaftsgemeinschaft
1958	EAG	Europäische Atomgemeinschaft (Euratom)
1967	EG	Europäische Gemeinschaft (EGKS + EWG + EAG)
1979	EWS	Europäisches Währungssystem Einführung des ECU (European Currency Unit)
1985		Schengen-Abkommen: Abschaffung der Grenzkontrollen
1986	EEA	Einheitliche Europäische Akte
1992	EU	Vertrag über die Europäische Union in Maastricht (EU-Vertrag) - Wirtschafts- und Währungsunion (EWWU) - Gemeinsame Außen- und Sicherheitspolitik (GASP) - Zusammenarbeit in der Innen- und Rechtspolitik
1993		EG-Binnenmarkt mit den vier Freiheiten für Personen, Waren, Dienstleistungen und Kapital
1996	EWI	Europäisches Währungsinstitut
1997		Vertrag von Amsterdam: Überarbeitung des Maastricht-Vertrags
1998	EZB	Europäische Zentralbank
1999	EWWU	Europäische Wirtschafts- und Währungsunion und offizielle Einführung des Euro (Buchgeld)
2002	Euro	Einführung des Euro als gesetzliches Zahlungsmittel (Bargeld)
2004		Vertrag über eine Verfassung für Europa (Rom), nicht in Kraft getreten!
2007		Vertrag von Lissabon
2009		Europäische Reform und „Verfassung"
Zukunft		???

Abbildung 2.11: Europa im Zeitraffer

12.2.2   Robert Schuman – Der Vater Europas und die Montanunion

Die Europäische Union ist weit vorangeschritten. Vieles erscheint uns selbstverständlich. Wir fahren nach Frankreich, um dort Urlaubstage in der Provence zu verbringen oder reisen nach Italien, um Sonne und Wärme in der Toskana zu genießen. Die Grenzen sind gefallen und der Umtausch in Franc und Lire ist Vergangenheit. Doch selbstverständlich ist diese Entwicklung bei weitem nicht. Der Zweite Weltkrieg liegt über 65 Jahre zurück und für die meisten Leser sind die Jahreszahlen und Institutionen Geschichte und neutrale Daten.

Ein Rückblick führt uns vor Augen, wie wenig selbstverständlich diese bisher friedliche und erfolgreiche Entwicklung in Europa ist. Schauen wir auf die Gründung der ersten gemeinsamen Institution im Jahr 1952 – der Gemeinschaft für Kohle und Stahl.

Montanunion: Die Gründung der Montanunion war weit mehr als eine wirtschaftliche Kooperation, sie war vor allem eine praktizierte Friedensmaßnahme. Denn Kohle und Stahl waren zuvor die zentralen Ressourcen der Rüstungsindustrie und Kriegsmaschinerie gewesen und sollten nun wenige Jahre nach Kriegsende von den beiden ehemaligen Erzfeinden Frankreich und Deutschland gemeinsam bewirtschaftet werden – fürwahr eine aktive Friedenspolitik.

Robert Schuman: Hinter dieser Friedenspolitik stehen viele Namen. Einer der Namen sticht sicherlich hervor – Robert Schuman. In Würdigung seiner Verdienste um die Einigung Europas verlieh ihm die Stadt Aachen 1958 den Karlspreis. Das Europäische Parlament, dessen erster Präsident er von 1958 bis 1960 war, verlieh ihm den Ehrentitel „Vater Europas". Der verstorbene Papst Johannes Paul II. nannte Schuman 1988 vor dem Europaparlament ein „ewiges Vorbild für alle Verantwortlichen am Aufbau Europas". Seit 1990 läuft der Seligsprechungsprozess. Der Franzose Robert Schuman lebte übrigens von 1886 (geb. in Luxemburg) bis 1963. Er war Jurist, Laienkatholik und Reservist im deutschen Heer. Nach Gestapo-Haft und Flucht bekleidete er in den Jahren von 1947 bis 1953 das Amt des Finanzministers, des Ministerpräsidenten und des Außenministers Frankreichs.

Jean Monnet: Neben Schuman ist auch Jean Monnet (1888 - 1979) zu nennen. Monnet hatte nämlich als Leiter der staatlichen Planungskommission den Plan zur europäischen Einigung entwickelt, den Schuman am 9. Mai 1950 – dem heutigen Europatag – verkündete. Monnet gilt neben Schuman als Vater der europäischen Einigung und aufgrund seiner Verdienste wurde er 1976 vom Europäischen Rat zum ersten Ehrenbürger Europas ernannt.

Der Vertrag zur Montanunion wurde übrigens am 18. April 1951 in Paris von Konrad Adenauer, Jean Monnet und Robert Schuman unterzeichnet.[72]

---

[72] Die Idee einer europäischen Einigung hatte auch schon zu früheren Zeiten ihre Anhänger gefunden. Sowohl der deutsche Außenminister und Friedensnobelpreisträger Gustav Stresemann als auch der französische Außenminister Aristide Briand plädierten 1929 für die Verwirklichung einer europäischen Einigung.

12.3   Die Mitgliedstaaten der Europäischen Union

Im Jahr 2015 zählt die Europäische Union 28 Mitgliedstaaten. Sechs Staaten an der Zahl waren es, die vor über 50 Jahren zuvor dieses Staatengebilde gegründet hatten.

Gründungsstaaten: Gegründet wurde „Europa" ursprünglich von sechs Staaten. Diese sechs Gründungsstaaten im Jahr 1958 waren Deutschland, Frankreich und Italien, sowie die Beneluxstaaten Belgien, Luxemburg und Niederlande.

Nord- und Süderweiterung: 15 Jahre später im Jahr 1973 erfolgte die sogenannte Norderweiterung durch den Beitritt von Dänemark, Großbritannien und Irland. Die achtziger Jahre galten schließlich den Südländern. 1981 kam es zur Süderweiterung durch Griechenland, gefolgt von Portugal und Spanien im Jahr 1986.

Mitgliedstaaten der Europäischen Union:[73]		
1958	Gründung (EWG)	Deutschland, Frankreich, Italien, Belgien, Luxemburg und Niederlande
1973	Norderweiterung	Dänemark, Großbritannien und Irland
1981	Erste Süderweiterung	Griechenland
1986	Zweite Süderweiterung	Portugal und Spanien
1995	EFTA-Erweiterung	Finnland, Österreich und Schweden
2004	Osterweiterung	Estland, Lettland, Litauen, Polen, Tschechien, Slowakei, Ungarn, Slowenien, Malta und Zypern
2007		Bulgarien und Rumänien
2013		Kroatien

EFTA-Erweiterung: 1995 war schließlich das Jahr der EFTA-Erweiterung. Die Mitgliedsländer der Europäischen Freihandelszone EFTA (European Free Trade Association) Österreich, Finnland und Schweden traten der EU bei.

Europäische Freihandelszone (EFTA):

Die Europäische Freihandelszone EFTA wurde **1959** als Reaktion auf die Gründung der Europäischen Gemeinschaft ins Leben gerufen. Man hatte damals eine wirtschaftliche Diskriminierung seitens der EG-Staaten befürchtet. Mitgliedstaaten der EFTA sind bzw. waren die zentraleuropäischen Länder **Lichtenstein, Österreich und die Schweiz,** sowie die nördlichen Länder **Finnland, Norwegen und Schweden,** und nicht zu vergessen **Island.** Da Österreich, Schweden und Finnland 1995 der EU beitraten, verbleiben nur noch die anderen vier genannten Länder in der EFTA.

---

[73] siehe auch Schaubild 2.12!

Osterweiterung: Das Jahr 2004 gilt als das Jahr der größten EU-Erweiterung, zumindest was die Zahl der neuen Mitgliedstaaten anbelangt. Da die meisten dieser zehn Staaten aus dem östlichen Europa kommen, spricht man von der Osterweiterung. Diese Osterweiterung umfasst die an Deutschland und Österreich angrenzenden Staaten Polen, Tschechien, Slowakei, Ungarn und Slowenien. Noch weiter im Osten folgen die baltischen Staaten Estland, Lettland und Litauen. Vervollständigt werden die zehn neuen Mitgliedstaaten durch die beiden Mittelmeerländer Malta und Zypern.

Rat für gegenseitige Wirtschaftshilfe (RGW):

Der Rat für gegenseitige Wirtschaftshilfe (engl. **COMECON: Council for Mutual Economic Cooperation**) wurde **1949** in Moskau gegründet und stellte das Pendant der damaligen Ostblockstaaten im Vergleich zur EG der westeuropäischen Staaten dar.

Gründungsmitglieder waren die **Sowjetunion, Bulgarien, Polen, Rumänien und die Tschechoslowakei.** Albanien kam hinzu, wurde 1962 jedoch wieder ausgeschlossen. 1950 trat die **DDR** dem RGW bei und 1962 kam die **Mongolei** dazu. Mit Jugoslawien bestand seit 1964 ein Assoziierungsabkommen.

Der RGW wurde gegründet, um die Mitgliedstaaten zu koordinieren und zu integrieren. Man erhoffte sich eine beschleunigte Durchsetzung des wirtschaftlichen und technischen Fortschritts, indem ein planmäßiges Wachstum der Volkswirtschaften vorgesehen war. Auch eine effiziente Nutzung der Arbeitsteilung zwischen den Ländern sollte den wirtschaftlichen Erfolg fördern.

Im Jahr 1991 wurde der RGW aufgelöst.

Bulgarien, Rumänien und Kroatien: Zum 1. Januar 2007 erfolgte der Beitritt von Bulgarien und Rumänien. Bis auf das damalige Gründungsmitglied Sowjetunion werden somit alle ehemaligen Gründungsstaaten des osteuropäischen Wirtschaftsblockes RGW Teil der Europäischen Union sein. Kroatien feierte seinen Beitritt 2013.

Türkei und weitere Beitrittsinteressenten: Während der Beitritt osteuropäischer Länder relativ gut vonstattenging, ist der Beitritt eines weiteren Landes sehr umstritten. Es handelt sich um das Land an der Grenze zwischen Europa und Asien, zwischen Christentum und Islam, zwischen westlicher und asiatischer Kultur, nämlich um die Türkei. Zurzeit laufen die Verhandlungen, ob und in welcher Form ein Beitritt in Frage kommen kann.

Neben der Türkei sind weitere Länder im Gespräch. Dazu gehören **Albanien, Mazedonien, Montenegro** und **Serbien.** Sogar die **Ukraine** und auch **Tunesien** haben sich schon ins Spiel gebracht.

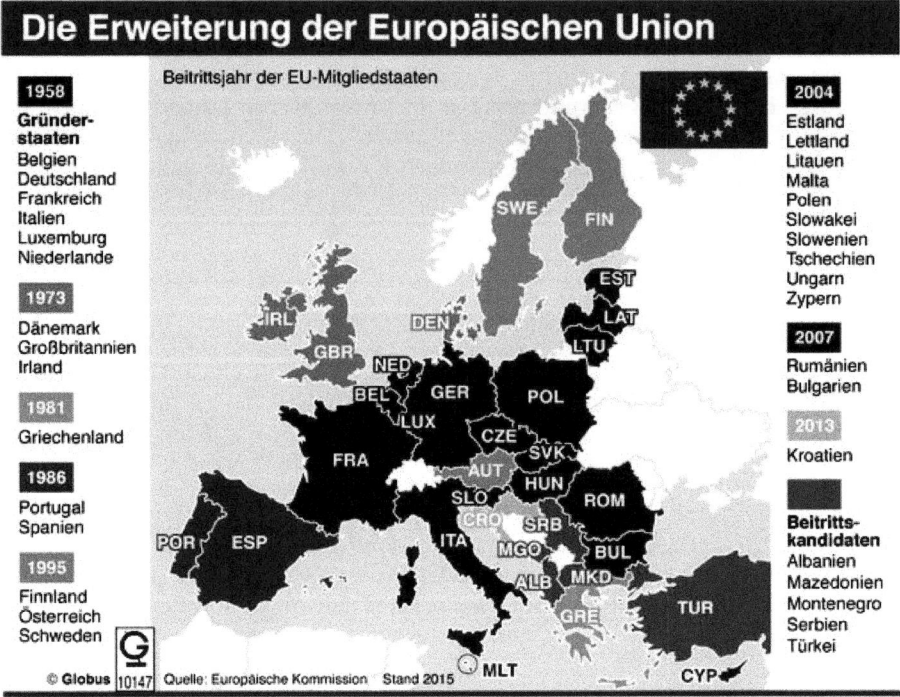

Abbildung 2.12: Mitgliedstaaten der Europäischen Union [Globus 10147 / Quelle: Europäische Kommission]

12.4   Bevölkerung und Wirtschaftskraft der Europäischen Union

Ob und inwiefern der Ausbau der Europäischen Union auf 28 Mitgliedstaaten einen Machtzuwachs für die EU bedeutet, ist strittig. Im Hinblick auf die Zahl der Länder ist der Zuwachs enorm. Betrachtet man die Bevölkerung oder gar die wirtschaftliche Leistungskraft, relativiert sich der Machtzuwachs.

a)   Bevölkerung der Europäischen Union

Die Europäische Union hat mit dem Ausbau auf 28 Mitgliedstaaten (Stand 2015) die Einwohnerzahl auf **507,4 Millionen** gesteigert. Mit dieser guten halben Milliarde repräsentiert die EU 7 Prozent der Weltbevölkerung. Europa insgesamt, mit seinen rund 50 Staaten, zählt 742,5 Millionen Einwohner.

Deutschland ist mit 80,8 Millionen Einwohnern das bevölkerungsreichste Land der Europäischen Union, gefolgt von Frankreich, Großbritannien und Italien mit jeweils rund 66, 64 und 61 Millionen Einwohnern. Die beiden kleinsten Länder sind Luxemburg und Malta mit rund 550.000 und 425.000 Einwohnern.

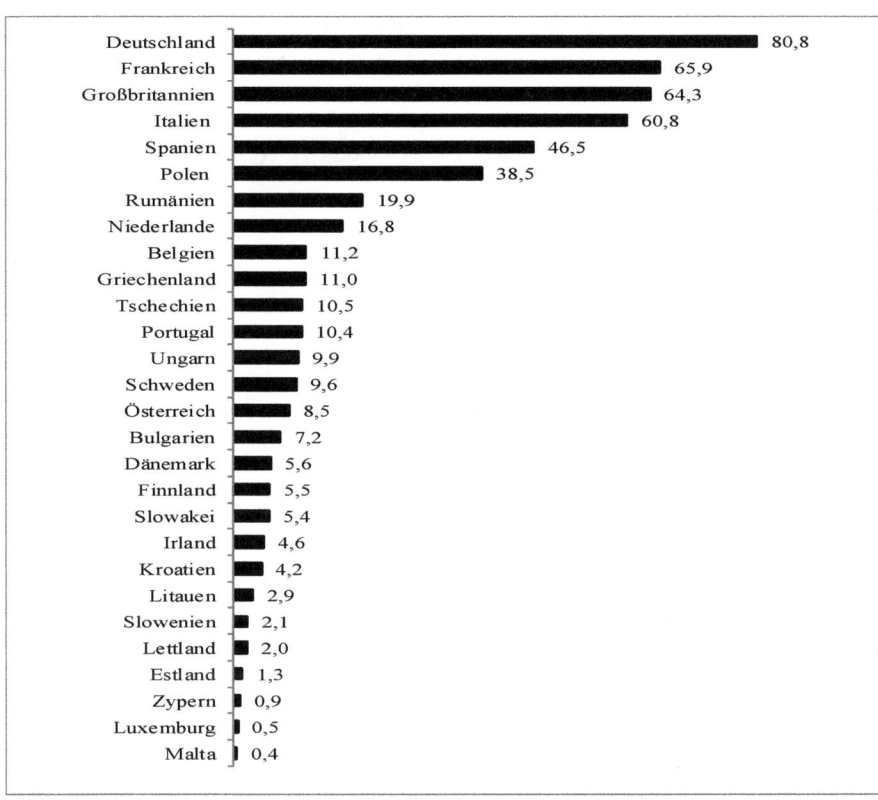

Abbildung 2.13: Bevölkerung in der EU (in Mio., Stand 2014) [Quelle: Eurostat]

Trotz des Zuwachses auf 507,4 Millionen Menschen, zählt die EU nicht zu den bevölkerungsreichsten Staatengebilden der Erde. China als bevölkerungsreichstes Land der Erde beherbergt 1,4 Milliarden Einwohner, dicht gefolgt von Indien mit 1,28 Milliarden. In den USA leben 319 Millionen Menschen. Russland bietet 144 Millionen und Japan 127 Millionen Menschen Platz.

b) Wirtschaftskraft der Europäischen Union

Die Europäische Union stellt – gemessen am Bruttoinlandsprodukt – den wirtschaftsstärksten Raum der Welt dar. Die 28 EU-Staaten erwirtschaften ein Bruttoinlandsprodukt von 13,9 Billionen Euro (Stand 2014).

Wirtschaftskraft der Europäischen Union (EU 28):
➢ Bruttoinlandsprodukt: 13,9 Billionen Euro, entspricht ca. 21 Prozent der Weltwirtschaftsleistung (Stand 2014).

Deutschland trägt mit 2.904 Milliarden Euro rund 21 Prozent zur Gesamtleistung der Europäischen Union bei. Die Europäische Union hat im internationalen Vergleich der Wirtschaftskraft (gemessen in US-Dollar) die USA von ihrem Spitzenplatz verdrängt. Mit einem Bruttoinlandsprodukt von 16,8 Billionen US-Dollar rangieren die Vereinigten Staaten von Amerika auf dem zweiten Platz hinter der EU mit umgerechnet 17,4 Billionen Dollar (Stand 2013).[74]

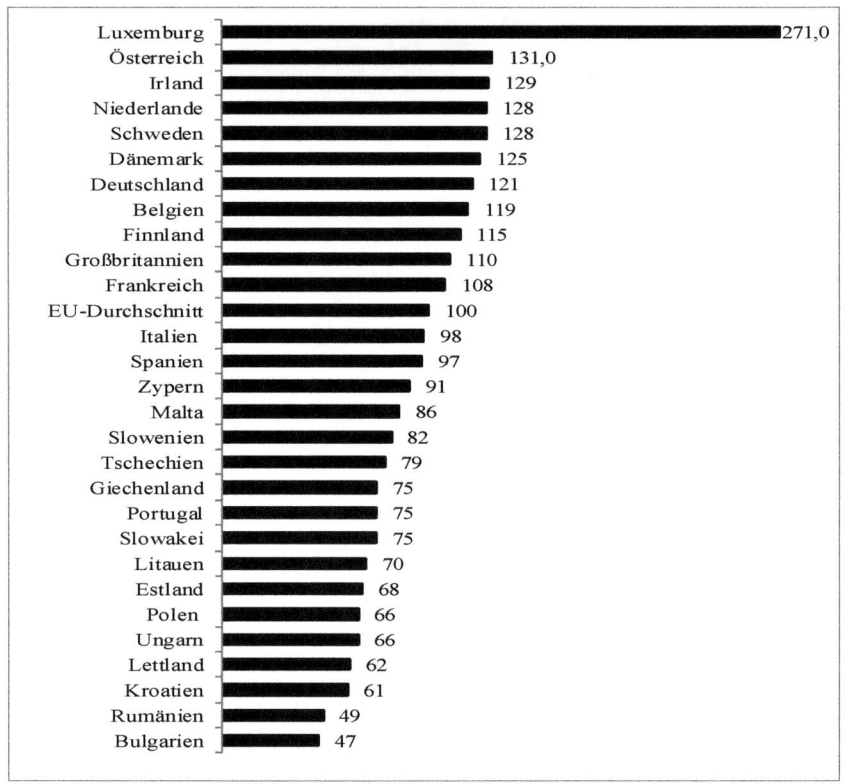

Abbildung 2.14: Wirtschaftskraft in der Europäischen Union (BIP je Einwohner, Stand 2012, EU-Durchschnitt = 100) [Quelle: Eurostat]

Lissabon-Strategie: Doch trotz der Erstplatzierung hat die EU ihr Ziel verfehlt, das sie sich im Jahr 2000 auf dem Sondergipfel in Lissabon gesetzt hatte, nämlich die EU bis 2010 zum wettbewerbsfähigsten und dynamischsten wissensbasierten Wirtschaftsraum der Welt zu machen und „… im Rahmen des globalen Ziels der nachhaltigen Entwicklung ein Vorbild für den wirtschaftlichen, sozialen und ökologischen Fortschritt in der Welt zu sein.“[75]

Nimmt man nämlich das BIP pro Kopf und indexiert den europäischen Durchschnitt auf 100, liegen die USA mit 150 Punkten weit über dem EU-Durchschnitt

---

[74] Das Ergebnis ändert sich, wenn man die Werte in Kaufkraftparitäten (was kann man quasi für 1 Dollar im jeweiligen Land kaufen) umrechnet. Dann liegt die EU mit 16,3 Billionen Dollar knapp hinter den USA mit 16,8 Billionen Dollar. China könnte nach dieser Berechnung zwischenzeitlich sogar an erster Stelle weltweit liegen. [Quelle: IWF]

[75] Die Lissabon-Strategie von 2000 ist nicht zu verwechseln mit dem Lissabon-Vertrag von 2007. Der zeitlich nähere Lissabon-Vertrag beinhaltet den EU-Reformvertrag!

von 100 Punkten. Und Deutschland belegt, im Vergleich der Wirtschaftskraft je Einwohner in Europa, mit 121 einen mäßigen siebten Platz (Abbildung 2.14).

c) Sprachen in der Europäischen Union

Die Europäische Union ist ein vielsprachiges Land. Fast jedes Mitgliedsland ist stolz auf seine eigene Sprache; in manchen Ländern werden sogar mehrere Sprachen gesprochen. Doch was ist die Sprache der Europäischen Union, sofern es eine solche überhaupt geben sollte? Zum einen gibt es Amtssprachen und zum anderen Arbeitssprachen. Amtssprachen sind die jeweiligen Sprachen der Mitgliedsländer und anerkannte Sprachen in der Europäischen Union. Insgesamt sind es 24 an der Zahl. Deutsch beispielsweise ist die Amtssprache der Länder Deutschland, Österreich, Luxemburg, Belgien und Italien. Weitaus gewichtiger als die Amtssprachen sind jedoch die Arbeitssprachen. Die vorherrschenden Arbeitssprachen der EU sind Englisch und Französisch. Deutsch ist zwar auch anerkannte Arbeitssprache in wichtigen EU-Organen wie Kommission und Ministerrat, wird aber kaum verwendet.

Sprachen in der EU (Stand 2012) Von je 100 Befragten EU-Bürgern über 15 Jahre sprechen …			
Land	als Muttersprache	als Fremdsprache	insgesamt
Deutsch	18	11	29
Englisch	13	38	51
Italienisch	13	3	16
Französisch	12	12	24
Spanisch	8	7	15
Polnisch	8	1	9
Rumänisch	5	0	5
Holländisch	4	1	5

Abbildung 2.15: Sprachen in der Europäischen Union [Quelle: Eurostat]

Dass Englisch und Französisch dominieren, mag auf den ersten Blick selbstverständlich sein, zumal Englisch sowieso als Weltsprache wahrgenommen wird. Auf den zweiten Blick dürfte sich jedoch die Einschätzung relativieren. Nicht Englisch ist nämlich die meistgesprochene Sprache in der EU, sondern Deutsch - zumindest was die Muttersprachlichkeit anbelangt. Der Anteil des Deutschen in der EU ist mit 18 Prozent weitaus höher, als der von Englisch, Französisch und Italienisch mit jeweils rund 13 Prozent (siehe Abbildung 2.15). In Gesamteuropa sprechen übrigens 95 Millionen Menschen Deutsch.

Einfluss und Macht in der Europäischen Union speist sich aus den unterschiedlichsten Faktoren wie Wirtschaftskraft, Einwohnerzahl oder Sprache. Macht und Gewichtung zeigen sich schließlich auch in der Vertretung und Stimmenzahl in den Organen der Europäischen Union.

12.5   Institutionen und Organe der Europäischen Union

Der Ausbau der Europäischen Union benötigt eine entsprechende Institutionalisierung im politischen und bürokratischen Bereich. Die Organe der EU sind der Ministerrat, die Kommission und das Parlament sowie der Rechnungshof und der Gerichtshof. Über diesen Organen steht der Europäische Rat.

Organe der Europäischen Union:

- Der Europäische Rat

- Der EU-Ministerrat
- Die Europäische Kommission
- Das Europäische Parlament
- Der Rechnungshof der Europäischen Union
- Der Gerichtshof der Europäischen Union

Europäischer Rat

Der Europäische Rat ist kein eigentliches Organ der europäischen Union, sondern eine zwischenstaatliche Institution, die „über" der Europäischen Union steht. Dieses Gremium ist nichts anderes als die Zusammenkunft der Staats- und Regierungschefs der EU-Mitgliedsländer (der EU-Gipfel!) … und die Staatenlenker wollen sich nicht das Heft aus der Hand nehmen lassen und das letzte Wort haben.

- oberstes Gremium
- tritt mindestens zweimal im Jahr zusammen, in der Regel viermal (der EU-Gipfel)
- EU-Präsident und Hoher Vertreter der Union für Außen- u. Sicherheitspolitik
- 28 Staats- und Regierungschefs
- gibt Leitlinien vor und fällt Grundsatzentscheidungen

Ministerrat (Rat der Europäischen Union)

- „Oberhaus" der Legislative
- ein Regierungsmitglied (Minister) je Staat: Stimmenzahl gewichtet (von Deutschland mit 29 bis Malta mit 3 Stimmen)
- eigentlicher „Gesetzgeber", erlässt Verordnungen und Richtlinien und trifft Entscheidungen

Europäische Kommission

- Regierung (Exekutive) der EU
- 28 Kommissare (je eine/r pro Land)
- führt Beschlüsse aus, erstellt und verwaltet den EU-Haushalt, überwacht EU-Recht und handelt Abkommen mit Nicht-EU-Staaten aus
- rund 25.000 Mitarbeiter

Europäisches Parlament:

- „Unterhaus" der Legislative
- 751 Mitglieder (von Deutschland mit 99 Abgeordneten bis Malta mit 5 Vertretern)
- Abgeordnete für 5 Jahre von den EU-Bürgern direkt gewählt
- Mitentscheidung, muss den Haushalt genehmigen, kann Gesetzentwürfe der Kommission in bestimmten Bereichen verhindern

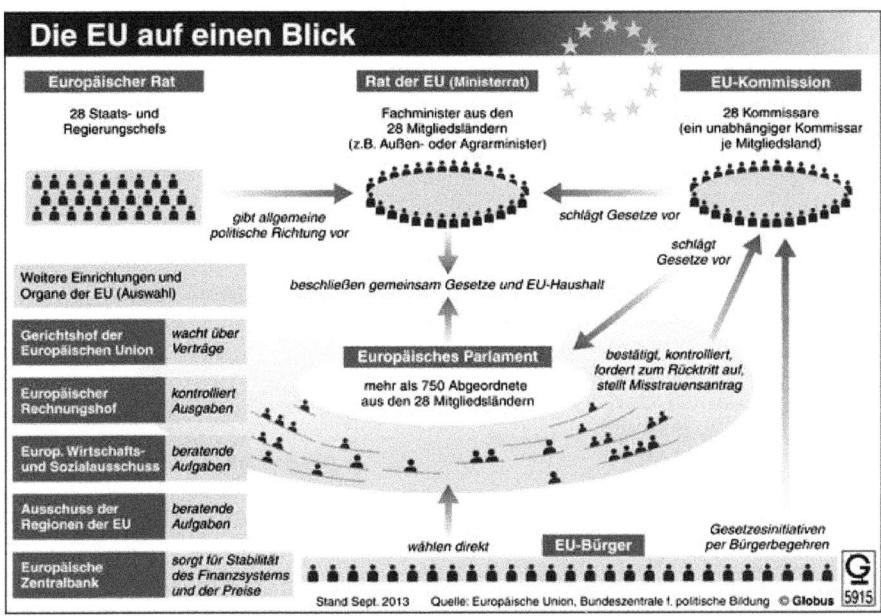

Abbildung 2.16: Institutionen und Organe der EU [Globus 5915 / Quelle: EU, BpB]

Rechnungshof der Europäischen Union:

- ein Mitglied je EU-Staat, vom Ministerrat ernannt
- kontrolliert und überwacht die Verwendung der Haushaltsmittel, erstellt Jahresprüfberichte

Gerichtshof der Europäischen Union (EuGH):

- kontrolliert, ob sich Mitgliedstaaten vertragsgerecht verhalten
- kontrolliert, ob sich die Gemeinschaft selbst vertragsgerecht verhält
- legt das Recht der Gemeinschaft aus

Neben dem Gerichtshof und dem Rechnungshof, sind noch der Ausschuss der Regionen und der Wirtschafts- und Sozialausschuss zu erwähnen, die beratende Funktionen wahrnehmen.

Mit Ratifizierung des Europäischen Reformvertrags im Jahr 2009 wurden schließlich zwei weitere Organe ins Leben gerufen, nämlich der Präsident des Europäischen Rates – quasi ein europäischer Regierungschef – und ein Hoher Vertreter für Außen- und Sicherheitspolitik – quasi ein europäischer Außenminister.

12.6   Haushalt und Finanzausgleich der Europäischen Union

Haushalt: Der Haushalt der EU hatte im Jahr 2013 ein Volumen von 150,9 Milliarden Euro (zum Vergleich: der Bundeshaushalt von Deutschland umfasst 302,2 Milliarden Euro!). 73,4 Prozent werden über Beiträge der Mitgliedsstaaten eingenommen und 25,4 Prozent über den Mehrwertsteueranteil sowie über Zölle und Agrarabgaben.[76]

Die Ausgaben dienen vor allem zwei Posten, zum einen für ‚Nachhaltiges Wachstum, Zusammenhalt und Wettbewerbsfähigkeit' und zum anderen für ‚Landwirtschaft, natürliche Ressourcen und ländliche Entwicklung'.

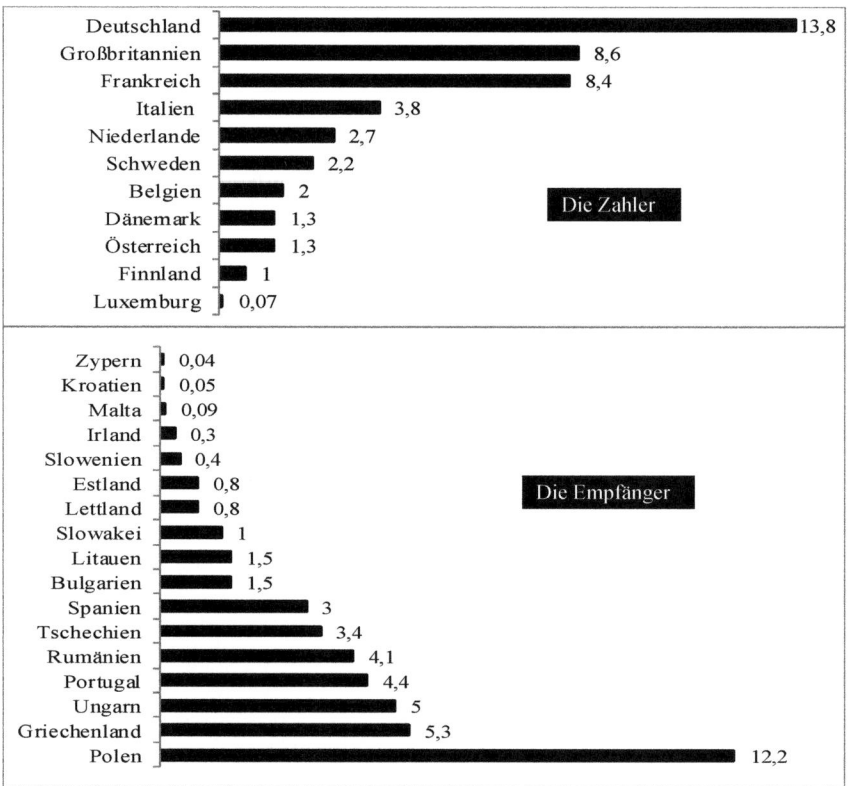

Abbildung 2.17: EU-Finanzausgleich: Nettobeträge in Milliarden Euro (Stand 2013) [Quelle: EU-Kommission]

---

[76] Die restlichen 1,2 Prozent sind Sonstiges.

Finanzausgleich: Auch in Europa existiert – vergleichbar dem Finanzausgleich zwischen den Bundesländern in Deutschland – ein Finanzausgleich zwischen den Mitgliedstaaten der EU (siehe Abbildung 2.17). Größter Nettozahler im Rahmen des EU-Finanzausgleichs ist Deutschland mit 13,8 Milliarden Euro und größter Nettoempfänger Polen mit 12,2 Milliarden Euro (Stand 2013).

13 Die Wirtschafts- und Währungsunion

Obwohl die Entwicklung der Europäischen Union maßgeblich wirtschaftlich und monetär vorangetrieben wurde und wird, ist sie nicht ausschließlich ein wirtschaftliches Konstrukt. Die Intention zur Europäischen Union – man denke an Robert Schuman und seine Ideen und Ideale – ist eine zutiefst politische und friedensstiftende. Die beiden Perspektiven müssen sich dabei aber nicht ausschließen. Im Gegenteil, ein gut funktionierendes Wirtschaftssystem, das Wohlstand für alle Mitgliedstaaten eröffnet, kann sehr wohl eine stabilisierende und Frieden schaffende Funktion wahrnehmen. Und auch dem Geld wird im Sinne einer gemeinsamen Währung eine mächtige und wirkungsvolle Identifikationsrolle beigemessen.

Die nun folgende Fokussierung auf das Wirtschaftliche und Monetäre beinhaltet drei Aspekte. Zuerst wird die Entwicklung des Europäischen Währungssystems zur Europäischen Wirtschafts- und Währungsunion dargestellt. Dann sollen die entscheidenden Institutionen der Währungsunion beschrieben werden. Das sind das Europäische System der Zentralbanken, die Europäische Zentralbank selbst und die Deutsche Bundesbank. Schließlich wird der Euro als gemeinsame Währung Europas thematisiert:

- Das Europäische Währungssystem (EWS) und die Europäischen Wirtschafts- und Währungsunion (EWWU)
- Das Europäische System der Zentralbanken (ESZB) und die Europäische Zentralbank (EZB)
- Die Europäische Währungseinheit – der Euro (€).

13.1 Europäisches Währungssystem

Das Europäische Währungssystem ist zwischenzeitlich schon wieder Geschichte. Doch war es wesentliches Fundament der Währungsunion und des Euro und hat deshalb einen zumindest kurzen Rückblick verdient.

13.1.1 Gründung und Konzept des Europäischen Währungssystems

Das Europäische Währungssystem als Vorläufer der Europäischen Währungsunion trat am 13. März 1979 in Kraft und hatte 20 Jahre Bestand, ehe es von der Währungsunion abgelöst werden konnte.

Europäisches Währungssystem (EWS):
- 1979 in Kraft getreten
- 1999 durch die Währungsunion abgelöst

Im Mittelpunkt dieses Währungssystems stand nicht so sehr die Geldpolitik, sondern die Währungspolitik. Man muss bedenken, dass die Länder ihre eigenen unabhängigen Währungen wie die Mark in Deutschland, der französische Franc in Frankreich oder die italienische Lira in Italien hatten. Bevor an eine gemeinsame einheitliche Währung und Geldpolitik gedacht werden konnte, musste zuerst das Verhältnis und das Zusammenspiel dieser nationalen Währungen untereinander, also deren Wechselkurse geregelt werden.

Die Idee des EWS bestand nun darin, dass man ein regionales System fester, aber anpassungsfähiger Wechselkurse, schaffen wollte, dem alle EU-Staaten, die am Wechselkursmechanismus beteiligt waren, angehören sollten (am Wechselkursmechanismus nicht beteiligt waren Finnland, Schweden, Großbritannien, Belgien, Italien und Griechenland).

Idee des Europäischen Währungssystems:

➢ System fester, aber anpassungsfähiger Wechselkurse.

Fiktives Beispiel: Voraussetzung, um eine einheitliche europäische Währung schaffen zu können, war die Bildung und definitive Festlegung von Austauschverhältnissen der Währungen. Dazu ein Beispiel: Europa besteht aus Deutschland und Frankreich. Die deutsche Mark steht zum französischen Franc im Verhältnis 1 zu 3. Für eine Mark bekommt man also 3 Franc.

Wenn nun eine europäische Währung als Ersatz für diese beiden nationalen Währungen dienen soll, muss diese neue Währung das Austauschverhältnis der beiden bisherigen Währungen widerspiegeln. Angenommen die neue Währung ECU steht zur Mark im Verhältnis 1 zu 2 (1 ECU ist 2 DM wert), dann muss zwingend das Verhältnis ECU zu Franc 1 zu 6 betragen. Für 1 ECU erhält man 6 Franc und für 1 ECU erhält man 2 DM. Und 2 DM zu 6 Franc entspricht dem vorgegebenen Wechselkurs von 1 zu 3.

Beispiel für Austauschverhältnisse:
1 DM	=	3 FF
1 ECU	=	2 DM
1 ECU	=	6 FF

13.1.2   Bildung einer Einheitswährung

Im Europäischen Währungssystem EWS hatte man versucht, das eben Beschriebene umzusetzen. Man führte eine fiktive Einheitswährung ein, nämlich den ECU.[77] ECU steht für European Currency Unit und bildete als Europäische Währungseinheit die Bezugsbasis für die Mitgliedstaaten. Damals entsprach 1 ECU dem Gegenwert von 1,86 DM.

---

[77] Es wurde immer wieder diskutiert, ob es „der" oder „die" ECU heißt.

Jede Währung stand wie die DM in einem bestimmten Verhältnis zu dieser Europäischen Währungseinheit ECU. Nichtsdestotrotz konnte es in dieser Zeit nach 1979 Wechselkursänderungen zwischen den Mitgliedsstaaten geben.

Bildung einer Europäischen Währungseinheit:

➤ ECU (European Currency Unit)

Beispiel: Angenommen die DM hat gegenüber dem Franc an Stärke gewonnen und man würde für 1 DM nun 4 statt der ursprünglichen 3 Franc erhalten. Für den ECU besteht jedoch weiterhin der feste Wechselkurs von 1 zu 2 für die DM und 1 zu 6 für den Franc, so dass der administrierte und der am Markt gebildete Kurs nicht mehr zusammen passen. So sind zwei Möglichkeiten denkbar, entweder den ECU zu ändern und dem neuen Wechselkurs anzupassen oder zum ursprünglichen Wechselkursverhältnis zurückzukehren. In Anbetracht dessen, dass die Austauschverhältnisse der Währungen untereinander fest bleiben sollten, wurde die letztere Lösung präferiert.

Intervention: Wie kann aber ein Wechselkursverhältnis, das sich verändert hat, wieder auf das ursprüngliche Niveau zurückgebracht werden. Wie kann man das Verhältnis von DM zu Französischem Franc von 1 zu 4 wieder auf 1 zu 3 zurückbringen? Den Lösungsansatz hierzu bieten die Zentralbanken, indem sie beispielsweise Devisen in großen Mengen kaufen oder verkaufen. Wenn die deutsche Zentralbank DM-Bestände auf den Markt bringt, nimmt die DM-Menge im Verhältnis zum Franc zu, das heißt der Franc wird knapper und die DM inflationärer und damit billiger. Der DM-Kurs wird schwächer und kehrt zum Austauschverhältnis von 1 zu 3 zurück. Dieses Eingreifen der Zentralbanken nennt man Intervention (dazwischen gehen).[78]

Zusammenfassend lassen sich einige wesentlichen Eckdaten des Europäischen Währungssystems anführen:

- Die Schaffung einer Europäischen Währungseinheit ECU.
- Festlegung der Kursverhältnisse. Das Kursverhältnis von ECU und DM betrug: 1 ECU = 1,86 DM.
- Für jede Währung wurden im Verhältnis zu einer anderen (bzw. im Verhältnis zum ECU) Höchst- und Niedrigkurse festgelegt. Diese sogenannten Interventionspunkte bildeten Bandbreiten möglicher Wechselkursschwankungen mit der entsprechenden Verpflichtung für die Zentralbanken zu intervenieren.[79]
- Die Wechselkurse gegenüber Drittstaaten wie den USA oder Japan blieben flexibel.

---

[78] Zu Notenbankinterventionen siehe auch Kapitel 15.3.2.

[79] 1992 drängten Spekulanten das britische Pfund aus dem europäischen Währungssystem (schwarzer Mittwoch am 16.09.1992), wobei der Großspekulant und Milliardär George Soros ca. 1 Milliarde Dollar Gewinn machte und die Zentralbanken mehrere Milliarden Dollar als Rettungsmaßnahmen einsetzen mussten.

13.2   Europäische Wirtschafts- und Währungsunion

Eine wichtige Vorbemerkung vorweg. Die Begriffe „Europäische Wirtschafts-
und Währungsunion" (EWWU), „Europäische Währungsunion" (EWU) oder auch
nur „Währungsunion" werden synonym verwendet!

Europäische Wirtschafts- und Währungsunion (EWWU)

auch ‚Europäische Währungsunion' oder kurz ‚Währungsunion'

Die Europäische Währungsunion als Nachfolgerin des Europäischen Währungssystems lässt sich in drei Entwicklungsstufen beschreiben (Abbildung 2.18).

Stufen der Europäischen Währungsunion:

1. Stufe der Europäischen Währungsunion (1990 - 1993):

- Enge Koordinierung der Wirtschafts-, Finanz-, Wechselkurs- und
  Geldpolitik der Mitgliedstaaten mit dem Ziel der Preisstabilität.
- Verwirklichung des EG-Binnenmarktes mit den vier Freiheiten von
  Waren, Dienstleistungen, Personen und Kapital.

2. Stufe der Europäischen Währungsunion (1994 - 1998):

- Vorbereitung der Währungsunion und Übergangsphase.
- 1996: Schaffung des Europäischen Währungsinstituts (EWI) als Vor-
  läuferin der Europäischen Zentralbank (EZB) zum 1. Juli 1998.
- Geld- und Währungspolitik noch in nationaler Verantwortung.

3. Stufe der Europäischen Währungsunion (ab 1999):

- Start der Europäischen Währungsunion mit dem Euro als gemeinsamer
  Währung.
- Eintritt der EU-Mitglieder, welche die finanzpolitischen und monetä-
  ren Konvergenzkriterien erfüllen.
- Start der Europäischen Zentralbank und des Europäischen Zentralban-
  kensystems.
- Einheitliche Geld- und Wechselkurspolitik mit dem Ziel der Preisni-
  veaustabilität.
- Geldpolitik ausschließlich in der Verantwortung des Europäischen
  Zentralbankensystems.
- Unwiderrufliche Festsetzung der Wechselkurse:
  Bilaterale Leitkurse zum 31.12.1998; z. B. 1 DM = 3,35386 FF,
  1 € = 1,95583 DM, 1 € = 6,55957 FF.

Abbildung 2.18: Stufen der Europäischen Währungsunion

Was die zeitliche Einteilung anbelangt, begann die erste Stufe am 1. Juli 1990 und dauerte bis 31.12.1993. Stufe 2 hatte ihren Starttermin am 1. Januar 1994 und war auf ein Ende frühestens zum 31. Dezember 1996 und spätestens zum 31. Dezember 1998 festgelegt. Im Nachhinein kann der 1998er-Termin als Enddatum von Stufe 2 definiert werden. Analog zur zeitlichen Bandbreite der zweiten Stufe gab es einen Zeitkorridor für den Start der dritten Stufe und den Beginn der eigentlichen Währungsunion. Frühester vom Europäischen Rat geplanter Termin war der 1. Januar 1997 und spätester Termin der 1. Januar 1999. Tatsächlicher Termin war dann der 1. Januar 1999.

Während die ersten beiden Stufen von 1990 bis 1998 als Vorbereitungsphasen für die Währungsunion galten – parallel zum Bestehen des Europäischen Währungssystems – gilt die dritte Stufe als Endstufe und offizieller Start der Europäischen Währungsunion. Zwanzig Jahre nach Einrichtung des Europäischen Währungssystems war nun also im Jahr 1999 die Währungsunion mit einer einheitlichen Währung, dem Euro, geschaffen worden – ein historisches Datum!

13.2.1   Konvergenzkriterien für den Beitritt zur Währungsunion

Um der Währungsunion beitreten zu können, mussten die zukünftigen Mitgliedsländer eine Reihe von Auflagen erfüllen – vergleichbar einer Aufnahmeprüfung oder Hausaufgabenerledigung. Bekannt sind diese Beitrittsbedingungen unter dem Begriff der Konvergenzkriterien (konvergieren: zusammenkommen). Diese Kriterien sind im EG-Vertrag und im EU-Vertrag und den dazugehörigen Protokollen aufgeführt.

Konvergenzkriterien für den Beitritt zur Währungsunion:
- Stabile Preise
- Geordnete Finanzen
- Stabile Zinsen
- Stabile Wechselkurse

Stabile Preise: Der Anstieg der **Inflation** bzw. der Verbraucherpreise (Verbraucherpreisindex VPI) darf im Jahr vor dem Beitritt nicht mehr als 1,5 Prozentpunkte über der durchschnittlichen Inflationsrate der drei preisstabilsten EU-Mitgliedstaaten liegen.

Geordnete Finanzen: Die **Gesamtverschuldung** des Staates darf nicht höher als 60 Prozent des Bruttoinlandsprodukts sein, beziehungsweise muss deutlich rückläufig sein. Die **Neuverschuldung** (Budgetdefizit) darf nicht höher als 3 Prozent des Bruttoinlandsprodukts sein.

Stabile Zinsen: Langfristige **Zinssätze** dürfen nicht höher liegen als 2 Prozentpunkte über dem Durchschnitt der Zinsen der drei preisstabilsten Mitgliedstaaten. Bezugsbasis ist hier also die Inflationsrate und nicht das Zinsniveau!

Stabile Wechselkurse: Zu starke Schwankungen zwischen den Währungen sind zu vermeiden. Das heißt, **Währungen** müssen mindestens zwei Jahre ohne Abwertung innerhalb der Bandbreite des Wechselkurs-Mechanismus liegen.[80]

Die finanz- und währungspolitischen „Hausaufgaben" wurden von den einzelnen Ländern unterschiedlich erledigt. In Abbildung 2.19 ist der Konvergenzstand im Jahr 1997 vor dem Beitrittsdatum des 1. Januar 1999 dargestellt.

Stand der Konvergenzkriterien im Jahr 1997 (Angaben in Prozent)				
Länder	**Inflation**	**langfristige Zinsen**	**Neuverschul-dung (Defizit)**	**Gesamt-verschuldung**
Belgien	1,4	5,7	- 2,1	122,2
Dänemark	2,1	6,2	+ 0,7	65,1
Deutschland	1,4	5,6	- 2,7	61,3
Finnland	1,3	5,9	- 0,9	55,8
Frankreich	1,2	5,5	- 3,0	58,0
Griechenland	5,2	9,8	- 4,0	108,7
Großbritannien	1,8	7,0	- 1,9	53,4
Irland	1,2	6,2	+ 0,9	66,3
Italien	1,8	6,7	- 2,7	121,6
Luxemburg	1,4	5,6	+ 1,7	6,7
Niederlande	1,8	5,5	- 1,4	72,1
Österreich	1,1	5,6	- 2,5	66,1
Portugal	1,8	6,2	- 2,5	62,0
Schweden	1,9	6,5	-0,8	76,6
Spanien	1,8	6,3	- 2,6	68,8
Schwellenwert	**2,7**	**7,8**	**- 3,0**	**60,0**
Die grau schraffierten Felder markieren eine Überschreitung des Schwellenwertes.				

Abbildung 2.19: Konvergenzkriterien „1997" [Quelle: Europäische Kommission]

Der Schwellenwert beziehungsweise kritische Wert für die Inflation lag damals bei 2,7 Prozent [(1,1 + 1,2 + 1,2)/3 + 1,5 = 2,67]. Das maximale Zinsniveau wurde mit 7,8 Prozent [(5,6 + 5,5 + 6,2) / 3 + 2,0 = 7,77] festgelegt. Die Defizit- und Gesamtverschuldungswerte von 3 Prozent und 60 Prozent gemessen am Bruttoinlandsprodukt sind fest vorgegebene Konvergenzkriterien.

Das einzige Land, das damals keines der vier Kriterien erfüllen konnte, war Griechenland. Griechenland musste sich dann auch mit der Aufnahme als Mitglied in die Währungsunion bis zum 1. Januar 2001 gedulden. Doch auch die anderen Länder taten sich insbesondere beim Kriterium der Gesamtverschuldung schwer. So waren Belgien und Italien mit 122,2 Prozent und 121,6 Prozent weit von den geforderten 60 Prozent entfernt. Solche hohen Werte sind nur dann zu akzeptieren, wenn sich eine deutliche Besserung abzeichnet.

---

[80] Im Unterschied zu den Preis-, Finanz- und Zinskriterien, die auch noch nach Beitritt in die Währungsunion maßgeblich sind, kann das Wechselkurskriterium nur eine Anfangsbedingung sein.

Deutschland konnte bis auf die knappe Verfehlung des Gesamtverschuldungs-kriteriums die Prüfung bestehen. Dänemark, Großbritannien und Schweden ent-schieden sich gegen eine Aufnahme in die Währungsunion, so dass zum 1. Januar 1999 elf Länder den Auftakt zur Währungsunion bildeten und mit Griechenland zwei Jahre später das Dutzend voll war.

Schauen wir uns an, wie sich nach über zehn Jahren im Vergleich zum Stand von 1997 die Maastrichtkriterien[81] in den „alten" Ländern der Währungsunion entwickelt haben und wie der Stand der Dinge bei den neu hinzugekommen Ländern Slowenien, Malta, Zypern und Slowakei ist (siehe Abbildung 2.20).

Stand der Konvergenzkriterien im Jahr 2008 (Angaben in Prozent)				
Mitglieds-länder	Inflation	langfristige Zinsen	Neuverschul-dung (Defizit)	Gesamt-verschuldung
Belgien	4,5	4,40	- 1,2	89,6
Deutschland	2,8	3,96	- 0,1	65,9
Finnland	3,9	4,19	+ 4,2	33,4
Frankreich	3,2	4,17	- 3,4	68,0
Griechenland	4,2	4,78	- 5,0	97,6
Irland	3,1	4,42	+ 7,1	43,2
Italien	3,5	4,64	- 2,7	105,8
Luxemburg	4,1	4,61	+ 2,6	14,7
Niederlande	2,2	4,21	+ 1,0	58,2
Österreich	3,2	4,25	- 0,4	62,5
Portugal	2,7	4,48	- 2,6	66,4
Spanien	4,1	4,34	- 3,8	39,5
… die neu hinzu gekommenen Länder:				
Malta	4,7	4,81	- 4,7	64,1
Slowakei	3,9	4,72	- 2,2	27,6
Slowenien	5,5	4,61	-0,9	22.8
Zypern	4,4	4,60	+ 0,9	49,1
Schwellenwert	4,0	6,22	- 3,0	60,0 *
Die grau schraffierten Felder markieren eine Überschreitung des Schwellenwertes.				

* maximal 60 % bzw. deutlich rückläufig!

Schwellenwert Inflation: (2,2 + 2,7 + 2,8)/3 + 1,5   = 4,0
Schwellenwert Zinsen: (4,21 + 4,48 + 3,96)/3 + 2,0 = 6,22

Abbildung 2.20: Konvergenzkriterien „2008" [Quelle: Europäische Kommission]

Bei weitem nicht alle Länder erfüllen die geforderten Kriterien. Insbesondere Griechenland verstößt mit Ausnahme des Zinskriteriums gegen alle Stabilitätszie-le. Und was die Gesamtverschuldung anbelangt, tut sich die Mehrheit der Euro-länder schwer. Die Frage hierbei stellt sich, ob ein Verstoß gegen die Einhaltung der Kriterien überhaupt Sanktionen mit sich bringt, geschweige denn ein Aus-schluss eines Landes aus der Währungsunion denkbar wäre. Eine Antwort hierzu liefert der Stabilitätspakt.

---

[81] Die Begriffe Konvergenzkriterien und Maastrichtkriterien werden synonym verwendet.

13.2.2   Stabilitäts- und Wachstumspakt

Die Konvergenzkriterien sind zwar nur für den Beitritt in die Währungsunion ausschlaggebend, doch im Rahmen des Europäischen Stabilitäts- und Wachstumspakts sind zumindest die Defizit- und Gesamtverschuldungskriterien auch für die „Altmitglieder" weiterhin bindend. Der Stabilitätspakt wurde auf Initiative der deutschen Regierung 1997 vom Europäischen Rat beschlossen und sieht eine Verschärfung der fiskalischen Konvergenzkriterien (geordnete Finanzen) mit entsprechenden Sanktionsmöglichkeiten vor.

Europäischer Stabilitäts- und Wachstumspakt

- Auf Initiative der deutschen Regierung im Jahr 1997 vom Europäischen Rat geschlossener Vertrag zwischen den 15 EU-Staaten.

- Der Pakt sieht Sanktionen für diejenigen Teilnehmerländer der Europäischen Währungsunion vor, bei denen das Defizit der öffentlichen Haushalte die im Maastricht-Vertrag genannte Obergrenze von 3 Prozent des Bruttoinlandsprodukts (BIP) übersteigt.

- Bei Überschreitung ist eine unverzinsliche Einlage an die Europäische Union zu leisten, die je nach Höhe des Defizits zwischen 0,2 und 0,5 Prozent des jeweiligen nominalen BIP liegt. Die Einlage wird nach zwei Jahren in eine Geldbuße umgewandelt, falls Maßnahmen zur Haushaltssanierung unterlassen wurden. Die Sanktionen entfallen jedoch, wenn das reale BIP um mehr als 2 Prozent sinkt. Bei einem Rückgang um 0,75 bis 2 Prozent können die Sanktionen ausgesetzt werden.

Deutschland: Deutschland, Garant und Befürworter von Stabilität und Haushaltsdisziplin, musste sich dann Jahre später selbst den Vorwurf mangelnder Haushaltsdisziplin vorwerfen lassen. In den Jahren 2002 bis 2005 machte Deutschland mehr neue Schulden, als es nach dem Stabilitätspakt hätte machen dürfen (Abb. 2.21).

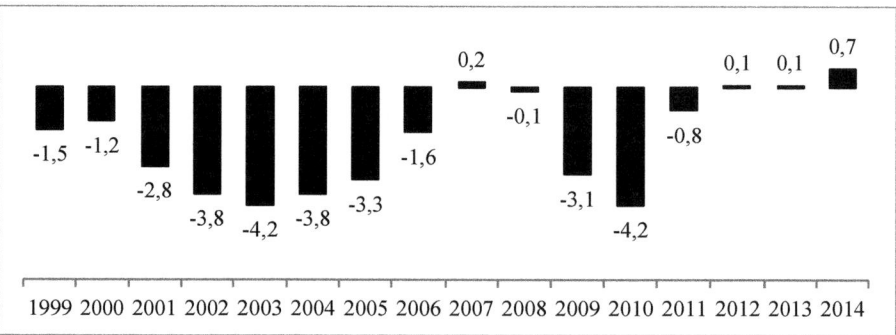

Abbildung 2.21: Entwicklung des Staatsdefizites in Deutschland in Prozent [Quelle: BMF, Statistisches Bundesamt]

Die Höchstgrenze von 3 Prozent Neuverschuldung wurde jeweils deutlich überschritten, was blaue Briefe (blauer Brief bedeutet „Hausaufgaben nicht ordentlich
gemacht") aus Brüssel oder zumindest die Androhung derselben zur Folge hatte.

Deutschland zählte jedoch nicht zu den alleinigen Stabilitätspaktverletzern. Auch
Italien und Frankreich gesellen sich dazu, während andere Staaten wie Finnland,
Dänemark, Spanien und Schweden sogar zu den Haushaltsüberschusskandidaten
zählten.

Modifizierung des Stabilitätspakts: Da neben Deutschland auch Frankreich zu
den Haushaltssündern gehörte und beide Staaten gewichtige Staaten in der EU
sind, die aber nicht gerne als Verletzer des Stabilitätspakts dastehen wollen, wurde
der Stabilitätspakt und insbesondere das 3 %-Defizitkriterium zunehmend in Frage
gestellt. Im Jahr 2005 erfolgte schließlich eine Modifizierung des Stabilitätspak-
tes, indem vermehrt Ausnahmen zugelassen und die Strafen quasi abgeschafft
wurden. Tatsächlich wurden bisher noch nie von der Europäischen Kommission
trotz Regelverletzung Sanktionen verhängt.

Nimmt man das Jahr 2010 als Grundlage, hätten fast alle Länder mit Sanktionen
belegt werden müssen, denn die große Krise forderte auch hier ihren Tribut – bis
auf Finnland und Luxemburg konnte kein Land der Währungsunion die Defizit-
Grenze von 3 Prozent einhalten! (siehe Abbildung 2.22)

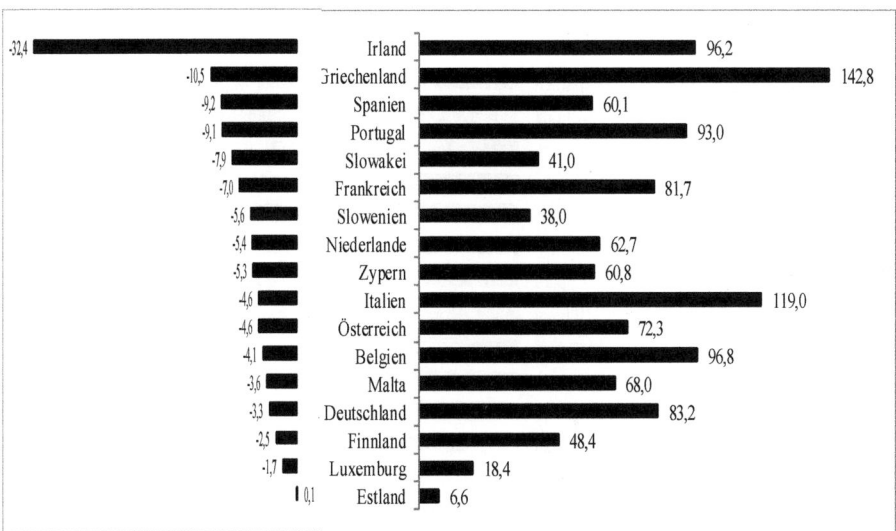

Abbildung 2.22: Haushaltsdefizit und Verschuldung in der Euro-Zone (Stand
2010, in Prozent des BIP) [Quelle: Eurostat]

Was das eigene Land anbelangt, stand Deutschland mit einer Defizitquote von 3,3
Prozent und einer Schuldenquote von 83,2 Prozent noch relativ gut da.

Zwischenzeitlich sind seit Gründung der Europäischen Währungsunion zum 1. Januar 1999 über 16 Jahre ins Land gegangen und weitere Länder zur Währungsunion dazu gestoßen, nämlich die baltischen Staaten Estland, Lettland und Finnland.

Beitritt	Mitgliedstaaten der Währungsunion
1999	Belgien, Deutschland, Finnland, Frankreich, Irland, Italien, Luxemburg, Niederlande, Österreich, Portugal, Spanien
2001	Griechenland
2007	Slowenien
2008	Malta und Zypern
2009	Slowakei
2011	Estland
2014	Lettland
2015	Litauen

Dabei haben die Länder unterschiedliche Entwicklungen durchgemacht. Irland reduzierte sein Staatsdefizit von 32,4 auf 3,7 Prozent. Griechenland reduzierte seines von 10,5 auf 1,6. Und Deutschland konnte mit Luxemburg im Jahr 2014 einen Haushaltsüberschuss verzeichnen (Abb. 2.23)

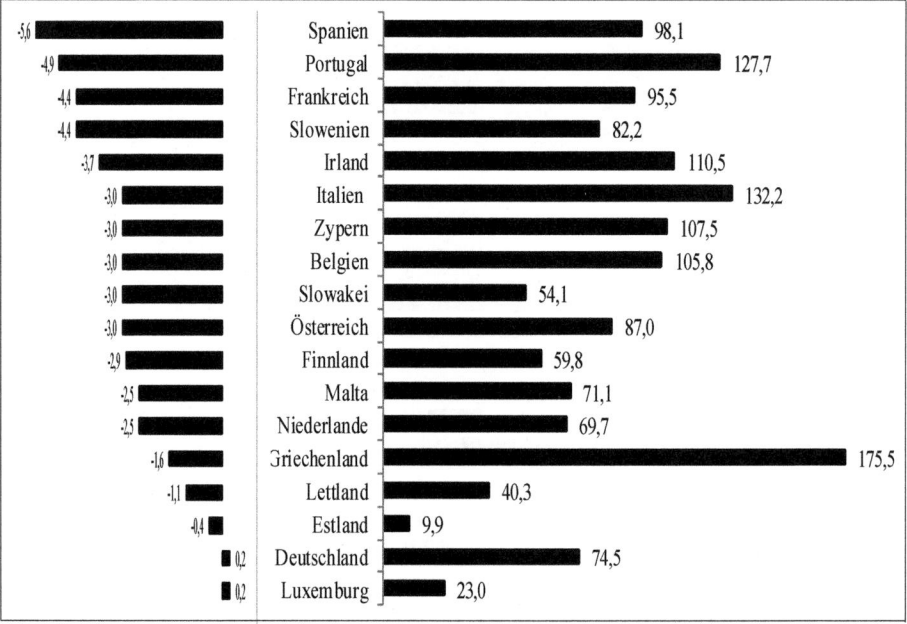

Abbildung 2.23: Haushaltsdefizit und Verschuldung in der Euro-Zone (Stand 2014, in Prozent des BIP) [Quelle: Eurostat]

Kommentar zum Stabilitätspakt:

Das Defizitkriterium des Stabilitätspakts wird immer wieder in Frage gestellt. Die Mitgliedstaaten sehen sich – besonders dann, wenn sie gegen das Kriterium verstoßen – zu sehr in ihrer nationalen Souveränität eingeschränkt ... und es wird von manchen als zu streng empfunden. Zu bedenken ist hierbei, dass das Defizitkriterium nicht besagt, dass man keine neuen Schulden machen dürfe; es besagt nur, dass die alljährliche Neuverschuldung nicht zu übermäßig ausfallen sollte. Wenn also der Schuldenberg wächst, dann sollte er wenigstens nicht zu stark wachsen. Regeln sind nicht dazu da, dass jedes „Jota" buchstabengetreu erfüllt wird; sie sind aber auch nicht dazu da, dass sie abgeschafft werden, wenn man sie als unangenehm empfindet. Insofern sind Regelverletzungen akzeptabel, wenn eine absehbare Besserung in Aussicht steht. Doch das ist interpretationsbedürftig und verleitet zu politischen Diskussionen. Kleine „Dammbrüche" können zu einem Zerfall des Stabilitätspakts und zu einer Demontage des Vertrauens der Mitgliedstaaten untereinander führen. Der Stabilitätspakt hat Sinn und sollte bestehen bleiben.

13.2.3   Vor- und Nachteile der Europäischen Währungsunion

Dass die Konvergenzkriterien und der Stabilitätspakt, ja die Europäische Währungsunion insgesamt, eingeführt wurden, sollte nicht nur einen wirtschaftlichen Beitrag für die politische Zielsetzung eines friedlichen Europa leisten, sondern auch mit handfesten wirtschaftlichen Vorteilen verbunden sein.

Vorteile und „Erträge" (pro)	Nachteile und „Kosten" (contra)
• Planungssicherheit für Unternehmen, da Kurssicherungs- und Transaktionskosten entfallen.	• Europa verschiedener Geschwindigkeiten (evtl. Spaltung).
• Erleichterungen für den Reise- und Zahlungsverkehr für Privatpersonen.	• Abhängigkeiten von „Brüssel".
• Preisniveaustabilität in Europa besser durchsetzbar.	• Zentralismus statt Subsidiarität (Subsidiarität bedeutet, dass Zuständigkeiten auf die möglichst unterste Stelle verlagert werden).
• Mehr Wohlstand durch mehr Wettbewerb.	• Interessenkonflikte durch unterschiedliche Zuständigkeiten; Finanzpolitik in nationaler Verantwortung und Geldpolitik in europäischer Verantwortung.
• Wirtschafts- und Währungsunion als stabilisierendes Moment für die politische Union.	• Preisstabilität wird evtl. mit Arbeitslosigkeit erkauft.

Der Wegfall der unterschiedlichen Währungen bringt sowohl für Privatpersonen im Reiseverkehr, als auch für die Unternehmen beim Handel und bei Investitionstätigkeiten enorme Erleichterungen mit sich, die sich in Zeit- und Geldersparnis auszahlen. Mehr Erleichterungen und mehr Freiheiten bringen zwar auch mehr Konkurrenz – die soll aber bekanntlich das Geschäft beleben.

So ist mit der Wirtschafts- und Währungsunion die berechtigte Hoffnung auf einen Wohlstandsschub für das gesamte Europa verbunden. Dass es zu einzelnen „Verlierern" in bestimmten Regionen oder Branchen kommen kann, ist nicht zu leugnen. Doch insgesamt müssten die gemeinsame Währung und die vermehrten Freiheiten wirtschaftliche Kräfte, wenn nicht entfesseln, aber doch entfalten lassen.

Zum Abschluss des Kapitels zur Währungsunion werden die wichtigsten Institutionen – allen voran die Europäische Zentralbank – und der Euro als gemeinsame europäische Währung thematisiert.

13.3   Das Europäische System der Zentralbanken

Die wichtigste Institution der Europäischen Währungsunion ist die Europäische Zentralbank (EZB). Die EZB ihrerseits ist eingebunden in das Europäische System der Zentralbanken (ESZB) und zwar institutionell als Tochterinstitut des Europäischen Zentralbankensystems. Neben diesen Institutionen findet sich schließlich auch noch die „Institution" des Eurosystems. Hier sind Unterschiede zu beachten, die damit zu tun haben, dass nicht alle Länder der Europäischen Union auch gleichzeitig der Währungsunion angehören.

Europäisches System der Zentralbanken (ESZB): Dem Europäischen System der Zentralbanken EZBS gehören die Europäische Zentralbank und die nationalen Zentralbanken aller EU-Mitgliedsländer an, unabhängig davon, ob diese Länder der eigentlichen Währungsunion angehören und den Euro schon eingeführt haben oder nicht.

ESZB Europäisches System der Zentralbanken	Konvergenz- kriterien	**Eurosystem** Mitgliedstaaten, die den Euro eingeführt haben.
EZB und die nationalen Zentral- banken aller EU-Staaten (aktuell 28)		**EZB** und die nationalen Zentral- banken der Währungsunion (aktuell 19)

Eurosystem: Die Zusammenarbeit im Rahmen der Währungsunion – also Europäische Zentralbank und Zentralbanken der Länder, die der Währungsunion angehören – läuft unter dem „Titel" Eurosystem. Das Eurosystem (als Begriff nicht im Maastrichter Vertrag enthalten) besitzt keine eigene Rechtspersönlichkeit und wurde zu Beginn der dritten Stufe der Europäischen Währungsunion vom EZB-Rat eingeführt, um den Teil des Europäischen Systems der Zentralbanken zu definieren, der sich mit der einheitlichen Geldpolitik des Euro-Währungsraumes beschäftigt. Dem Eurosystem gehören also nur die Zentralbanken beziehungsweise Länder an, die dem Euro-Währungsraum beigetreten sind.

Am Ende des europäischen Einigungsprozesses sollen ESZB und Eurosystem synonym verwendet werden. Das würde bedeuten, dass dann alle EU-Staaten dem Euro-Währungsgebiet beigetreten sind und den Euro eingeführt haben!

Hinweis: Das eigentliche Entscheidungsorgan sowohl des Europäischen Zentralbankensystems als auch des Eurosystems ist die **Europäische Zentralbank (EZB)**, so dass faktisch im Zusammenhang mit der Geldpolitik nur noch von der EZB gesprochen wird, obwohl die nationalen Zentralbanken dazu gehören, aber nicht immer explizit erwähnt werden.

13.4   Die Europäische Zentralbank

Die Europäische Zentralbank (EZB) wurde am 1. Juli 1998 als Tochterinstitut der nationalen Zentralbanken errichtet. Die EZB ist eine regierungsunabhängige Institution mit Sitz in Frankfurt am Main, die für die Geldpolitik zuständig ist und deren Hauptziel die Preis- bzw. Geldwertstabilität in Europa ist. Die EZB spielt eine entscheidende Rolle im europäischen Integrationsprozess und kann sicherlich als wichtigste Institution der Europäischen Wirtschafts- und Währungsunion bezeichnet werden.

Europäische Zentralbank:
- gegründet: 1. Juli 1998
- Sitz: Frankfurt am Main
- Aufgabe: Geldpolitik
- Hauptziel: Geldwert- bzw. Preisstabilität in der Währungsunion
- Status: regierungsunabhängig

Um eine unabhängige, vertrauensvolle und erfolgreiche Geldpolitik gewährleisten zu können, ist die institutionelle Ausgestaltung – also der organisatorische Aufbau und die Entscheidungsstruktur sowie die personelle Besetzung – ein entscheidender Faktor in der Konzeption des Bankensystems insgesamt.

13.4.1   Der EZB-Rat

Wichtigstes Gremium der Europäischen Zentralbank ist der EZB-Rat. Entscheidungsorgane des Rates sind:
- der Präsident,
- der Vizepräsident,
- vier Mitglieder des Direktoriums der EZB
- die Präsidenten der nationalen Zentralbanken, die sich in der Währungsunion befinden

Beschlüsse des EZB-Rates werden, bis auf wenige Ausnahmen, mit einfacher Mehrheit gefasst. Jedes Mitglied hat eine Stimme (one member – one vote). Bei Stimmengleichheit entscheidet die Stimme des EZB-Präsidenten.

Erweiterter Rat: Neben dem eigentlichen EZB-Rat existiert der erweiterte Rat. Im Unterschied zum normalen EZB-Rat gehören dem erweiterten Rat die Präsidenten aller nationalen Zentralbanken der Europäischen Union an.

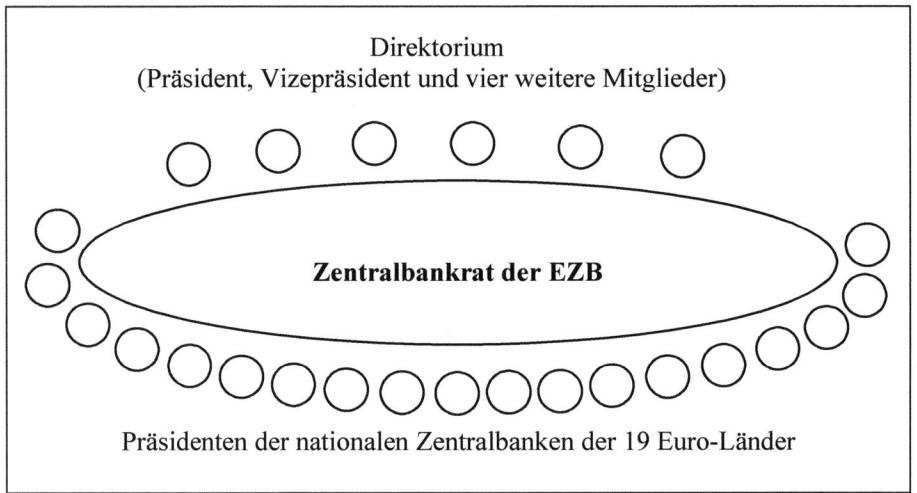

Abbildung 2.24: Organisationsstruktur des EZB-Rates (Stand 2015)

Exkurs: Zentrale oder dezentrale Struktur der Europäischen Zentralbank

Im Vergleich zur Deutschen Bundesbank, deren zentrale und unabhängige Struktur und Organisation Vorbild für die Europäische Zentralbank war, ist die EZB ebenfalls unabhängig und zentral organisiert, weist aber auch einige dezentrale Elemente auf.

So kann das Direktorium der EZB als zentral und unionsorientiert – nicht parteipolitisch gemeint, sondern auf die Belange der Europäischen Union insgesamt bezogen – charakterisiert werden, während die Präsidenten der nationalen Zentralbanken per se eher als dezentral und national orientiert angesehen werden können. Ob sich hier nationale Interessen einschleichen können, die das Allgemeininteresse gefährden, wird sich zeigen. Bis jetzt kann der EZB im Großen und Ganzen eine sehr gute Arbeit zugestanden werden. Allein die Einführung des Euros als gesetzliches Zahlungsmittel in Europa zum Stichtag 1. Januar 2002 war eine Meisterleistung.

13.4.2   Unabhängigkeit der Europäischen Zentralbank

Die institutionelle Unabhängigkeit der Europäischen Zentralbank, im Sinne der Freiheit von Weisungen anderer Institutionen, zeigt sich in der relativ langen Amtszeit des Präsidenten von acht Jahren. Damit will man allzu häufige Wahlkämpfe und nationale Eitelkeiten bei der Stellenbesetzung vermeiden.

Präsident: Der erste Präsident der EZB von 1998 bis 2003 war der Niederländer Willem (Wim) F. Duisenberg. Ihm folgte von 2003 bis 2011 der Franzose Jean-Claude Trichet nach. Die erste kürzere Amtszeit von „Wim" Duisenberg war ein „Deal", um nationale Interessen bei der Stellenbesetzung in den Griff zu bekommen. Aktuell hat der Italiener Mario Draghi das Amt des EZB-Präsidenten inne (voraussichtlich bis 2019).

Unabhängigkeit der EZB:

institutionell: Freiheit der EZB und der nationalen Zentralbanken von Weisungen Dritter (Regierungen der Mitgliedsländer).

personell: Die Amtszeit des Präsidenten beträgt acht Jahre (keine Wiederwahl); die der Präsidenten der nationalen Zentralbanken mindestens fünf Jahre.

finanziell: Die EZB hat einen eigenen Haushalt und ist nicht zur Gewinnerzielung verpflichtet.

funktionell: Die EZB ist ausschließlich der Geldwert- beziehungsweise Preisstabilität verpflichtet und muss nicht auf andere Ziele Rücksicht nehmen.

Geldwertstabilität: Die Unabhängigkeit der EZB in ihrem Einsatz für die Geldwertstabilität zeigt sich jedoch nicht allein in der langen Amtszeit des Präsidenten, sondern auch in ihrer finanziellen Unabhängigkeit und im Hinblick auf ihre Zielsetzung. Die EZB verdient ihr eigenes Geld und in ihrem Einsatz für Geldwertstabilität hat sie quasi keine Konkurrenz. Denn zwischen der Finanzpolitik der nationalen Regierungen (zum Beispiel Steuersätze festlegen) und der Geldpolitik der Zentralbank (zum Beispiel Zinssätze festlegen) wird strikt getrennt. Für Geld und Zinsen ist die Zentralbank zuständig und für Steuern und Abgaben die Regierungschefs und Finanzminister der Mitgliedsländer.

13.4.3   Ziele und Aufgaben der Europäischen Zentralbank

Oberstes und wichtigstes Ziel der EZB ist die Preisstabilität beziehungsweise die Geldwertstabilität (§105 EU-Vertrag). Dieses Ziel verfolgt sie mit einer entsprechenden Geldmengen- und Zinspolitik. Neben dem Hauptziel der Preisstabilität kann die EZB die allgemeine Wirtschaftspolitik, also zum Beispiel die Konjunktur- und Beschäftigungspolitik der Mitgliedstaaten unterstützen, solange das Ziel der Preisstabilität nicht gefährdet wird.

Hauptziel der Europäischen Zentralbank:

➢ Geldwert- beziehungsweise Preisstabilität in Europa sichern.

Nebenziel der Europäischen Zentralbank:

➢ Allgemeine Wirtschaftspolitik (Wachstum und Beschäftigung) der EU-Mitgliedstaaten unterstützen.

Die EZB ist schließlich für weitere Aufgaben zuständig. Dazu gehört die Versorgung der Wirtschaft mit Geld, das heißt die Herausgabe (Emittieren) von Banknoten und die Gewährleistung und Abwicklung des Zahlungsverkehrs mit und zwischen den nationalen Notenbanken und den privatwirtschaftlichen Geschäftsbanken sowie ausländischen Banken. Die EZB hält und verwaltet Währungs- und Goldreserven und sie wickelt Devisentransaktionen (ausländisches Geld) ab.

Weitere Aufgaben der Europäischen Zentralbank:

• Banknoten emittieren
• Devisentransaktionen
• Währungsreserven halten und verwalten
• Zahlungsverkehr abwickeln und gewährleisten

13.5   Die Deutsche Bundesbank

Mit Errichtung der Europäischen Zentralbank hat die Deutsche Bundesbank als ehemalige Zentralbank Deutschlands einen enormen Bedeutungsverlust erfahren. Doch dies war im Sinne einer einheitlichen europäischen Geldpolitik und zum Zwecke einer gemeinsamen Währung unabdingbar und politisch gewollt.

13.5.1   Von der Reichsbank zur Deutschen Bundesbank:

Betrachtet man die Geschichte der Zentralbanken in Deutschland, lässt sich diese bis ins Deutsche Reich im 19. Jahrhundert zurückverfolgen. Im Jahr 1875 wurde erstmals als nationale deutsche Notenbank die Reichsbank gegründet, die bis zum Zweiten Weltkrieg Bestand hatte.

Nach dem Zweiten Weltkrieg gab es einen Neuanfang in Form von Landeszentralbanken in den westlichen Besatzungszonen. Als Dachorganisation dieser Landeszentralbanken wurde 1948 die Bank deutscher Länder errichtet. Nachfolgeinstitution dieser Bank deutscher Länder wurde schließlich im Jahr 1957 die Deutsche Bundesbank.

> **Deutsche Bundesbank**:
> ➢ gegründet 1957 als Nachfolgeinstitution der Bank deutscher Länder.

Gemäß damaligem Bundesbankgesetz von 1957 regelte die Deutsche Bundesbank „den Geldumlauf und die Kreditversorgung der Wirtschaft mit dem Ziel, die Währung zu sichern" (§3 BBankG). Und diese im Gesetz genannte Währung war die berühmte Deutsche Mark, so dass der Einsatz für die Stabilität der DM über mehrere Jahrzehnte hinweg wichtigstes Anliegen der Deutschen Bundesbank war.

Mit der Gründung der Europäischen Zentralbank 1998 und dem Eintritt Deutschlands in die Europäische Währungsunion 1999 hat das Aufgabengebiet der Deutschen Bundesbank einschneidende Änderungen erfahren. Im Vordergrund steht sicher der Verlust der Geldsouveränität an die Europäische Zentralbank. An der eigentlichen Zielsetzung der Preis- und Geldwertstabilität hat sich nichts geändert.

> **Zielsetzung der Deutschen Bundesbank:**
> ➢ Mitwirkung im Europäischen System der Zentralbanken mit dem vorrangigen Ziel, die Preisstabilität zu gewährleisten.

Denn nach Bundesbankgesetz neuerer Fassung wirkt die Deutsche Bundesbank nun an der Erfüllung der Aufgaben im Europäischen System der Zentralbanken „mit dem vorrangigen Ziel mit, die Preisstabilität zu gewährleisten" (§3 BBankG). Durch die Übergabe der Entscheidungsgewalt an die Europäische Zentralbank bedeutet dieses Mitwirken für die Deutsche Bundesbank hauptsächlich Umsetzungs- und Beratungsfunktion.

13.5.2   Aufgaben und Organisation der Deutschen Bundesbank

Die Deutsche Bundesbank nimmt weiterhin eine Fülle von Aufgaben wahr, die danach unterschieden werden können, ob sie zentralen europäischen Charakter oder nationalen Bezug haben.

> **Wesentliche Aufgaben im Europäischen Zentralbankensystem:**
> • Anwendung der geldpolitischen Instrumente der EZB.
> • Bargeldversorgung des Geldmarktes mit Scheinen und Münzen und Pflege des Bargeldumlaufs.
> • Verwaltung der Währungsreserven der EZB.

Trotz Verlagerung wesentlicher Zuständigkeiten auf die EZB, obliegen der Bundesbank auch national weiterhin viele wichtige Verantwortungs- und Aufgabenbereiche.

Wesentliche Aufgaben als nationale Institution:

- Verwaltung nationaler Währungsreserven, wie z.B. Gold* und Dollar-Devisen.
- Hausbank des Staates, wozu beispielsweise die Abwicklung von Wertpapieremissionen des Bundes gehört.
- Bankenaufsicht zusammen mit der Bundesanstalt für Finanzdienstleistungsaufsicht.
- Abwicklung des Zahlungsverkehrs im Inland und mit dem Ausland.

* Goldverkauf in der Zuständigkeit der EZB/Bundesbank und Verwendung in der Zuständigkeit der Bundesregierung.

Gewinne: Im Rahmen ihrer Aufgabenerfüllung kann die Bundesbank Überschüsse erwirtschaften – zum Beispiel durch Zinserträge. Als Institution des Bundes fließen diese potentiellen Gewinne der Bundesbank, die mehrere Milliarden Euro pro Jahr betragen können, dem Bund zu. Insofern kann sich weiterhin jedes Jahr ein warmer Geldregen auf das Girokonto des Bundes respektive in die „Kasse des Finanzministers" ergießen.

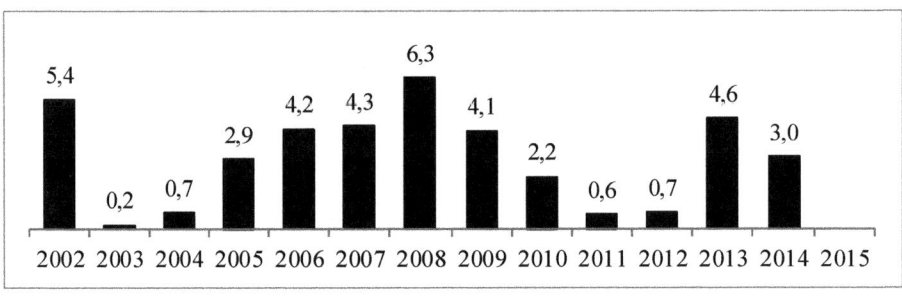

Abbildung 2.25: Gewinne der Deutschen Bundesbank (in Milliarden Euro), Jahr 2015 noch keine Angaben [Quelle: Deutsche Bundesbank]

Auf das Konto der Deutschen Bundesbank können im Übrigen auch anteilige Gewinne der Europäischen Zentralbank eingehen. Erwirtschaftet nämlich die EZB Gewinne, werden diese Überschüsse an die nationalen Zentralbanken verteilt.

Sitz: Ihren Sitz hat die Deutsche Bundesbank wie auch die Europäische Zentralbank in **Frankfurt am Main**. Im Jahr 2002 erfolgte eine Neustrukturierung der Zentrale in Frankfurt und der Landeszentralbanken, die zu neun Hauptverwaltungen umfunktioniert wurden. Die Bundesbank beschäftigt rund 9.500 Menschen (Stand 2014). Gegenüber 2011 bedeutet das einen Rückgang von mehr als einem Drittel.

Präsident: Die Deutsche Bundesbank wird vom Präsidenten geleitet, der seinerseits dem achtköpfigen Vorstand untersteht. Ernannt wird der Präsident auf Vorschlag der Bundesregierung. Bis 2004 war **Ernst Welteke** Präsident der Deut-

schen Bundesbank. Nach dem vorzeitigen Rücktritt Weltekes wegen der sogenannten Hotel-Affäre (Welteke tagte an Silvester 2003 auf Einladung des Banken-
verbandes im Berliner Adlon), wurde **Axel Weber** als Nachfolger für das Präsidentenamt der Bundesbank bestimmt. Und seit 2011 führt **Jens Weidmann** die
Geschäfte. Der Bundesbankchef ist automatisch als Mitglied im Rat der Europäischen Zentralbank bestellt.

13.6   Der Euro – Die gemeinsame Währung Europas

In der Geschichte begegnen uns immer wieder singuläre Wendereignisse, die uns
in der Erwartung des Eintreffens dieser ungewöhnlichen Situationen in eine aufge-
regte, ängstliche oder erwartungsvolle Stimmung bringen – vergleichbar dem
transzendentalen Charakter einer totalen Sonnenfinsternis.

Wiedervereinigung: Die jüngere Geschichte bietet ob ihrer geopolitischen oder
zumindest europolitischen Umbruchphase spannendes Anschauungsmaterial.
Dazu gehören nach dem Zusammenbruch des Sowjetimperiums der Fall der Mau-
er in Berlin und die Wiedervereinigung Deutschlands am 3. Oktober 1990. Im
wahrsten Sinne des Wortes haben Menschen hier bei freiem Überschreiten der
vormals tödlichen Grenze bewegende Grenzerfahrungen machen können.

Jahrtausendwende: Ein interessantes Grenzerlebnis war schließlich auch der
Übergang ins dritte Jahrtausend, zumal hiermit durch die Umstellung vom
31.12.1999 auf den 01.01.2000 die große „Computerfrage" verbunden war: Funktioniert die Umstellung der vielen Daten von 99 auf 00? Es hat funktioniert.

Währungsumstellung: Zwei Jahre später bewegte die Menschen ein weiteres, für
viele einmaliges Ereignis und zwar die Währungsumstellung der nationalen Währungen Europas auf die neue gemeinschaftliche Währung Euro und Cent zum
1.1.2002. Für die Westdeutschen lag die letzte Währungsumstellung nach dem
Zweiten Weltkrieg über 50 Jahre zurück. Die Ostdeutschen mussten oder durften
im Rahmen der Wiedervereinigung schon eine historisch jüngere Währungsumstellung miterleben.

13.6.1   Die Einführung des Euro

Euro-Umstellung: Die Umstellung auf den Euro war ein gigantisches Unterfangen. Unabhängig von währungspolitischen Entscheidungen zur Wechselkursfest-
setzung und der institutionellen Ausgestaltung der Europäischen Zentralbank gab
es ganz praktische Dinge zu erledigen. Die neue Währung musste entworfen werden: Wie sollte sie aussehen und wie sollte sie fälschungssicher gemacht werden?
Dann mussten die Banknoten und Münzen hergestellt, gedruckt und geprägt werden. Schließlich mussten sie zu den Banken transportiert und in die Geldautoma-
ten gebracht werden. Und das alles sollte auf diesen einen Wendepunkt vom 31.
Dezember 2001 auf den 1. Januar 2002 hin funktionieren.

„Starter Kit": Um sich an die neue Währung zu gewöhnen und sich mit ihr vertraut zu machen, erhielten die Bundesbürger am 17. Dezember 2001, zwei Wochen vor dem offiziellen Start des Euros als gesetzliches Zahlungsmittel, ein kleines Beutelchen („Starter Kit") mit den verschiedenen Euromünzen im Wert von 20 DM beziehungsweise 10,23 Euro. Der Einzelhandel half bei der Umstellung mit, indem er für eine Übergangszeit die Waren sowohl in DM als auch in Euro auszeichnete.

Altes und neues Geld: Um „altes Geld" loszuwerden hatte man zwei Monate Zeit. Vom 1. Januar bis 28. Februar 2002 konnte noch in DM bezahlt und auf der Bank umgetauscht werden. Danach und bis heute ist nur noch ein Umtausch bei den Landeszentralbanken beziehungsweise der Hauptverwaltung der Deutschen Bundesbank möglich. Der organisatorische und technische Umstellungsprozess hat erstaunlich gut funktioniert. Inwiefern die mentale Umstellung, also das gedankliche Umrechnen von Euro in DM und umgekehrt und letztlich die Akzeptanz der neuen Währung funktioniert hat, wird unterschiedlich bewertet. Wenn Unbehaglichkeiten bei den Bürgern anzusprechen sind, betrifft dies vor allem das Preisgefühl, also das Gefühl, dass alles teurer geworden ist.

Am 1. Juli 2002 schließlich verlor die D-Mark ihre Funktion als Zahlungsmittel!

13.6.2   Banknoten und Münzgeld

Das Eurobargeld als gesetzliches Zahlungsmittel in den Ländern der Europäischen Währungsunion besteht aus den Geldscheinen beziehungsweise Banknoten und dem Münzgeld.

a) Euro-Banknoten (Geldscheine)

Die Bandbreite der sieben Euro-Geldscheinwerte reicht vom 5-Euro-Schein über den 10er, 20er, 50er, 100er und 200er bis zum 500-Euro Schein.

Die Motive der Euro-Geldscheine sind sowohl was die Vorderseite anbelangt als auch die Rückseite in allen Teilnehmerländern identisch. Die Banknoten zeigen Baustile, die Europas Kultur repräsentieren, stellen jedoch keine konkreten Bauwerke dar.

b) Euro-Münzen

Die Euro-Münzen sind in acht unterschiedlichen Wertstufen eingeteilt:

- 1 Cent, 2 Cent und 5 Cent-Münzen (kupferfarben)
- 10 Cent, 20 Cent und 50 Cent- Münzen (goldfarben)
- 1-Euro und 2-Euro-Münze (silber- und goldfarben)

Im Gegensatz zu den Banknoten weisen die Euro-Münzen auf der Rückseite in den zwölf Teilnehmerländern unterschiedliche Motive auf. Die deutschen 1-, 2- und 5-Cent Münzen zeigen den Eichenzweig, die 10-, 20- und 50-Cent-Stücke das

Brandenburger Tor und die 1- und 2-Euro-Münzen den Bundesadler. Auf den Vorderseiten sind die Münzen in allen Ländern einheitlich.

c) Sicherheitsmerkmale:

Die Euro-Banknoten sind mit einer Reihe von Sicherheitsmerkmalen versehen, die einen echten Schein relativ leicht vom gefälschten unterscheiden lassen. Die Banknoten werden auf Papier aus reiner Baumwolle gedruckt, das sich spürbar von normalem Papier unterscheidet. Durch die Verwendung einer speziellen Drucktechnik sind einige Bildelemente auf der Vorderseite der Scheine ertastbar.

Die Sicherheitsmerkmale der Euro-Banknoten sind das Wasserzeichen, der Sicherheitsfaden, der Spezial-Folienstreifen, der Perlglanzstreifen und der Farbwechsel.

d) Geldfälschung:

Eine neue Währung weist neue und für Geldfälscher sicherlich schwer zu „knackende" Sicherheitsmerkmale auf. Gleichzeitig bietet sich Geldfälschung an, da viele Bürger die neue Währung nicht richtig kennen.

Fast 42.000 falsche Euro-Banknoten und fast 52.000 falsche Euromünzen registrierte die Deutsche Bundesbank im Jahr 2012. Beliebtestes Fälschungsobjekt war die 2-Euro-Münze, gefolgt vom 20-Euro-Schein. Geldfälscher sind aber auch schon dabei ertappt worden, 1.000-Euro-Scheine, welche es offiziell gar nicht gibt, an den Mann und die Frau bringen zu wollen.[82]

---

[82] Quelle: Deutsche Bundesbank.

14 Währung und Wechselkurs

Die Bildung von Währungen und Wechselkursen sowie deren Bedeutung in der Wirtschaftspolitik gehört zu den komplizierten aber auch äußerst spannenden Themengebieten der Volkswirtschaftslehre. Und auch wenn in Europa durch die Einführung des Euro Währungen weniger geworden sind, sind die Verflechtungen mit den USA und mit Großbritannien, mit China und Japan, mit der Schweiz und vielen anderen Währungsnationen stärker denn je … davon abgesehen, spiegelt die Stärke von Währungen immer auch die wirtschaftliche und politische Macht von Nationen und Währungsräumen wieder. Und Währungen und Wechselkurse spielen eine wichtige Rolle beim Export von Autos in die USA und beim Urlaub in England (Gütermarkt), bei der Preisentwicklung des Erdöls (Beschaffungs- und Rohstoffmarkt) und bei der Geldanlage in japanischem Yen (Kapitalmarkt), beim Job in der Schweiz (Arbeitsmarkt) und bei Stützungskäufen der Zentralbank (Geld- und Devisenmarkt).

14.1 Auswirkungen von Wechselkursänderungen

Inwiefern Währungen und Wechselkursänderungen andere Wirtschaftsabläufe beeinflussen, soll nun anhand von zwei Beispielen verdeutlicht werden. Beispiel 1 beschreibt exemplarisch den Export von Waren (hier Autos) in die USA in Abhängigkeit vom Eurokurs. Beispiel 2 verdeutlicht den Zusammenhang von USA-Urlaubsreisen und Wechselkursänderungen.

14.1.1 Beispiel: Warenexport in die USA

Im ersten Beispiel wird der Zusammenhang zwischen Wechselkursänderungen und Außenhandel aufgezeigt. Der Außenhandel bezieht sich auf den Export von Autos in die USA. Die relevanten Währungen sind Euro und US-Dollar. Konkret: Der Texaner Johnny Rich will einen Porsche aus Deutschland kaufen!

- Handelsnationen: Deutschland und USA
- Exportgut: Porsche
- Preis des Porsche: 100.000 Euro.
- Käufer des Porsche: Johnny Rich

Situation A: 1 Euro ist 1,20 US-Dollar wert: Wechselkurs = **1,20 $/€.**

→ Um den Porsche finanzieren zu können, muss Johnny Rich 120.000 Dollar investieren.

Situation B: Der Euro ist stärker geworden und 1,40 US-Dollar wert:
Wechselkurs = **1,40 $/€.**

→ Johnny Rich muss nun 140.000 Dollar investieren, um den 100.000 Euro-Porsche finanzieren zu können.

Ergebnis: Wird die heimische Währung stärker, was sich in einer Zunahme des Euro-Kurses widerspiegelt, erschwert das den Export von Gütern in das Ausland. Eine zurückgehende Auslandsnachfrage würde wieder zu einem Sinken des Euro-Kurses führen, da der Euro dann weniger nachgefragt wird.

14.1.2   Beispiel: Urlaub in den USA

Im zweiten Beispiel plant die deutsche Autohändlerfamilie Fürst nach erfolgreichem Porscheverkauf eine Urlaubswoche in den USA.

- Urlaubsfamilie: Familie Fürst
- Urlaubsland: USA
- Kosten des Urlaubs: 8.400 Dollar.

Situation A: 1 Euro ist 1,20 US-Dollar wert: Wechselkurs = **1,20 $/€**.

→ Die Urlauberfamilie benötigt 7.000 Euro.

Situation B: 1 Euro ist 1,40 US-Dollar wert: Wechselkurs = **1,40 $/€**.

→ Die USA-Reisenden benötigen nur noch 6.000 Euro.

Ergebnis: Eine Aufwertung und ein damit verbundener Kursanstieg der heimischen Währung erleichtert die finanzielle Urlaubsplanung im Ausland. In der Folge würde der US-Dollar aber wieder an Wert gewinnen, da viele reisewillige Deutsche US-Devisen nachfragen und somit den Dollar stärker machen.

14.2   Definition von Währung und Wechselkurs

14.2.1   Die Währung

Eine Währung[83] ist nichts anderes als das Geld eines bestimmten Landes – z. B. der Schweizer Franken als Geldeinheit der Schweiz oder der Yen als Geldeinheit Japans. Weltweit existieren über 160 Währungen.[84]

Definition von Währung:

➢ Unter Währung versteht man die konkrete Geldeinheit eines Staates, z. B. Euro für Deutschland, US-Dollar für die USA, Yen für Japan oder Renminbi Yuan für China)

Der Außenwert einer Währung wird durch den Wechselkurs bestimmt.

---

[83] Währung kommt vom mittelhochdeutschen „werunge" und bedeutet Gewährleistung.
[84] Die üblichen Abkürzungen für Währungen bzw. Devisen folgen einem internationalen Standard (ISO 3166) und setzen sich aus drei Buchstaben – zwei für das Land und einem für den Währungsnamen – zusammen. USD steht für US-Dollar oder CHF für den Schweizer Franken. Der europäische Euro müsste eigentlich EUE als Abkürzung haben, wurde aber der Lesbarkeit wegen in EUR „umgetauft".

Eine Geld- oder Währungseinheit kann nicht nur aus der Innensicht eines Landes betrachtet werden, sondern auch von außen – aus der Sicht eines anderen Landes. Dann spricht man vom Außenwert einer Währung und dieser Außenwert einer Währung ergibt sich durch den Wechselkurs von zwei Währungen.

14.2.2   Der Wechselkurs

Werden zwei Währungen miteinander in Beziehung gebracht und ins Verhältnis zueinander gesetzt, spricht man vom Austauschverhältnis von zwei Währungen beziehungsweise vom Wechselkurs (also wie viel Schweizer Franken oder US-Dollar erhalte ich für einen Euro oder wie viel Euro erhalte ich für einen Schweizer Franken oder einen US-Dollar).

Der Wechselkurs drückt somit den Preis einer Währung durch eine andere Währung aus.

Wechselkurs:
- Preis einer Währung definiert durch eine andere Währung.
- Preis, zu dem zwei Währungen gewechselt werden. (Austauschverhältnis von zwei Währungen)

Die Preisbildung bei Währungen unterscheidet sich prinzipiell nicht von der Preisbildung bei Gütern. Analog der Formulierung *„Eine Brezel kostet 0,50 Euro"* kann formuliert werden *„Ein US-Dollar kostet 0,80 Euro"*. Selbstverständlich ist auch die umgekehrte Perspektive sinnvoll: So wie gesagt wird *„Für einen Euro erhalte ich zwei Brezeln"* kann formuliert werden *„Für einen Euro erhalte ich 1,25 US-Dollar"*.

14.2.2.1 Preis- und Mengennotierung von Wechselkursen

Aus diesen zwei unterschiedlichen Formulierungsmöglichkeiten ergeben sich auch zwei unterschiedliche Definitionsmöglichkeiten für den Wechselkurs, nämlich die Preisnotierung und die Mengennotierung. Die Preisnotierung drückt den Preis einer ausländischen Währung durch den Preis der heimischen Währung aus: 1 US-Dollar kostet 0,80 Euro. Die Mengennotierung drückt den Preis der heimischen Währung durch eine ausländische Währung aus: 1 Euro kostet 1,25 US-Dollar.

Merkhilfe: Der Preis von Gütern wird üblicherweise in einer heimischen Währungseinheit ausgedrückt: 1 Brot kostet 2,50 Euro. Das ist eine Preisnotierung. Der Preis für Brot wird durch eine Euroeinheit notiert. Genauso verhält es sich auch mit dem Gut „Dollar". Auch der Dollar hat einen Preis. Er kostet nämlich 0,80 Euro. Das ist die Preisnotierung. So wie das Brot seinen Preis hat, so hat der Dollar oder der Schweizer Franken seinen Preis. Die Preisnotierung entspricht somit der üblichen Preisbildung für Güter.

Preis- und Mengennotierung von Wechselkursen:

Preisnotierung: Preis einer ausländischen Währung ausgedrückt durch die heimische Währung.

- Was ist ein Dollar wert?
- 1 US-Dollar kostet 0,80 Euro (Euro je Dollar).
- Wechselkurs preisnotiert: **wk^p = 0,80 €/$.**

Mengennotierung: Preis der heimischen Währung ausgedrückt durch eine ausländische Währung.

- Was ist ein Euro wert?
- 1 Euro kostet 1,25 US-Dollar (Euro in Dollar).
- Wechselkurs mengennotiert: **wk^m = 1,25 $/€.**

Kehrwert: Die Preis- und die Mengennotierung sind zwei Seiten ein und derselben Medaille. Mathematisch ausgedrückt heißt das, dass die Preisnotierung den Kehrwert der Mengennotierung darstellt und umgekehrt.

Wechselkurs preisnotiert: **wk^p**   =   0,80 €/$
Wechselkurs mengennotiert: **wk^m**   =   1,25 $/€

➔   **Kehrwert: wk^m = 1/wk^p**   1,25 $/€ = 1 / (0,80 €/$)

14.2.2.2 Verwendung der Preis- und Mengennotierung

Was die Verwendung der Preis- und Mengennotierung anbelangt, haben sich in der Theorie und in der Praxis unterschiedliche Verwendungen herauskristallisiert. In den angelsächsischen Ländern wird üblicherweise die Mengennotierung verwendet. In Deutschland dagegen wird der amtliche Devisenkurs in Preisnotierung angegeben. Das trifft auch für die Handhabung in vielen deutschen Fachbüchern zu, wo mit der Preisnotierung gearbeitet wird.

Die Preisnotierung wird jedoch immer mehr von der Mengennotierung verdrängt. Mit der Einführung des Euro ist die Mengennotierung auch in Kontinentaleuropa üblicher geworden. Werden in den Medien Eurokurse bekannt gegeben, sind es mengennotierte Kurse; zum Beispiel die Mitteilung, dass der Euro von 1,20 Dollar je Euro auf 1,25 Dollar je Euro angestiegen ist.

Preisnotierung	Mengennotierung
• in Deutschland als Devisenkurs üblich • in vielen deutschen Fachbüchern üblich	• in angelsächsischen Ländern üblich • seit Einführung des Euro auch in Kontinentaleuropa üblich

Die Mengennotierung hat den Vorteil, eingängiger und leichter verständlich zu sein, was den Zusammenhang von Wechselkursentwicklung und Aufwertungen bzw. Abwertungen einer Währung betrifft. Bei der Preisnotierung sinkt der Kurs einer Währung, wenn die Währung stärker wird, während bei der Mengennotierung die Aufwertung einer Währung mit einem Kursanstieg korrespondiert und die Abwertung mit einem Kursrückgang einhergeht.[85]

Hinweis: In diesem Buch wird der **mengennotierte Wechselkurs** verwendet!

14.3   Wechselkursbildung und Kaufkraftparitätentheorie

Wechselkurse sind einer ständigen Veränderung unterworfen. Täglich, ja sogar laufend werden die Kurse vermeldet: Der Euro steht bei 1,40 Dollar, oder ist auf 1,20 Dollar gesunken oder auf 1,50 Dollar gestiegen. Doch woher kommen diese Änderungen, ja wie bildet sich überhaupt ein Wechselkurs und der Wert einer Währung? Warum stehent der Euro also bei 1,40 Dollar und das Englische Pfund bei 1,10 Euro? Wer legt diese Kurse fest? Was verbirgt sich letztlich hinter diesen Kursen und Austauschverhältnissen? Eine Antwort hierauf gibt die Kaufkraftparitätentheorie!

14.3.1   Konzept der Kaufkraftparitätentheorie

Die Kaufkraftparitätentheorie gehört zu den klassischen Erklärungsmodellen der Wechselkursbildung und definiert das Austauschverhältnis von zwei Währungen durch das Austauschverhältnis von Gütern. Das Austauschverhältnis von Gütern wiederum lässt sich über die Preise dieser Güter erklären. So kann die These aufgestellt werden, dass Wechselkurse die Güterpreise von zwei Ländern widerspiegeln.

Die Kaufkraftparitätentheorie erklärt also den Wechselkurs durch den Unterschied der Preisniveaus zweier Länder beziehungsweise der Kaufkraft zweier Währungen.

Kaufkraftparitätentheorie:
➢ Wechselkurse spiegeln das unterschiedliche Preisniveau zweier Länder wider.

Beispiel: Die relevanten Länder sind Deutschland und die Schweiz. Die alleinigen Güter beider Länder sind Fahrräder (homogenes Gut!). Ein Fahrrad in Deutschland kostet 1.000 Euro (Preis p für das inländische Gut) und ein Fahrrad in der Schweiz 2.000 Schweizer Franken (Preis p* für das ausländische Gut). Wenn sich Wechselkurse über das Verhältnis der beiden Preisniveaus definieren, muss der Wechselkurs 2 CHF/EUR betragen.

---

[85] Siehe hierzu auch Kapitel 15.3 „Wechselkursgestaltung".

Schweiz: p* = 2.000 Franken
Deutschland: p = 1.000 Euro   } | wk = 2 CHF/EUR |

Der Wechselkurs (mengennotiert) entspricht dem Verhältnis zwischen ausländischem Preisniveau (p*) und inländischen Preisniveau (p).

wk = p*/ p	wk = Wechselkurs
	p* = ausländisches Preisniveau
	p = inländisches Preisniveau

Entspricht der Wechselkurs nicht dem Verhältnis der beiden Preise, gäbe es marktwirtschaftliche Anpassungsprozesse – sogenannte Arbitragegeschäfte.

14.3.2   Arbitragegeschäfte und das Gesetz vom einheitlichen Preis

Arbitragegeschäft bedeutet, dass man mit unterschiedlichen Preisen für das gleiche Gut „Geschäfte machen" kann. Normalerweise sollte es so sein, dass gleiche Güter auch gleich viel kosten. Dahinter steht das Gesetz von der Einheitlichkeit der Preise für gleiche Güter.[86] Sind diese einheitlichen Preise jedoch nicht gegeben, kommen die erwähnten Arbitragegeschäfte zum Tragen.

Gesetz vom einheitlichen Preis:
> ➢ Ein Gut muss sich überall zum gleichen Preis verkaufen; wenn nicht, gäbe es nicht ausgenutzte Gewinnmöglichkeiten (Arbitragegeschäfte).

Beispiel Mercedes: Ein E-Klasse-Mercedes kostet in Stuttgart 60.000 Euro und dasselbe Modell in Berlin 50.000 Euro. Folge ist, dass „Geschäftstüchtige" beziehungsweise „Ökonomen" für 50.000 Euro Autos in Berlin kaufen, um sie für 60.000 Euro in Stuttgart zu verkaufen. Durch die zunehmende Nachfrage nach Autos in Berlin und das zunehmende Angebot derselben Marke in Stuttgart wird der Preis in Berlin steigen und der in Stuttgart sinken, bis sich die Preise zwischen 50.000 und 60.000 Euro bei vielleicht 55.000 Euro angeglichen haben.[87]

Arbitragegeschäfte:
> ➢ Ausgleich von Preisdifferenzen beim selben Gut auf verschiedenen Märkten (z. B. Autopreise in verschiedenen Ländern oder Aktienkurse an räumlich verschiedenen Wertpapierbörsen).

---

[86] Nach William Stanley Jevons (Brite, 1835 - 1882): Law of one Price.
[87] Ceteris paribus werden Transaktions- und Transportkosten nicht berücksichtigt.

Vergleicht man die Preise von Gütern zwischen verschiedenen Währungsnationen, muss das gleiche Prinzip gelten. Mit einem bestimmten Eurobetrag muss ich überall auf der ganzen Welt die gleiche Menge Autos kaufen können. Das heißt die Kaufkraft einer Währung muss nach dem Gesetz von der Einheitlichkeit des Preises überall gleich groß sein.

Gesetz vom einheitlichen Preis (bei unterschiedlichen Währungen):
➢ Die Kaufkraft einer Währung muss überall gleich groß sein.

In der Praxis ist dieses Gesetz natürlich nicht in Reinform gegeben. Gleiche Güter kosten an verschiedenen Orten unterschiedlich viel. Grund ist die Unvollkommenheit von Märkten. Man muss um der Preise wissen, die Erreichbarkeit und Verfügbarkeit mag unterschiedlich sein, die Homogenität der Güter ist nicht immer eindeutig und vieles andere.

14.3.3 Fallbeispiel Deutschland und Schweiz

Wir greifen das Beispiel der Fahrräder in Deutschland und der Schweiz auf und schauen, was passiert, wenn der Wechselkurs *nicht* dem Verhältnis der Preise entspricht.[88]

Fahrrad Deutschland: p = 1.000 Euro
Fahrrad Schweiz: p* = 2.000 Franken

Drei Fälle werden unterschieden. Im ersten Fall entspricht der Wechselkurs dem Verhältnis der beiden Preise. Im zweiten Fall ist der Euro gegenüber dem Schweizer Franken überbewertet und entspricht somit nicht mehr dem Verhältnis der beiden Preise. Und im dritten Fall kommt die Inflation mit ins Spiel. Fahrradkäufer ist immer Marc aus Konstanz, der entweder in Deutschland oder in der Schweiz seine Einkäufe tätigt.

1. Fall: Wechselkurs entspricht dem Verhältnis der Preise

Fahrrad Schweiz: p* = 2.000 Franken ⎫
Fahrrad Deutschland: p = 1.000 Euro   ⎬ $wk = 2 \text{ CHF/EUR}$

Fahrradkauf in Deutschland: 1.000 Euro für 1 Fahrrad.

Fahrradkauf in der Schweiz: 1.000 Euro in 2.000 Franken umtauschen, um 1 Fahrrad kaufen zu können.

Die Kaufkraft des Euro ist in Deutschland und in der Schweiz gleich groß. Für 1.000 Euro erhält man jeweils ein Fahrrad!

---

[88] Vgl. auch Altmann: Wirtschaftspolitik, 2007, S. 427f.

2. Fall: Der Euro ist gegenüber dem Schweizer Franken überbewertet

Der tatsächliche Kurs beträgt 3 Schweizer Franken zu 1 Euro, was eine Überbewertung des Euro bedeutet: **wk = 3 CHF/EUR.** Es liegt somit eine „Störung" bzw. ein Ungleichgewicht vor, das zu Anpassungsprozessen (ver-)führt.

Fahrrad Schweiz: p^* =   2.000 Franken
Fahrrad Deutschland: p =   1.000 Euro
Wechselkurs: wk =   3 CHF/EUR

Aufgabe: Ingrid hat 12.000 Euro zur Verfügung und soll

   a) entweder möglichst viele Fahrräder erwerben (real/mengenmäßig)
   b) oder möglichst viel Geld damit machen (nominal/wertmäßig).

Lösung: a) 12.000 Euro in 36.000 Schweizer Franken wechseln und damit 18 Fahrräder kaufen (statt nur 12 Fahrräder in Deutschland).

   b) Die 18 Fahrräder in Deutschland für 1.000 Euro je Fahrrad verkaufen und somit aus 12.000 Euro 18.000 Euro machen (Rendite von 50 Prozent).

Folge: a) ... auf dem Gütermarkt: Fahrräder in der Schweiz werden teurer (Nachfragezunahme) und in Deutschland billiger (Angebotszunahme).

   b) ... auf dem Devisenmarkt: Der Schweizer Franken gewinnt an Wert (Nachfragezunahme) und der Euro verliert an Wert (Angebotszunahme).

Ergebnis: a) ... auf dem Gütermarkt: Preiserhöhung auf bspw. 2.400 Schweizer Franken und Preisrückgang auf 800 Euro für je ein Fahrrad. Somit entspricht das Preisverhältnis wieder dem Wechselkurs von 3 zu 1.

   b) ... auf dem Devisenmarkt: Der Wechselkurs pendelt sich wieder bei 2 CHF/EUR ein und entspricht dem Preisverhältnis von 2.000 zu 1.000.

In Abbildung 2.26 sind mögliche Anpassungsprozesse auf den Güter- und Devisenmärkten in Deutschland und in der Schweiz grafisch dargestellt.

Hinweis: Die Ergebnisse sind ceteris paribus, d. h. es wird immer nur eine Wirkung – entweder die reale auf dem Gütermarkt oder die nominale auf dem Devisenmarkt – betrachtet. Daneben wäre auch eine Kombination von beiden Effekten möglich, also z. B. eine Kombination von p^* =2.200 Franken und p = 880 Euro pro Fahrrad sowie wk = 2,5 CHF/EUR.

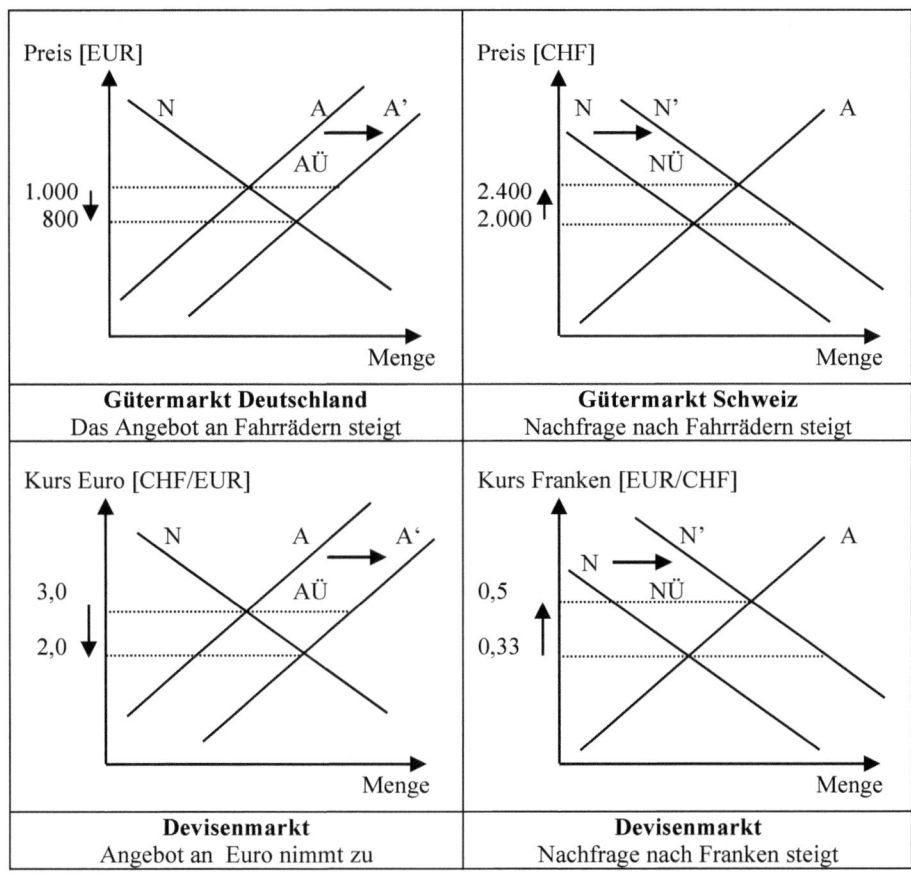

Abbildung 2.26: Anpassungsprozesse auf den Güter- und Devisenmärkten
(AÜ = Angebotsüberhang, NÜ = Nachfrageüberhang)

3. Fall: In Deutschland herrscht Inflation

Der eben besprochene Fall hatte seine Störung – im Vergleich zur Ausgangslage –
auf dem Devisenmarkt, d.h. der Wechselkurs entsprach nicht mehr dem Verhältnis
der Preise. Die Störung könnte nun aber auch auf dem Gütermarkt auftreten. Wir
nehmen an, dass sich in Deutschland die Preise für Fahrräder von 1.000 Euro auf
1.600 Euro erhöhen. Repräsentieren Fahrräder alle Güter in Deutschland, würde
diese Preiserhöhung einer Inflation von 60 Prozent (600/1.000) entsprechen. Die
Fahrradpreise in der Schweiz ändern sich nicht. Ein Fahrrad kostet weiterhin
2.000 Franken. Und auch der Wechselkurs beträgt wie gehabt 2 CHF/EUR.

Fahrrad Schweiz: p^* =   2.000 Franken
Fahrrad Deutschland: p =   1.600 Euro
Wechselkurs: wk   =   2 CHF/EUR

Was passiert? Inflation, sprich Preiserhöhung, im eigenen Land wird dazu führen, dass man die billigeren Güter im Ausland einkauft. Während nämlich ein Fahrrad in Deutschland 1.600 Euro kostet, muss man bei einem Wechselkurs von 2 Franken zu Euro für das Fahrrad in der Schweiz weiterhin nur 1.000 Euro bezahlen. Der Fahrradkauf in der Schweiz und der Import von Fahrrädern nach Deutschland wird zunehmen und der Export aus dem eigenen Land abnehmen. Die Nachfrage nach Schweizer Franken wird dementsprechend zunehmen und die nach Euro entsprechend abnehmen. Pendelt sich der Kurs bei 1,25 CHF/EUR ein, würden das Verhältnis der Preise und das der Währungen wieder zusammenpassen.

Fahrrad Schweiz: p^* = 2.000 Franken ⎫
                                                                      ⎬ $wk = 1,25\ CHF/EUR$
Fahrrad Deutschland: p = 1.600 Euro   ⎭

Die Anpassung könnte ceteris paribus auch auf dem Gütermarkt geschehen oder auf beiden Märkten gleichzeitig.

Fazit: Inflation im eigenen Land erschwert den Export und begünstigt den Import.

Übungsaufgabe: Wechselkursbildung am Beispiel Autokauf auf den Philippinen[89]

Ausgangslage: 1 Euro ist 48 Peso wert: wk^m = 48 Peso/€ bzw. wk^p = 0,02 €/Peso.

1 eigener VW Golf kostet 960.000 Pesos (= 20.000 Euro).
1 aus Deutschland importierter VW Golf kostet 20.000 Euro.

Annahme: Es herrscht eine Inflation von 100 Prozent auf den Philippinen, das heißt, alles wird doppelt so teuer.

Aufgabe: Welche Auswirkungen sind auf den Außenhandel und die Kursentwicklung zu erwarten?

Lösung: Philippinen: Der eigene VW Golf kostet nun 1.920.000 Pesos.
                      Deutschland: Der importierte VW kostet immer noch 20.000 Euro
                                            (= 960.000 Pesos), ist also relativ billiger.

Folge: Die Importe nehmen zu und die Exporte nehmen ab; somit nimmt die Nachfrage nach Euro zu und die Nachfrage nach Peso ab – der Wert des Pesos sinkt.

1 Euro = 96 Peso: wk^m = 96 Peso/€

Ein Golf zu 20.000 Euro kostet nun 1.920.000 Pesos, was zur Folge hat, dass die Exporte wieder steigen und die Importe wieder abnehmen.

---

[89] Vgl. auch Altmann: Wirtschaftspolitik, 2000, S. 425.

14.3.4   Das Zusammenspiel von Geldmenge, Inflation und Wechselkurs

Da der Wechselkurs nach der Kaufkraftparitätentheorie vom Preisniveau und von der Inflation abhängt, müsste er indirekt auch wieder von solchen Faktoren abhängen, die ihrerseits in Bezug zu Preisniveau und Inflation stehen. Zu diesen Faktoren gehört sicherlich das Geldangebot bzw. die Geldmenge (M). Steigt die Geldmenge in einer Volkswirtschaft – sei es nun durch eine entsprechende Zins- und Geldmengenpolitik der Zentralbank bezweckt oder nicht –, erhöht sich auch mit großer Wahrscheinlichkeit das Preisniveau dieses Landes (P) und damit ist auch gleichzeitig eine Abwertung der heimischen Währung (wk) verbunden.

Argumentation: M ↑   =>   P ↑   =>   wk ↓

                   Geldmarkt   Gütermarkt   Devisenmarkt

Somit kann in Form eines Syllogismus (Dreisatzschluss) resümiert werden:

- Wechselkurs hängt vom Preisniveau ab! (Kaufkraftparitätentheorie)
- Preisniveau hängt von der Geldmenge ab! (Quantitätstheorie)[90]

=> Wechselkurs hängt von der Geldmenge ab!

Empirische Befunde bestätigen diese These, wobei schlimme Zeiten für die Praxis schöne Zeiten für die Theorie sein können. Die Hyperinflationszeiten in Deutschland in den zwanziger Jahren des letzten Jahrhunderts geben hier beredtes Zeugnis ab (Abbildung 2.27).

a) Beispiel Hyperinflation und Wechselkursentwicklung in Deutschland

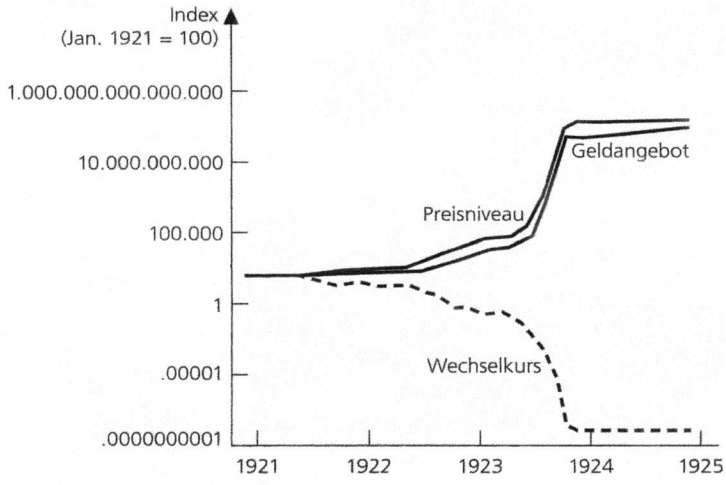

Abbildung 2.27: Hyperinflation und Wechselkursentwicklung [Quelle: Mankiw/Taylor 2012, S. 839]

---

[90] Quantitätsgleichung: $Y \cdot P = M \cdot v$; vgl. Kapitel 5.3.2!

Eine Erhöhung der Geldmenge (M) bewirkt nach der Quantitätsgleichung eine Erhöhung des Preisniveaus (P), sofern sich die Gütermenge nicht entsprechend erhöht. Eine Erhöhung des Preisniveaus führt über eine Abschwächung des Exports und mangelnde Nachfrage nach der heimischen Währung (Mark) zu einem entsprechenden Kursverfall.

b) Beispiel Wechselkurs- und Inflationsentwicklung in den USA und in Deutschland

Nicht nur Hyperinflationszeiten veranschaulichen die Wechselkursbildung aufgrund von Inflationsentwicklungen, sondern auch normale und gemäßigte Phasen geben Anschauungsmaterial. Wir vergleichen die Wechselkursentwicklung von DM und Dollar in den siebziger bis neunziger Jahren.[91]

Wechselkurse (preisnotiert!) in USA und Deutschland: 1970: 3,65 DM/Dollar
1995: 1,76 DM/Dollar

Durch eine stärkere inflationäre Geldpolitik in den USA bzw. weniger inflationäre Geldpolitik in Deutschland lag die US-amerikanische Inflationsrate fast zwei Prozentpunkte über der Rate in Deutschland.

Inflationsrate 1970 - 1998: USA: durchschnittlich 5,3 %
Deutschland: durchschnittlich 3,5 %

Fazit: Während also die Preise in den USA relativ zu den Preisen in Deutschland anstiegen, verlor der Dollar in Relation zur DM an Wert. Wenn das Preisniveau steigt, wird die eigene Währung schwächer und umgekehrt!

> **Preise & Wechselkurs:**
>
> Preise ↑ => Ex ↓ und Im ↑ => Dollar-Nachfrage ↑ und Mark-Nachfrage ↓ => $ ↑ und Mark ↓
>
> Preise ↑ ≡ Inflation ≡ Geldentwertung => Kurs ↓

14.4   Zinsparitätentheorie

Nach der Kaufkraftparitätentheorie sind die Preise fundamentale Bestimmungsfaktoren für die Wechselkursbildung. Hat man die Preise im Visier, sind automatisch auch Inflation und Geldentwertung im Blickpunkt. Hat man Inflation und Geldentwertung im Blickpunkt, spielt auch gleich die Geldmenge eine wesentliche Rolle. Und spielt die Geldmenge eine wesentliche Rolle, kommen sofort auch die Zinsen ins Spiel – und somit sind wir in Analogie zur Kaufkraftparitätentheorie bei der Zinsparitätentheorie.

---

[91] Vgl. Mankiw, 2012, S. 838.

Der Zusammenhang zwischen Zins und Wechselkurs kann entweder unmittelbar über den Kapitalmarkt oder mittelbar über den Außenhandel auf dem Gütermarkt erklärt werden.

Kapitalmarkt und Geldanlage (direkte Wirkung): Ein höheres Zinsniveau in einem Land bedingt eine höhere Nachfrage nach dieser Währung und damit eine entsprechend höhere Geldanlage. Der Kurs der Währung steigt (unmittelbar). Wenn zum Beispiel das Zinsniveau in Europa höher ist als in den USA, wird man Kredite in den USA aufnehmen, Dollar in Euro umtauschen und auf europäischen Konten anlegen. Die Nachfrage nach Euro (Zinsarbitragegeschäfte) steigt und der Kurs des Euro dementsprechend.

Gütermarkt und Außenhandel (indirekte Wirkung): Ein höheres Zinsniveau führt zu einem Rückgang der Geldmenge in der Wirtschaft – Geld wird eher angelegt, als dass man mit diesem arbeitet. Wenn die Geldmenge zurückgeht, hat dies preisdämpfende Wirkungen – das Preisniveau sinkt. Wenn das Preisniveau im Vergleich zu anderen Ländern sinkt und somit die eigenen Produkte billiger werden, befördert das die Ausfuhr der heimischen Güter ins Ausland. Die Zunahme der Exporte führt zu einer höheren Nachfrage nach unserer Währung und somit steigt der Kurs der eigenen Währung.

Zinsen & Wechselkurs:

Kapitalmarkt:	Zinsen ↑ => Anlage in € => Euro ↑
Gütermarkt:	Zinsen ↑ => M↓ => P↓ => Euro ↑

Mit der Zinsparitätentheorie und der zuvor dargestellten Kaufkraftparitätentheorie sind fundamentale Faktoren der Wechselkursbildung und -entwicklung erläutert worden. Schauen wir uns nun im Folgenden an, wie sich der Eurokurs seit seiner Geburt im Jahr 1999 entwickelt hat und ob diese Entwicklung auch die Theorie bestätigt.

14.5   Der Euro und seine Höhen und Tiefen

Seit seiner Einführung am 1. Januar 1999 mit einem Kurs von 1,18 US-Dollar sieht sich der Euro großen Schwankungen unterworfen und bewegt sich in einer Bandbreite von 0,82 bis ca. 1,60 Dollar pro Euro (siehe Abbildung 2.28). Während man anfangs noch Sorge ob der Stabilität des Euros hatte – am 26. Oktober 2000 musste man einen Niedrigstand von 0,8252 Dollar pro Euro vermelden – durfte man in den darauf folgenden Jahren einen Höhenflug der europäischen Währung bestaunen. Im März 2008 meldeten die Devisenmärkte einen Höchstkurs von fast 1,60 Dollar pro Euro und man sorgte sich um die damit verbundenen Exportprobleme. Zurzeit (Stand Juni 2015) liegt der Euro bei 1,12 Dollar.

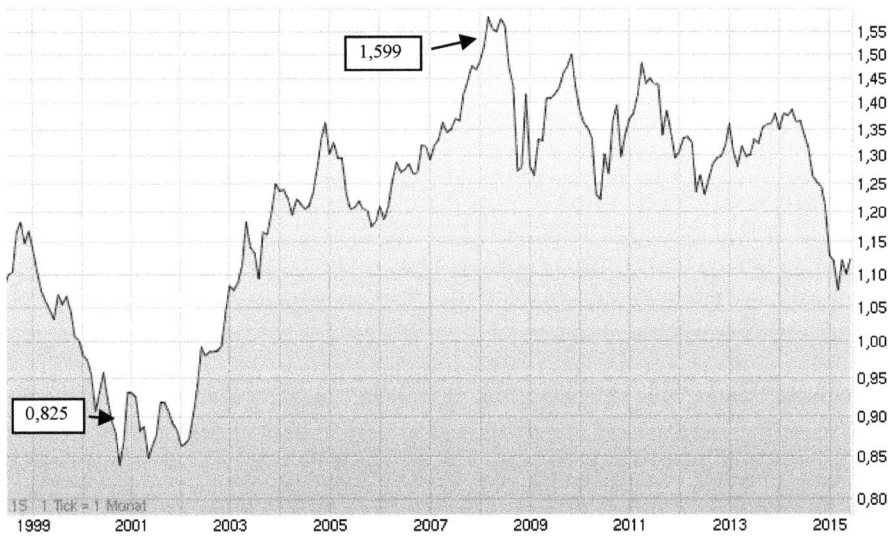

Abbildung 2.28: Entwicklung des Eurokurses in Relation zum US-Dollar
[Quelle: ariva.de]

Die Entwicklung des Euro in der Anfangszeit war erstaunlich, da weder die Handelsbilanz noch die Kaufkraftparitätentheorie die Kursentwicklung der europäischen Gemeinschaftswährung erklären konnten.

Leistungsbilanzdefizit: Obwohl das Leistungsbilanzdefizit der USA im Jahr 2000 mehr als vier Prozent betrug – es wurden also mehr Waren und Dienstleistungen importiert als exportiert – stieg der Dollar gegenüber dem Euro. Nach dem Außenhandelsargument hätte der Dollar jedoch sinken müssen, wenn mehr importiert als exportiert wird (Erinnerung: Die USA fragen mehr Fremdwährung nach als ihre eigene Währung nachgefragt wird; der Dollar wird also weniger wert).

Kaufkraftparitätentheorie: Auch die Kaufkraftparitätentheorie, nach der die Wechselkurse das unterschiedliche Preisniveau zweier Länder widerspiegeln, kann nicht weiterhelfen. Denn die Preise bzw. die Inflationsraten entwickelten sich in den USA und in Europa recht ähnlich; trotzdem schwankten die Kurse stark. Studien zeigen, dass anscheinend die Kursentwicklung mit der wirtschaftlichen Entwicklung eines Landes viel weniger zu tun hat als gedacht oder erhofft.

Preisniveau und Außenhandel – wie auch Geldmenge und Zinsen – sind wichtige Faktoren der Wechselkursbildung. Doch sind sie bei weitem nicht die einzigen … es kommen weitere hinzu!

14.6   Einflussfaktoren der Wechselkursbildung

„Schier unberechenbar ist er, wirft Fragen auf und bereitet Kopfzerbrechen – der Wechselkurs."[92]

Die Einflussfaktoren auf die Wechselkursbildung sind vielfältig und gleichzeitig wirkend. Eine Isolierung eines einzigen Faktors zur Wechselkurserklärung ist schwierig. Weitere Einflussfaktoren auf die Wechselkursbildung sind Kursspekulationen, Kapitalverkehr, Notenbankinterventionen, Erwartungen und psychologische Faktoren.

Einflussfaktoren	Wirkungsweisen
Außenhandel: Import und Export von Gütern	Ein zunehmender Güterexport aus Deutschland in die USA bedingt eine steigende Nachfrage nach Euro und stärkt somit die nachgefragte Währung Euro und schwächt die fremde Währung Dollar.
Inflation: Preisniveau bzw. Kaufkraft	Herrscht Inflation im eigenen Land, werden die relativ billigeren Güter aus dem Ausland und damit auch die Devisen des Importlandes stärker nachgefragt. Die fremde Währung gewinnt an Wert, während die eigene an Wert verliert.
Zinsniveau	Ein höheres Zinsniveau in einem Land bedingt eine höhere Nachfrage nach der Währung dieses Landes und eine entsprechend höhere Geldanlage mit der Folge eines Kursanstiegs.
Kapitalverkehr	Direktinvestitionen mit entsprechenden Devisenzuflüssen und -abflüssen führen zu einer Stärkung der Währung, in dessen Land investiert wurde.
Notenbankinterventionen	Devisenankäufe und -verkäufe seitens der Notenbanken. Beispiel Korea: Nach der Asienkrise 1997 gab es massive Dollarankäufe, um das 1997 erreichte, sehr niedrige Kursniveau der Landeswährung Won gegenüber dem US-Dollar zu halten.
Kursspekulationen und Erwartungen	Kursspekulationen: In Erwartung, dass der Dollar steigt, wird Euro in Dollar umgetauscht, um ihn später eventuell wieder zurück zu tauschen.
Politische Ereignisse	Kriege und Terroranschläge.
Psychologische Faktoren	Gefühle und Erwartungen: Man tut das, von dem man denkt, dass alle es tun (Behavioural Finance).

Manche dieser Faktoren sind planbar wie beispielsweise eine Notenbankintervention, manche sind unvorhersehbar wie ein Terroranschlag. Das genaue Ausmaß der Auswirkungen – ob planbar oder nicht – ist immer unkalkulierbar.

---

[92] Christiane Karweil, Der gefühlte Dollar, DIE ZEIT 09.10.2003.

14.7   Realer Wechselkurs

Zum Abschluss dieses Kapitels „Währung und Wechselkurs" ist noch eine Sache anzusprechen, nämlich der reale Wechselkurs. Thematisch ist der Wechselkurs bisher als rein nominale Größe auf dem Devisenmarkt behandelt worden. Geld und Währungen haben jedoch keinen Selbstzweck, sondern spiegeln wie auf den letzten Seiten dargestellt Verhältnisse auf Güter-, Arbeits- und Kapitalmärkten wider. Betrachtet man in erster Linie den Gütermarkt und versucht eine Verbindung zwischen Währung und Wechselkurs auf der einen Seite und Gütern und deren Preisen auf der anderen Seite zu konstruieren, erhält man als Ergebnis den realen Wechselkurs. Insofern schließt sich der Kreis wieder, indem noch einmal die Kaufkraftparitätentheorie ihre Beachtung findet.

14.7.1   Definition des realen Wechselkurses

Während der nominale Wechselkurs das Austauschverhältnis von zwei Währungen beschreibt, definiert der reale Wechselkurs das Austauschverhältnis von zwei Gütern.

Realer Wechselkurs:
➢ Verhältnis, zu dem Güter eines Landes gegen Güter eines anderen Landes getauscht werden können.

    z. B. Zwei Flaschen französischen Weines gegen einen Schwarzwälder Schinken.

Will man nun Güter vergleichbar machen und nicht Äpfel mit Birnen vergleichen – oder Wein und Schinken – braucht man einen gemeinsamen Nenner der beiden Vergleichsobjekte und das ist in diesem Fall der Preis der Güter. Insofern sind wir mit dem realen Wechselkurs auch wieder bei der Kaufkraftparitätentheorie angelangt, da sich der reale Wechselkurs als Verhältnis der Preisniveaus zweier Güter bzw. zweier Länder definiert.

$$\text{realer Wechselkurs} \quad = \quad \frac{\text{ausländisches Preisniveau (P*)}}{\text{inländisches Preisniveau (P)}}$$

Der reale Wechselkurs (wk_r) ist also definiert als Verhältnis von ausländischem Preisniveau (P*) zum inländischen Preisniveau (P).

Existieren nun unterschiedliche Währungen, müssen die Preisniveaus vergleichbar gemacht werden. Das passiert über die Einbeziehung des Wechselkurses und zwar des nominalen Wechselkurses.

$$\text{realer Wechselkurs: } wk_r = \frac{P^*}{wk_n^m \cdot P}$$

P^*	= ausländisches Preisniveau
P	= inländisches Preisniveau
wk_n^m	= nominaler mengennotierter Wechselkurs[93]

Bestimmen wir den realen Wechselkurs anhand eines Beispiels und greifen dazu das Beispiel mit den Fahrrädern in Deutschland und der Schweiz auf.

14.7.2   Bestimmung des realen Wechselkurses anhand des Fahrradbeispiels

Wir starten mit dem Normalfall, wo Preisniveau und Wechselkurs zusammenpassen:

a)   Nominaler Wechselkurs entspricht dem Preisverhältnis

Fahrrad Schweiz (F_{Ch}): $p^* = 2.000$ Franken
Fahrrad Deutschland (F_D): $p = 1.000$ Euro

$$wk_n^m = 2 \text{ CHF/EUR}$$

$$wk_r = \frac{P^*}{wk_n^m \cdot P} = \frac{2.000 \text{ CHF}/F_{Ch}}{2 \text{ CHF/EUR} \cdot 1.000 \text{ EUR}/F_D} = 1 \text{ } F_D/F_{Ch}$$

Der reale Wechselkurs hat den Wert 1. Man erhält für ein schweizerisches Fahrrad ein deutsches Fahrrad und umgekehrt. Geht man davon aus, dass die Fahrräder homogen sind, kürzen sich sogar die Einheiten heraus und es bleibt eine pure „1" übrig.

Generell lässt sich feststellen, dass der reale Wechselkurs den Wert 1 hat, wenn der nominale Wechselkurs dem Verhältnis der Preise entspricht!

Im Vergleich dazu schauen wir uns nun den Fall an, wenn Preisverhältnisse und (nominaler!) Wechselkurs nicht übereinstimmen.

b)   Nominaler Wechselkurs entspricht nicht dem Preisverhältnis

Fahrrad Schweiz (F_{Ch}): $p^* = 2.000$ Franken
Fahrrad Deutschland (F_D): $p = 1.000$ Euro
Wechselkurs: $wk_n^m = 3 \text{ CHF/EUR}$

$$wk_r = \frac{P^*}{wk_n^m \cdot P} = \frac{2.000 \text{ CHF}/F_{Ch}}{3 \text{ CHF/EUR} \cdot 1.000 \text{ EUR}/F_D} = 0{,}67 \text{ } F_D/F_{Ch}$$

---

[93] Nimmt man den preisnotierten Wechselkurs, steht dieser im Zähler statt im Nenner!

Der reale Wechselkurs hat den Wert 0,67. Man bekommt also für ein schweizerisches Fahrrad nur zwei Drittel eines deutschen Fahrrads. Das deutsche Fahrrad ist deutlich teurer als das schweizerische Fahrrad!

c) Nominaler Wechselkurs entspricht nicht dem Preisverhältnis

Nehmen wir zum Abschluss noch das Beispiel mit der Inflation in Deutschland.

Fahrrad Schweiz (F_{Ch}): p^* = 2.000 Franken
Fahrrad Deutschland (F_D): p = 1.600 Euro
Wechselkurs: wk_n^m = 2 CHF/EUR

$$wk_r = \frac{P^*}{wk_n^m \cdot P} = \frac{2.000 \ CHF/F_{Ch}}{2 \ CHF/EUR \cdot 1.600 \ EUR/F_D} = 0,625 \ F_D/F_{Ch}$$

Auch hier verhält es sich so, dass das deutsche Fahrrad teurer ist als das schweizerische Fahrrad (Inflation in Deutschland!).

Resümee: Der reale Wechselkurs ist eine Schlüsselgröße für die Nettoexporte an Waren und Dienstleistungen eines Landes! Ein Sinken des realen Wechselkurses bedeutet, dass die deutschen Produkte verglichen mit den ausländischen Gütern relativ teuer geworden sind. Folge: Sowohl die inländischen als auch die ausländischen Konsumenten kaufen weniger deutsche und mehr ausländische Güter. Also sinken die deutschen Exporte und steigen die deutschen Importe, was eine Abnahme der Nettoexporte bedeutet.

Beispielaufgabe zur Bestimmung des realen Wechselkurses

Bestimmung des realen Wechselkurses am Beispiel deutschen und amerikanischen Weizens.[94]

Eine Tonne deutschen Weizens kostet 80 Euro und eine Tonne amerikanischen Weizens 50 Dollar. Um nun das Austauschverhältnis von deutschem und amerikanischem Weizen bestimmen zu können, bedarf es einer gemeinsamen Bezugsbasis – um quasi Äpfel (Euro) mit Birnen (Dollar) vergleichen zu können. Der Dollar muss also in Euro beziehungsweise der Euro in Dollar umgerechnet werden und dazu braucht es den Wechselkurs.

Der Wechselkurs beträgt 1,25 \$/€.[95] Somit entsprechen 50 Dollar einem Gegenwert von 40 Euro.

---

[94] In Anlehnung an das Beispiel von Mankiw/Taylor, 2012, S. 833f.
[95] Wenn Weizen das alleinige Produkt der Länder wäre, müsste nach der reinen Kaufkraftparitätentheorie der nominale Wechselkurs 0,625 \$/€ betragen.

$wk^p = 0,80 \text{ €/\$}$ bzw. $wk^m = 1,25 \text{ \$/€}$

1 Tonne deutscher Weizen kostet 80 Euro.
1 Tonne amerikanischer Weizen kostet 50 Dollar (= 40 Euro).

Das Verhältnis von amerikanischem zu deutschem Weizen entspricht der Relation von 40 Euro zu 80 Euro also 1 zu 2. Für eine Tonne deutschen Weizens erhält man zwei Tonnen amerikanischen Weizens und für 1 Tonne amerikanischen Weizens gibt es ½ Tonne deutschen Weizens.

$$wk_r = \frac{P_{am}}{wk^m \cdot P_{dt}} = \frac{50 \text{ \$/T am. Weizen}}{1,25 \text{ \$/€} \cdot 80 \text{ €/T dt. Weizen}} = 0,5 \frac{\text{T dt. Weizen}}{\text{T am. Weizen}}$$

Einen realen Wechselkurs von 1 würde man erhalten, wenn der amerikanische und der deutsche Weizen gleich viel kosten sollten, sich also bspw. der Preis des amerikanischen Weizens auf das Doppelte erhöhen würde.

$$wk_r = \frac{100 \text{ \$/T am. Weizen}}{1,25 \text{ \$/€} \cdot 80 \text{ €/T dt. Weizen}} = 1 \frac{\text{T dt. Weizen}}{\text{T am. Weizen}}$$

15 Währungsordnung

15.1 Definition von Währungsordnung

Eine Währungsordnung regelt die Beziehungen zwischen den Währungen verschiedener Volkswirtschaften.

Währungsordnung:

➢ Wirtschaftsordnung, die die Beziehungen zwischen den Währungen verschiedener Volkswirtschaften regelt.

Die Regelung der Beziehungen zwischen den Währungen verschiedener Volkswirtschaften kann auf unterschiedliche Weise erfolgen. Grundsätzlich sind folgende drei Aspekte bedeutsam: die Konvertibilität von Währungen, die Wechselkursgestaltung und die institutionelle Ausgestaltung, also die Ordnung und Organisation des Währungssystems.

Module der Währungsordnung:

- Konvertibilität: Austauschbarkeit der Währungen
- Wechselkursgestaltung: Flexible oder feste Wechselkurse
- Institutionelle Ausgestaltung: Ordnung und Organisation des Währungssystems

---

15.2 Konvertibilität von Währungen

Der erste Punkt, der im Rahmen einer Währungsordnung zu klären ist, befasst sich mit der Frage, ob und in welchem Maße Währungen überhaupt gegenseitig austauschbar sind. Die Austauschbarkeit von Währungen wird als Konvertibilität bezeichnet. Zum Beispiel kann man Euro gegen Schweizer Franken oder man kann Yen gegen Euro tauschen.

Konvertibilität:

➢ Austauschbarkeit von Währungen.

Die Austauschmöglichkeit kann einseitig oder zweiseitig sein. Dürfen Währungen nur von Ausländern getauscht werden, spricht man von Ausländer-Konvertibilität, dürfen nur Inländer tauschen, handelt es sich um eine Inländer-Konvertibilität. Des Weiteren existieren Teilkonvertibilitäten, wenn es Beschränkungen (z. B. in der Höhe des Umtauschbetrages) gibt und Vollkonvertibilitäten, die ohne Einschränkungen den Währungsaustausch zulassen.

a) Volle Konvertibilität

Im Idealfall geht man von einer vollen Konvertibilität aus, was freie Austauschbarkeit der Währungen bedeutet. Zum Zwecke der internationalen Arbeitsteilung und des freien Welthandels sowie der Wettbewerbsfähigkeit von Staaten ist die volle Konvertibilität eine zumindest idealerweise unabdingbare Voraussetzung.

In der Bundesrepublik Deutschland gilt seit 1958 volle Konvertibilität.

Konvertibilität in der Theorie:
➢ Ideal der vollen Austauschbarkeit von Währungen.

---

b) Beschränkungen der Konvertibilität in der Praxis

In der Praxis stellt sich die völlige Austauschbarkeit von Währungen als seltener Ausnahmefall dar. Im wirtschaftlichen Alltagsleben lassen sich nämlich vielerlei Beschränkungen in der Austauschbarkeit von Währungen vorfinden. Diese Beschränkungen können darin bestehen, dass Inländer keine ausländischen Zahlungsmittel (Devisen) besitzen dürfen, oder dass der Besitz inländischen Geldes im Ausland verboten ist oder dass der Erwerb ausländischer Wertpapiere genehmigungspflichtig ist.

Beschränkungen in der Praxis:
• Inländer dürfen keine ausländischen Zahlungsmittel (Devisen) besitzen.
• Verbot des inländischen Geldes im Ausland.
• Erwerb ausländischer Wertpapiere ist genehmigungspflichtig.

Gründe für diese Einschränkungen der Austauschbarkeit von Währungen in der Praxis sind vielfältig.

• Sie liegen im Vertrauensverlust in das eigene Geld.
• Die Exporte sind geringer als die Importe, das heißt Devisen fehlen; evtl. Genehmigungspflicht für Importe.
• Wenig attraktive Anlagemöglichkeiten für Sparer.

15.3   Wechselkursgestaltung

Ist die Frage der Austauschbarkeit von Währungen geklärt, fügt sich im nächsten Schritt die Frage an, zu welchem Kurs Währungen gegenseitig getauscht werden sollen. Hierzu gibt es zwei prinzipielle Antworten. Erstens, der Austauschkurs zwischen zwei Währungen wird fest vorgegeben. Man spricht von fixen Kursen. Zweitens, der Kurs wird nicht vorgegeben, sondern kann sich frei am Markt bilden. Man spricht von flexiblen Kursen.

Daneben existieren Kombinationsmöglichkeiten. So kann der Kurs beispielsweise durch einen Höchst- und Niedrigstkurs (Rahmen) begrenzt werden, wobei der Rahmen die fixe Grenze darstellt und sich innerhalb dessen der Kurs frei bewegen kann.

Wechselkursgestaltung:

- Flexible bzw. freie Wechselkurse: freie Kursgestaltung am Markt.

- Fixe bzw. feste Wechselkurse: Kurse werden vom Staat bzw. von der Notenbank fest vorgegeben.

- Mischformen: z. B. innerhalb fest vorgegebener Grenzen freie Kursgestaltung.

15.3.1   Flexible Wechselkurse

Die Kursbildung auf dem Markt für Währungen (Devisenmarkt) entspricht prinzipiell der Preisbildung auf dem Gütermarkt.

Devisenmarkt: Angebot und Nachfrage von Fremdwährungen

- Nachfrage   → Kauf von Devisen
- Angebot   → Verkauf von Devisen

Werden Währungen vermehrt gekauft und nachgefragt, steigt deren Kurs. Sinkt die Nachfrage, sinkt auch deren Wert, was sich in einem Kursrückgang bemerkbar macht. Analog lässt sich über das Angebot argumentieren. Werden Devisen vermehrt verkauft, also am Devisenmarkt angeboten, sinkt deren Kurs und umgekehrt.

Flexible Wechselkurse:

➢   Der Kurs bzw. Preis einer Währung ergibt sich durch Angebot und Nachfrage auf dem Devisenmarkt.

In Abbildung 2.29 ist der Wechselkursmechanismus anhand einer Nachfrageerhöhung (Verschiebung von N zu N') und eines Nachfragerückgangs (Verschiebung von N zu N'') dargestellt.

Wert des Euro: wk [$/€]

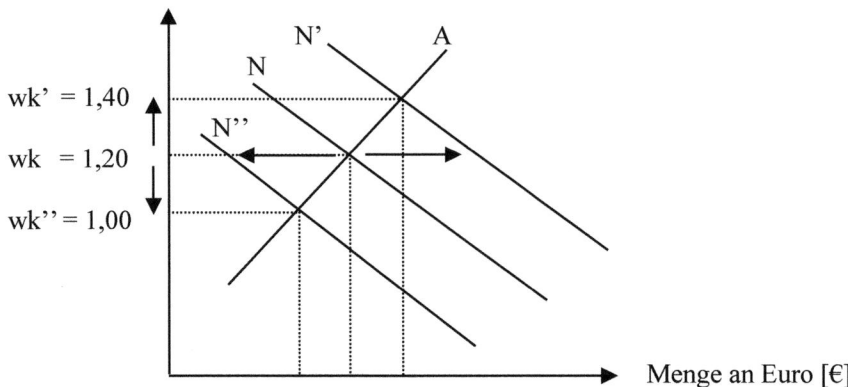

Abbildung 2.29: Wechselkursbildung auf dem Devisenmarkt

Die Aufwertung einer Währung korrespondiert mit einem Kursanstieg (von wk zu wk'), während die Abwertung mit einem Kursrückgang (von wk zu wk'') einhergeht.

Aufwertung einer Währung (Kursanstieg):

➤ Aufwertung meint, dass eine Währung stärker wird, was sich an der Zunahme des (mengennotierten) Wechselkurses zeigt.

    z. B. Aufwertung des Euro:
        Zunahme des Wechselkurses von 1,20 $/€ auf 1,40 $/€

Abwertung einer Währung (Kursrückgang):

➤ Abwertung meint, dass eine Währung schwächer wird, was sich am Rückgang des (mengennotierten) Wechselkurses zeigt.

    z. B. Abwertung des Euro:
        Rückgang des Wechselkurses von 1,20 $/€ auf 1,00 $/€

15.3.2   Feste Wechselkurse

Im Gegensatz zur flexiblen Kursgestaltung auf dem freien Markt ergibt sich der feste Wechselkurs einer Währung durch einen politischen oder administrativen Beschluss. Der Preis einer Währung wird „von oben" – das heißt von der Regierung und der Notenbank – bestimmt.

Angenommen die Europäische Zentralbank und die amerikanische Notenbank würden in Absprache mit den jeweiligen Regierungen beschließen, den Kurs von Euro und Dollar auf beispielsweise 1 € = 1 $ festlegen, würde dies einen festen Wechselkurs von 1$/€ bedeuten.

Feste Wechselkurse:

➢   Der Kurs einer Währung ergibt sich durch einen politischen bezie-
    hungsweise administrativen Beschluss seitens der Regierung oder
    der Zentralbank.

Wenn der Kurs einer Währung politisch „festgezurrt" wird, heißt das nicht, dass
die Kräfte des Marktes nicht mehr wirken und Druck auf eine Währung ausüben.
Es wird weiterhin ein sich änderndes Nachfrage- und Angebotsverhalten auf dem
Devisenmarkt geben, was zu einer Auf- oder Abwertung der Währung führen
müsste. In diesem Fall wird sich die Notenbank veranlasst sehen, in den Markt
einzugreifen, das heißt zu intervenieren (Interventionszwang). Diese Interventionen seitens der Zentralbank geschehen dadurch, dass die Notenbank Devisen also
Fremdwährungen ankauft (Stützungskäufe) oder verkauft (Stützungsverkäufe).

Interventionen:

➢   An- und Verkauf von Devisen (Fremdwährungen) durch die Notenbank.

**Notenbankinterventionen am Beispiel von Stützungskäufen für den US-Dol-
lar**

Notenbankinterventionen sind jedoch nicht nur bei festen Wechselkurssystemen
vorzufinden, sondern durchaus auch bei freien Kursen üblich. So hat beispielsweise die Europäische Zentralbank im Jahr 2000 Interventionen durch Dollarankäufe
durchgeführt, um die US-Währung zu stützen.

Wert des US-Dollars: wk [€/$]

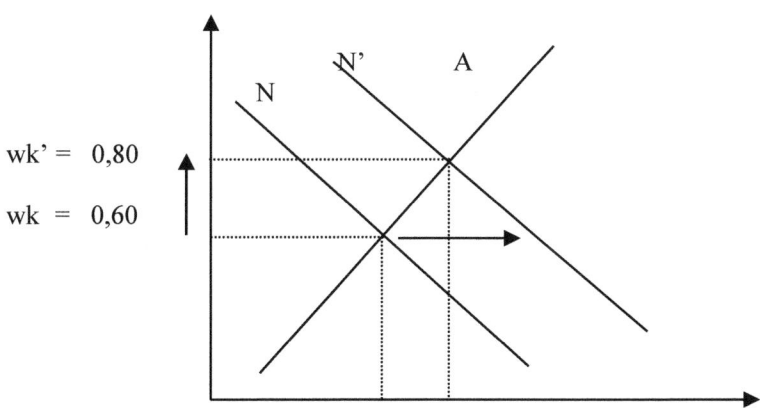

Mengenbestand an Dollar [$]

Abbildung 2.30: Notenbankintervention durch Devisenankauf

In Abbildung 2.30 ist ein solcher Vorgang dargestellt. Wenn die Europäische Zentralbank US-Dollar ankauft, bedeutet das eine Nachfrageerhöhung für den US-Dollar, was sich grafisch in einer Rechtsverschiebung der Nachfragefunktion ausdrückt. Eine Erhöhung der Nachfrage bedeutet bei gleich bleibendem Angebot einen Kursanstieg des Dollars.

Beispiel China: China hat ebenfalls schon massive Dollarankäufe unternommen – allerdings nicht, um den Dollar zu stützen und zu stärken, sondern um die eigene Währung zu schwächen. Sie drückt den Wert des Renminbi künstlich nach unten und erleichtert damit die Ausfuhr ihrer Waren – zum Leidwesen vor allem der US-Amerikaner und der Europäer. Im Übrigen hortet China durch diese Dollarankäufe immer mehr Dollardevisen und gehört damit mit großem Abstand vor allen anderen Nationen zum Devisenrekordhalter (Abbildung 2.31).

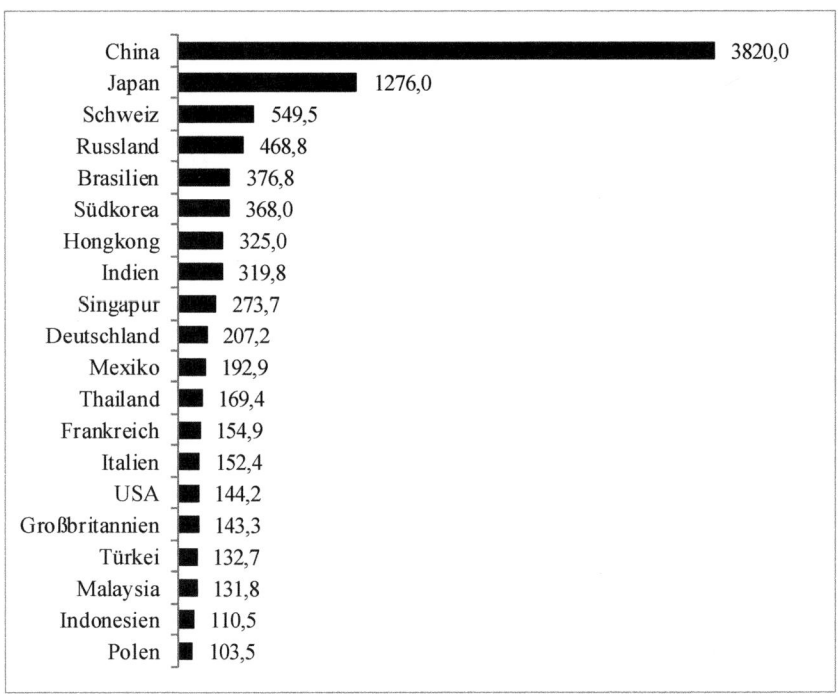

Abbildung 2.31: Währungsreserven weltweit in Milliarden Dollar[96] (Stand 2014) [Quelle: IWF und bpb]

Hinweis: Der Marktmechanismus am Devisenmarkt ist idealtypisch dargestellt. In der Praxis wird es mehrerer Interventionen bedürfen, um einen nachhaltigen Einfluss auf den Kurs einer Währung ausüben zu können. Ob der Einfluss von Notenbankinterventionen überhaupt direkter Natur ist, kann bezweifelt werden. Indirekte Einflüsse wie zum Beispiel über die Geldmenge auf die Inflation oder Portfoliostrategien in der Wertpapieranlage sind nicht zu unterschätzen.

---

[96] Die Währungsreserven enthalten neben den Devisenreserven auch die Goldbestände.

Resümee: Freie Kurse sind analog der freien Preisgestaltung auf dem Gütermarkt im Hinblick auf marktwirtschaftliche Aspekte festen Kursen vorzuziehen. Feste Kurse dagegen vermitteln Planungssicherheit. Will man eine neue Einheitswährung wie den Euro kreieren, ist eine Phase fester Wechselkurse unabdingbar.

	flexible Wechselkurse	**feste Wechselkurse**
Wechselkurse	variabel	konstant
Währungsreserven	konstant	variabel
Interventionen	freiwillig	Zwang
(Un-)Sicherheit	Kursrisiko, evtl. Kurssicherung	Kurssicherheit und Planbarkeit

15.3.3   Mischformen der Wechselkursgestaltung

Neben den beiden Reinformen der völlig freien Kursgestaltung und der völlig festgelegten Kursbestimmung existiert eine Vielzahl unterschiedlicher Mischformen, wie zum Beispiel die Wechselkursgestaltung über Wechselkurszielzonen oder Currency Boards.

a)   Wechselkurszielzonen (-bandbreiten)

Als Beispiel für die Festlegung einer Wechselkurszielzone oder -bandbreite dient das sogenannte gemeinsame Floaten (Blockfloaten) – auch „Schlange im Tunnel" genannt – der EG im Jahre 1972. Die EG-Staaten vereinbarten untereinander stabile Paritäten (interne Wechselkursbildung) und gaben gegenüber dem US-Dollar einen bestimmten Rahmen vor.

In Folge der Weiterentwicklung zum Europäischen Währungssystem wurde 1979 ein freies Schwanken innerhalb einer Bandbreite (Bezugsgröße war der ECU mit einer Bandbreite von +/- 2,25 % und später +/- 15 %) vereinbart.

b)   Currency Board

Das Currency Board beschreibt eine strengere Form der Wechselkursgestaltung mit dem Verzicht auf eigenständige Geld- und Währungspolitik Die nationale Währung wird infolge gesetzlicher Festlegung in einem festen Verhältnis an eine ausländische Währung (oder Währungskorb) gebunden.

Als Beispiele für diese rigiden Wechselkursbindungen lassen sich die EU-Beitrittsländer oder die Anbindung des argentinischen Pesos an den US-Dollar in den 90er Jahren (mit dem Ergebnis des ökonomischen Niedergangs Argentiniens) anführen.

15.4   Institutionelle Ausgestaltung eines Währungssystems

Die institutionelle Ausgestaltung des Währungssystems beinhaltet vor allem die Frage, wie die Organisation und Entscheidungsgewalt der Zentral- oder Notenbank geregelt wird. Hier existieren zwei grundsätzliche Möglichkeiten:

- Die Notenbank ist eine Einrichtung der Regierung und von dieser **abhängig**.
- Die Notenbank ist von der Regierung getrennt und **unabhängig**.

Als Leitbild einer demokratischen Regierungsform und marktwirtschaftlichen Wirtschaftsordnung gilt die grundsätzliche Unabhängigkeit der Notenbank eines Landes. Die Notenbank oder Zentralbank eines Landes ist eine staatliche Einrichtung, aber innerhalb des Staates unabhängig von der Regierung des Staates, wobei die Regierung zwar ebenfalls für Geld zuständig ist, aber für Steuergelder (Fiskalpolitik!). Der deutsche Bundeskanzler darf also dem Präsidenten der Deutschen Bundesbank, geschweige dem Präsidenten der Europäischen Zentralbank, nichts anordnen. Sogar auf vermeintlich wohlmeinende Ratschläge seitens der Regierungschefs reagieren die Währungshüter meist sehr verschnupft.

Leitbild:

➢   Unabhängigkeit der Notenbank durch Trennung von Regierung (Fiskalpolitik) und Notenbank (Geldpolitik)

Neben dieser grundsätzlichen Frage der Abhängigkeit versus Unabhängigkeit der Notenbank, gilt es organisatorisch zu klären, wie die Notenbank nach innen und nach außen organisiert ist.

„Nach innen" klärt die Frage, wie die Notenbank aufgebaut ist, wie die Entscheidungsfindung abläuft, welche Abteilungen eingerichtet werden und ob es „Zweigstellen" wie beispielsweise die früheren Landeszentralbanken in Deutschland gibt. „Nach außen" klärt die Frage, wie die Notenbank eines Landes in ein supranationales oder internationales Währungssystem eingebunden ist. Das Europäische System der Zentralbanken beispielsweise lässt sich als supranationales Währungssystem definieren. Die Mitgliedschaft im Internationalen Währungsfonds wäre eine internationale Angelegenheit.

Organisation der Notenbank:

nach innen: Einrichtung von „Abteilungen" wie Landeszentralbanken
            oder Notenbanken der Eurostaaten.

nach außen: Einbindung in supranationale oder internationale Institutionen wie das Europäische System der Zentralbanken (ESZB)
            und der Internationale Währungsfonds (IWF).

---

16 Internationale Währungssysteme

So wichtig und elementar eine stabile Währung für die Menschen ist, so instabil und wechselhaft erweisen sich oftmals Währungssysteme. Zumindest der Blick zurück zeigt, dass Währungssysteme „kommen und gehen" und auch zukünftig niemand gegen einen Zusammenbruch von Währungssystemen gefeit ist. Es ist eine immer wiederkehrende Aufgabe, die Zusammenarbeit auf währungspolitischem Gebiet zu optimieren und Währungssysteme neuen Gegebenheiten anzupassen.

> Währungssysteme sind recht instabile Gebilde, die immer wieder gefestigt, umgebaut und verbessert werden müssen!

16.1 Fundament und Vertrauenseinheit von Währungen

Wie die Geschichte des Geldes zeigt, beruht die Einführung und das Halten von Geld immer auf der Zuversicht und auf dem Vertrauen, dass dieses Geld einen Wert hat und man für sein Geld etwas bekommt. Ein – vom Materialwert her wertloser – 100-Euro-Schein vermittelt uns dann ein Gefühl von Sicherheit und Beruhigung, wenn man diese 100 Euro jederzeit gegen einen anderen Wertgegenstand, zum Beispiel Schmuck oder Gold, eintauschen kann. Noch größer ist das Sicherheitsbedürfnis, wenn es um fremdes Geld, also um Währungen geht. Auch hier ist es beruhigend zu wissen, dass man auch eine fremde Währung immer gegen Gold oder gegen eine andere starke und sichere Währung eintauschen kann.

Grundlage eines jeden Währungssystems ist es, diese Sicherheits- und Vertrauensfrage zu klären. Was ist also letztlich die Basis oder Vertrauenseinheit von Währungen? Hierzu gibt es unterschiedliche Antworten.

> **Fundament von Währungen (Vertrauenseinheit):**
> * ungebunden: keine Bindung an einen anderen Wert
> * gebunden an ein Edelmetall wie Gold
> * gebunden an eine andere starke Währung

Fundament und Bezugsgröße einer Währung oder mehrerer Währungen können Edelmetalle wie Gold sein. Eine andere Möglichkeit besteht darin, dass eine andere starke Währung als Anker für Währungen dient. Schließlich können Währungen auch bindungslos ohne Fundament auskommen. Betrachtet man die Geschichte des Geldes seit dem vorletzten Jahrhundert haben insbesondere das Gold und die Leitwährung des US-amerikanischen Dollars eine entscheidende Rolle gespielt.

16.2   Goldwährung und klassischer Goldstandard

16.2.1   Definition des klassischen Goldstandards

Fundament eines Goldwährungssystems ist per se das Gold. Währungen werden durch den Goldgehalt definiert und gedeckt. Man spricht vom klassischen Goldstandard. Goldstandard bedeutet, dass eine Golddeckung und eine Einlösungspflicht von Währungen in Gold seitens der Notenbanken bestehen.

Goldwährung (klassischer Goldstandard): 1880 - 1914

➢   Währung wird durch den Goldgehalt definiert und in einer festen Relation zum Goldstandard definiert.

Notenbanken: Golddeckung und Einlösungspflicht von Währungen in Gold

---

Wenn eine Währung durch den Goldgehalt definiert wird, bedeutet das, dass die entsprechende Währungseinheit einem bestimmten Goldgewicht entspricht (zum Beispiel 1 Mark = 0,4 g). Die unterschiedlichen Relationen der nationalen Währungen zum Gold sind fest; Notenbankinterventionen sind allerdings nicht vorgesehen.

Weitere **Charakteristika** des Goldwährungssystems sind:

• Die Geldmenge steht in fester Relation zu den Goldreserven des Landes; z. B. Verringerung der Goldreserven ≡ Verringerung der Geldmenge => um eine Abwertung der Inlandswährung zu verhindern.
• Internationaler Austausch von Gold ist frei von staatlichen Reglementierungen.
• Für umlaufende Banknoten ist eine bestimmte Golddeckungsquote vorgeschrieben.
➔ Die damalige Goldwährung kann als festes Wechselkurssystem ohne Notenbankintervention (klassische Sichtweise) charakterisiert werden.

16.2.2   Wechselkursbildung im Rahmen der Goldwährung

Wie sind die Funktionsweise der Wechselkursbildung und der Ausgleichsmechanismen von Kursabweichungen im Rahmen der Goldwährung zu erklären? Wir wählen beispielhaft die deutsche Mark und den amerikanischen Dollar. Folgende Daten sind gegeben:

1 Mark (M)   =   0,4 g Goldgewicht ⎫
                                   ⎬   **1 $ ≡ 4 M (Goldparität)**
1 Dollar ($) =   1,6 g Goldgewicht ⎭

Es ergibt sich ein fester Wechselkurs von 0,25 Dollar pro 1 Mark: **wk = 0,25 $/M**

Arbitragegeschäfte und Wechselkursmechanismus:

Was passiert nun, wenn sich der tatsächliche Kurs am Markt von der Goldparität entfernt? Führt man das Beispiel fort, lässt sich zeigen, wie es zu Arbitragegeschäften kommt und der Kurs wieder sein ursprüngliches Niveau erreichen kann.

Annahme: Auf dem freien Devisenmarkt ist der Kurs des Dollars gestiegen, während die Mark abgewertet wurde, so dass der Dollar nun 4,10 Mark wert ist:

1 \$ = 4,10 M   => wk = 0,244 \$/M

Es bestehen jedoch weiterhin eine Golddeckung und eine Einlösungspflicht seitens der Zentralbanken: 1 Mark   = 0,4 g Goldgewicht
1 Dollar   = 1,6 g Goldgewicht

Aufgabe: Einsatz 10.000 Mark

Ein Betrag von 10.000 Mark steht zur Verfügung und soll unter den obigen Bedingungen gewinnbringend vermehrt werden. Was ist zu tun?

Lösung: Arbitragegeschäft

1.) Wir kaufen Gold bei der deutschen Notenbank. Für 10.000 Mark erhalten wir verpflichtend 4 kg (10.000 Mark mal 0,4 g pro Mark).

2.) Das Gold tauschen wir gegen Dollar bei der amerikanischen Notenbank ein. Für 4 kg Gold erhalten wir 2.500 \$ (4000 g durch 1,6 g pro Dollar).

3.) Den Dollar tauschen wir auf dem Devisenmarkt gegen Mark zum Kurs von 1 \$ = 4,10 M ein. Für 2.500 \$ erhalten wir 10.250 Mark, was einen Gewinn von 250 Mark einbringt (0,10 Mark pro Einheit) und einer Verzinsung des eingesetzten Kapitals von 2,5 Prozent (250/10.000 = 0,025) entspricht.

Folge: Dollarabwertung und Markaufwertung

Aufgrund der Arbitragegeschäfte wird auf dem Devisenmarkt das Angebot an Dollar zunehmen, was zu einer Abwertung des Dollar führt. Der Kurs wird sich wieder bei 1 Dollar zu 4 Mark einpendeln: 1 \$ = 4 M.

16.2.3   Ziel der Goldwährung

Das angeführte Beispiel soll nicht nur veranschaulichen, wie sich Wechselkurse bilden und verändern, sondern kann auch das Ziel und die Funktionsweise der Goldwährung veranschaulichen, die darin besteht, den Binnenwert einer Währung und das Preisniveau zu stabilisieren.

> **Ziel der Goldwährung:**
> ➢ Stabilisierung des Preisniveaus und des Binnenwertes einer Währung!

Annahme: Die Preise in Deutschland steigen im Vergleich zu denen der USA.

- Güterimporte aus den USA nehmen zu, weil deren Produkte im Vergleich billiger sind.

- Nachfrage nach Dollar nimmt zu und der Kurs des Dollar steigt (z. B. auf 1$ = 4,10 M).

- Wechselkurs > Goldparität (1$ = 4,1 M > 1$ = 4,0 M).

- Goldarbitrage: Gold fließt aus Deutschland ab (siehe obiges Beispiel).

- Restriktive Geldpolitik der deutschen Notenbank (Soll: Gold ≡ Geldumlauf!) mit der Folge, dass die Geldmenge sinkt und damit auch das Preisniveau zurückgeht (vgl. Quantitätsgleichung).

16.2.4 Golddevisenwährung und restaurierter Goldstandard

Nach dem Ersten Weltkrieg wurde der vorige klassische Goldstandard modifiziert und zum „restaurierten Goldstandard" ausgebaut. Eine bedeutende Rolle bei der Ausgestaltung des neuen Währungssystems spielte übrigens John Maynard Keynes.

Der restaurierte Goldstandard ist dadurch charakterisiert, dass die Deckung des Notenumlaufs sowohl durch Gold als auch durch Devisen geschieht. Die Geldmenge ist von Gold- und von Devisenreserven abhängig – deshalb auch der Begriff der Golddevisenwährung.

> **Golddevisenwährung (restaurierter Goldstandard): 1919 - 1939**
> ➢ Geldmenge ist von Gold- und von Devisenreserven abhängig.

In Deutschland beispielsweise erfolgte eine Deckung des Notenumlaufs zu 40 Prozent in Gold und Devisen.

16.3 Abkommen von Bretton Woods

Im amerikanischen Bundesstaat New Hampshire gibt es einen Ort namens Bretton Woods. In diesem abgelegenen Bergdorf trafen sich vom 1. bis zum 23. Juli im Jahr 1944 Delegierte aus 44 Ländern. Vertreter Großbritanniens und Versammlungsleiter war John Maynard Keynes.

Bretton Woods Konferenz

Währungs- und Finanzkonferenz der Vereinten Nationen im amerikanischen Bretton Woods im Jahr 1944.

- Gründung eines Weltwährungssystems (Gold-Devisen-Standard).
- Gründung der Weltbank und des Internationalen Währungsfonds.

Der Name „Bretton Woods" hat Geschichte geschrieben. Denn er ist der Geburtsort und Namensgeber des Weltwährungssystems von Bretton Woods. Als Gold-Devisen-Standard trat dieses Weltwährungssystem im Jahr 1945 in Kraft. 1973 erfolgte zwar der Zusammenbruch, aber bis dahin hatte es für recht stabile Verhältnisse in der Weltwirtschaft gesorgt. Neben der Errichtung des Weltwährungssystems erfolgte damals auch die Gründung der Weltbank und des Internationalen Währungsfonds (IWF).[97] Keynes hatte im Übrigen auch schon die Idee einer Weltzentralbank und einer Weltwährung namens ‚Bancor', doch dafür war wohl die Zeit nicht reif.

16.3.1   Einrichtung eines neuen Weltwährungssystems

Politische Stabilität: Im Jahr 1944 steckte den Konferenzteilnehmern nicht nur der noch andauernde Zweite Weltkrieg in den Knochen, sondern auch rückblickend die Große Depression, also die Weltwirtschaftskrise von 1929 bis 1933, die neben vielen anderen Aspekten auch einen Nährboden für das Aufkeimen des totalitären NS-Regimes in Deutschland geschaffen hatte. Insofern sollte die Gründung und Ausgestaltung einer neuen internationalen Wirtschafts- und Währungsordnung nicht allein ein Beitrag für die Wirtschaft sein, sondern auch die Errichtung stabiler politischer und demokratischer Strukturen unterstützen. Erinnert sei an die Warnungen Keynes schon zu Zeiten der Weltwirtschaftskrise: Lang anhaltende Massenarbeitslosigkeit könne eine Demokratie ruinieren.

Vermeidung einer neuen großen Depression infolge von Abwertungswettläufen: Keynes war es auch, der bei der Konferenz die führende Rolle übernahm. Er erarbeitete einen internationalen Plan, mit dem eine weitere große Depression vermieden werden sollte. Damals in den dreißiger Jahren hatten verschiedene Länder Arbeitslosigkeit „exportiert". Um die eigene Wettbewerbsfähigkeit zu erhalten, wurde die Inlandswährung abgewertet, mit dem Ziel, die Güter für die Weltmärkte billiger zu machen. Eigene Arbeitsplätze wurden auf Kosten von Arbeitsplätzen anderer Länder geschaffen. Folge war, dass andere Länder diesem Abwertungsbeispiel folgten und so ein Abwertungswettlauf mit einer Verstärkung der Depression und Massenarbeitslosigkeit entstand. Davon abgesehen waren die Waren zwar billig – doch konnte sie niemand kaufen.

---

[97] Dass diese Erfolge zustande kamen, war vor allem auch das Verdienst des Versammlungsleiters John Maynard Keynes. Zum Abschluss der Konferenz müssen die Delegierten Keynes zu Ehren das Lied „For he's a jolly good fellow" gesungen haben [Vgl. Strathern, 2003, S. 284 - 288]

Wie konnten solche negativen Mechanismen vermieden werden? Keynes unterbreitete folgenden Vorschlag:

- **Goldbindung der Währungen:** Alle Länder sollten sich verpflichten, ihre Währungen an den Goldpreis zu binden.

- **Feste Wechselkurse:** Die Währungen sollten durch einen festen Wechselkurs miteinander verbunden werden.

Im Unterschied zum Goldstandard, der in den dreißiger Jahren aufgehoben worden war, und bei dem jedes Land seine Papierwährung durch Goldreserven stützte, kam es jetzt auf den Wechselkurs und nicht mehr auf die tatsächlichen Goldreserven an.

Weltwährungssystem (Gold-Devisen-Standard): 1944/45 - 1973
- Goldbindung der Währungen
- Dollar fungiert als Leit- und Reservewährung
- Die Wechselkurse aller Währungen werden in Dollar fixiert
- Festes Wechselkurssystem

Frage: Wie konnte im neuen System ein Ungleichgewicht im Außenhandel vermieden werden?

Antwort: Wenn ein Land mehr Güter importiert als exportiert, führt das zu einem Handelsdefizit (Ausgaben für die importierten Güter sind größer als die Einnahmen durch die exportierten Güter). Dieses Defizit kann ausgeglichen werden, indem Devisen (durch den hohen Export fragt das Ausland vermehrt die inländische Währung nach) ins Ausland abfließen.

16.3.2 Merkmale des Weltwährungssystems

Das neue Weltwährungssystem, das 1944 beschlossen wurde, 1945 in Kraft trat und bis 1973 Bestand hatte, basiert auf dem **Gold-Devisen-Standard**. Das heißt, für die Verankerung der verschiedensten Währungen weltweit dienen zwei Fundamente, nämlich das Gold und der US-Dollar. Insofern könnte man es auch als **Gold-Dollar-Standard** bezeichnen.

Folgende **Merkmale** kennzeichnen dieses Weltwährungssystem:

(1) Konvertibilität der Währungen zwischen den Mitgliedsländern (Zweck: Förderung des Welthandels).

(2) Der Wert des Dollars wird in Gold festgelegt: Je Feinunze 35 Dollar (festes Umtauschverhältnis).[98]

---

[98] Feinunze (im allgemeinen Sprachgebrauch auch Unze, Abb. oz): Gewicht: 31,1 g (exakt: 31,1034768 g).

(3) Die Vereinigten Staaten sind verpflichtet, jederzeit Gold gegen Dollar zu diesem Preis zu kaufen und zu verkaufen (Umtauschverpflichtung der USA von Dollar in Gold aber keine Deckungsvorschriften bezüglich der Geldmenge).

(4) Die Wechselkurse aller Währungen werden in Dollar fixiert (US-Dollar als Leit- und Reservewährung).[99] Insofern ergeben sich durch so genannte Kreuzparitäten feste Wechselkurse.

(5) Änderung der Wechselkurse bei grundlegenden Störungen möglich.

(6) Bei Zahlungsbilanzschwierigkeiten ist Hilfe beim Internationalen Währungsfond möglich, statt Konvertibilitätsbeschränkungen.

Bildung fester Wechselkurse durch Kreuzparitäten

Der Dollar ist fest an das Gold gebunden. Die anderen Währungen werden in Dollar fixiert. Insofern ergeben sich feste Kurse zwischen den Währungen. Am Beispiel US-Dollar, Englisches Pfund und Deutscher Mark soll die Kursbildung verdeutlicht werden:

1 Unze Gold = 35 Dollar
1 Unze Gold = 147 DM
⎫ 1 $ = 4,2 DM ⎫
1 Unze Gold = 35 Dollar
1 Unze Gold = 12,6 £
⎫ 1 $ = 0,36 £ ⎬ 1 £ = 11,67 DM

Die Kurse des Dollars zu den anderen Währungen sind paritätisch festgelegt – mit einer Bandbreite von +/- 1% um den Leitkurs.

Die Eintauschverpflichtung der USA besteht nun darin, dass zum Beispiel die englische Notenbank das Recht hat, ihre Dollarreserven für Gold zum Preis von 35 Dollar pro Feinunze an die amerikanische Notenbank zu verkaufen.

16.3.3 Entwicklung und Zusammenbruch des Weltwährungssystems

Ein neues akzeptiertes und stabiles Weltwährungssystem für die Zeit nach dem Zweiten Weltkrieg zu schaffen, war eine große Aufgabe. Die Aufgabe wurde erfüllt. Ein Weltwährungssystem wurde gegründet und Institutionen wie der Internationale Währungsfonds und die Weltbank ins Leben gerufen und Abkommen wie das GATT (Allgemeines Zoll- und Handelsabkommen) beschlossen.

Das Weltwährungssystem erwies sich für eine relativ lange Zeit als recht stabiles Gebilde. Doch mit der Zeit gab es Probleme, die im Jahr 1973 zum faktischen Zusammenbruch des Bretton-Woods-Systems führten.

---

[99] Die DM wurde mit einem Kurs von 4,20 DM pro US-Dollar festgelegt (von 1949 bis 1961).

Probleme: Eine Dollarschwemme im Ausland führte durch die Eintauschverpflichtung der USA in Gold zu einem Abschmelzen der Goldbestände. Schon in den 50er Jahren nahm die Goldreserve der USA stetig ab und hatte 1960 einen Gegenwert von 18,7 Milliarden US-Dollar. Die Dollarguthaben der Ausländer summierten sich auf 21,2 Milliarden Dollar. Somit war die garantierte Umtauschmöglichkeit von Dollar gegen Gold im Prinzip nicht mehr gegeben.

Frankreich beispielsweise tauschte in den 60er Jahren unter Charles de Gaulle einen großen Teil seiner Dollarreserven in Gold um. Überhaupt war eine Flucht aus dem Dollar in Gold festzustellen. Die Staatsverschuldung der USA war unter anderem auch wegen des Vietnamkriegs stark angestiegen, so dass viele das Vertrauen in den Dollar verloren und stattdessen auf Gold setzten. Spekulanten heizten mit ihrer Flucht aus dem Dollar und Goldkäufen die Stimmung weiter an.

Was Deutschland anbelangt, so erlebte es in den Wirtschaftswunderzeiten der 60er Jahre einen Konjunktur- und Beschäftigungsboom, der mit einer Aufwertung der Mark einherging. Die Bundesbank reagierte und verkaufte DM gegen Dollar, um die eigene Währung abzuschwächen.

Es ging also turbulent zu in den Währungsbeziehungen der Länder und somit sind auch die Ursachen des Zusammenbruchs des damaligen Weltwährungssystems unglaublich komplex und füllen ganze Bücher.

Das Ende: Die Analyse des Endes an sich ist relativ klar. Der damalige US-Präsident Nixon hob 1971 die Goldeinlösungsgarantie auf und wertete den Dollar gegenüber dem Gold ab. Am 12. März 1973 gab die US-Regierung den Dollar schließlich frei, was faktisch das Ende des Wechselkurssystems bedeutete.

Die Zeit danach: Nach 1973 bildete sich ein System des Managed Floating heraus – also eine Kombination von „gesteuerter Freiheit" mit festen und freien Wechselkursen. Heutzutage existieren weltweit rund 160 Währungen mit 81 festen Wechselkursen, 15 Währungen mit begrenzter Flexibilität und 62 mit größerer Flexibilität.

Europa nahm seine Währungspolitik in die eigene Hand und gründete 1979 das Europäische Währungssystem EWS und 20 Jahre später die Europäische Währungsunion und hat zwischenzeitlich in 19 EU-Staaten die gemeinsame EURO-Währung eingeführt. Doch diese Erfolgsgeschichte hatten wir schon in den vorangegangen Kapiteln behandelt.

Im Übrigen war in den 70er Jahres nicht alles in die Brüche gegangen. Die zwei wichtigsten internationalen Institutionen auf dem Gebiet der Währungs- und Kreditpolitik hatten „überlebt" – der Internationale Währungsfonds und die Weltbank.

16.4   Internationaler Währungsfonds

Der Internationale Währungsfonds (IWF) – englisch: International Monetary Fund (IMF) – wurde auf der Bretton-Woods-Konferenz gegründet und ist die bedeutendste internationale Institution auf währungspolitischem Gebiet. Zweck und Aufgabe des IWF liegen in der Koordination der weltweiten Währungspolitik und des zwischenstaatlichen Zahlungsverkehrs und der Stabilisierung des globalen Finanzsystems.

Internationaler Währungsfonds (IWF)

Status: Sonderorganisation der Vereinten Nationen

Ziel: Förderung der internationalen Zusammenarbeit auf dem Gebiet der Währungspolitik, insbesondere die Stabilisierung der Wechselkurse, sowie Unterstützung von Ländern, die in Zahlungsschwierigkeiten geraten sind.

„Feuerwehrmann" des Weltfinanzsystems

- gegründet 1945
- Sitz in Washington
- 188 Mitgliedsstaaten
- Deutschland ist seit 1952 Mitglied

Der Internationale Währungsfonds ist beim Bürger eine eher unbekannte Institution – weit weg und schwer verständlich. Etwas mehr Aufmerksamkeit hat der IWF in den letzten Jahren trotzdem erlangt. Zum einen zieht es Globalisierungskritiker und -gegner zum IWF, da dieser neben der Welthandelsorganisation und sonstigen Gipfeltreffen der Industrienationen als Veranstaltung der „Reichen" gilt. Zum anderen geriet der IWF im Jahr 2004 ins deutsche Blickfeld. Angela Merkel hatte Horst Köhler – den damaligen IWF-Chef – zum Kandidaten für das Bundespräsidentenamt vorgeschlagen.

Generaldirektoren des IWF:
- 2000 bis 2004: der Deutsche Horst Köhler.
- 2004 bis 2007: der Spanier Rodrigo de Rato
- 2007 bis 2011: der Franzose Dominique Strauss-Kahn
- seit 2011:   die Französin Christine Lagard

Nachfolger von Horst Köhler auf dem Chefsessel des IWF wurde der Spanier Rodrigo de Rato. Rato war ehemaliger Superminister für Wirtschaft und Finanzen in der konservativen Regierung von José Maria Aznar, die am 14. März 2004 die Wahlen verloren hatte. Kurz zuvor wurde der Terroranschlag in Madrid verübt.

2007 übernahm der Franzose Dominique Strauss-Kahn die Leitung des IWF und im Jahr 2011 schließlich die Französin Christine Lagard. Die Generaldirektoren des IWF werden im Übrigen immer von Europäern geleitet – im Gegensatz zu den Weltbankpräsidenten, die traditionell von den US-Amerikanern gestellt werden.

Das oberste Gremium des Internationalen Währungsfonds als bedeutendster internationaler Organisation der weltweiten Währungspolitik ist der Gouverneursrat. Für das laufende Geschäft zeigt sich das Exekutivdirektorium zuständig. Der Einfluss eines Landes – also dessen Stimmgewicht – bemisst sich nach der finanziellen Beteiligung des Landes.

Gouverneursrat
<ul><li>oberstes Gremium des IWF</li><li>fällt Grundsatzentscheidungen wie die Aufnahme neuer Mitglieder</li><li>trifft sich einmal im Jahr zur Jahresvollversammlung</li><li>je 1 Vertreter der 188 Mitgliedsländer (üblicherweise der Finanzminister oder Notenbankpräsident)</li><li>bestimmt und wählt das Exekutivdirektorium</li></ul>
Exekutivdirektorium (Vorstand)
<ul><li>zuständig für das laufende Geschäft</li><li>besetzt mit 24 Direktoren (einer davon geschäftsführend)</li><li>je 1 Vertreter aus USA, Japan, Deutschland, Frankreich und Großbritannien und 19 gewählte Vertreter aus anderen Ländern</li></ul>
Stimmrecht eines Landes
Das Stimmengewicht eines Landes bemisst sich nach dessen finanzieller Beteiligung! Quote (Stand 2014):

USA	16,75 %	China	3,81 %
Japan	6,23 %	Italien	3,16 %
Deutschland	5,81 %	Saudi-Arabien	2,80 %
Frankreich	4,29 %	Kanada	2,56 %
Großbritannien	4,29 %	Russland	2,39 %

Sonderziehungsrechte: Eine wesentliche Rolle in der Politik des Internationalen Währungsfonds spielen die Sonderziehungsrechte (SZR). Sonderziehungsrechte wurden 1969 eingeführt und sind eine **künstliche Währung des IWF** und ein quasi neues Reservemedium neben Gold und Dollar, das für ausreichend Liquidität in der Welt sorgen soll. Kommt ein Mitgliedsland in Zahlungsschwierigkeiten, kann es Sonderziehungsrechte in Anspruch nehmen, muss dafür aber auch Zinsen bezahlen (zinstragendes Reservemedium). Sonderziehungsrechte dienen darüber hinaus auch als Rechnungseinheit und als Zahlungsmittel zwischen den Teilnehmern des SZR-Systems.

- Künstliche Reservewährung des IWF (zinstragend und internationales Reservemedium) seit 1969.

- Eigentümer von SZR sind nur der IWF und Währungsbehörden der Mitgliedstaaten (kein Handel am Devisenmarkt).
- Sonderziehungsrechte begründen für ein Mitgliedsland das Recht, die Sonderziehungsrechte jederzeit gegen benötigte Währungen zu verkaufen (Buchgeld: Forderung gegen alle IWF-Staaten).
- Zielsetzung der SZR: Versorgung der Welt mit ausreichender, internationaler Liquidität.
- Zahlungsmittel zwischen Teilnehmern des SZR-Systems (Kreditbedienung).
- Mitgliedsländer müssen für zugeteilte SZR Zinsen an den IWF bezahlen.

Derzeitige Schuldner des IWF sind u.a. Ungarn, Griechenland und die Ukraine. Insgesamt stehen dem IWF 750 Milliarden Dollar für Rettungsmaßnahmen zur Verfügung.

Der Internationale Währungsfonds wird oft mit der Weltbank in einen „Topf geworfen" und nicht von dieser unterschieden bzw. mit dieser verwechselt. Beide vergeben zwar Kredite – der IWF allerdings an Notenbanken und die Weltbank an Regierungen.

16.5   Weltbank

Die Weltbank ist eigentlich eine Bankengruppe. Die erste und eigentliche Weltbank ist die „Internationale Bank für Wiederaufbau und Entwicklung" (englisch: International Bank for Reconstruction and Development, IBRD). Die Einrichtung der Weltbank zusammen mit dem Internationalen Währungsfonds wurde auf der Bretton-Woods-Konferenz beschlossen.

Vorrangige Aufgabe der Weltbankengruppe ist die Bereitstellung von Krediten für Entwicklungsländer. Ursprünglich gehörte auch die Unterstützung des Aufbaus von Europa im Rahmen des Marshall-Planes zu den Tätigkeitsfeldern der Weltbank.

Weltbank

Status: Sonderorganisation der Vereinten Nationen

Ziel: Armutsbekämpfung und Wirtschaftsförderung
durch Bereitstellung von Krediten für Entwicklungsländer
und Unterstützung in deren Strukturanpassungsmaßnahmen

- gegründet 1945
- Sitz in Washington
- 188 Mitgliedsstaaten (gleichzeitige Mitgliedschaft beim IWF ist Voraussetzung)
- Deutschland ist seit 1952 Mitglied

Aufbau und Aufgaben: Die Weltbankgruppe setzt sich aus mehreren Institutionen zusammen, die unterschiedliche Schwerpunktsetzungen im Rahmen der Kreditvergabe haben. Die zwei wichtigsten sind die Internationale Bank für Wiederaufbau und Entwicklung (IBRD) und die Internationale Entwicklungsorganisation (IDA).[100]

International Bank for Reconstruction and Development (IBRD)	International Development Agency (IDA)
Gründung 1946	Gründung 1960
Vergabe von günstigen Krediten an Entwicklungs- und Schwellenländer.	Gezielte Förderung der ärmsten Länder durch Vergabe von zinslosen Krediten und Zuschüssen.
erwirtschaftet nötige Mittel auf dem Kapitalmarkt.	finanziert Hilfe durch Beiträge der Mitgliedsländer

Hinweis: Spricht man von der Weltbank, ist meist die IBRD gemeint; manchmal wird neben der IBRD auch die IDA dazu gezählt. Die Weltbankgruppe im Gesamten umfasst noch drei weitere Institutionen wie IFC, ICSID und MIGA!

Bedingungen der Kreditvergabe:

Ziel und Aufgabe der Weltbank bestehen darin, Entwicklungsländer „unter die Arme zu greifen". Diese Unterstützung geschieht dadurch, dass Strukturanpassungsprogramme in den jeweiligen Ländern durch die Vergabe von Krediten gefördert werden sollen. Die Förderung soll jedoch nicht nur allein finanzieller Natur sein, sondern politische und rechtliche Verbesserungen einbeziehen. Die Vergabe der Kredite ist an bestimmte Bedingungen geknüpft (Konditionalitäten). Diese Bedingungen sind wirtschaftlicher und politischer Natur.

a) Wirtschaftliche Bedingungen

- Abwertung der Inlandswährung, um die Exporte anzukurbeln
- Allgemeine Handelsliberalisierung (Abbau von Zöllen)
- Liberalisierung (Privatisierung)
- Sanierung des Staatshaushalts

Die Vergabe der Kredite ist zwar an Bedingungen geknüpft, soll aber gleichzeitig **die Souveränität des entsprechenden Landes wahren**. Dies kann allerdings dazu führen, dass die Entscheider und Zahlungsempfänger der kreditnehmenden Staaten (die Reichen und die Funktionäre an den Schalthebeln der Macht) mehr profitieren als die Armen, die durch die wirtschaftlichen Maßnahmen zumindest kurzfristig stärker belastet werden können. Die Kreditvergabe ist also makroökonomisch in Ordnung, mikroökonomisch jedoch problematisch, da tendenziell eher die Reichen profitieren und die Armen stärker belastet werden.

---

[100] Quelle: weltbank.de

Um der damit verbundenen Kritik gerecht zu werden, verfolgt die Weltbank zwischenzeitlich das Konzept **„Good Governance"**. Wirtschaftliche Bedingungen werden durch politische Konditionalitäten ergänzt.

b) Politische Bedingungen

- Maßnahmen gegen Korruption
- Einbeziehung der Öffentlichkeit in den Reformprozess
- Legislative Reformen (Gesetzgebung)
- Evtl. neues Rechtssystem (Rechtsprechung)

Präsident: Nach der Satzung der Weltbank ist das Präsidentenamt der Weltbank von einem US-amerikanischen Staatsbürger zu besetzen. Von 1995 bis 2005 war es James Wolfensohn. Paul Wolfowitz, ehemaliger stellvertretender Verteidigungsminister der USA, folgte ihm nach, um dann im Jahr 2007 vom früheren US-Handelsbeauftragten Robert Zoellick abgelöst zu werden. Seit 2012 leitet Jim Yong Kim (Südkorea/USA) die Weltbank.

Resümee zu IWF und Weltbank: Sowohl der IWF wie auch die Weltbank befinden sich zurzeit in einem Reformprozess, der die Aufgabenverteilung wie auch die Legitimation neu regeln soll. Dass die IWF-Vorsitzenden von Europäern und die Weltbankpräsidenten von US-Amerikanern gestellt werden, ist nur einer von vielen Kritikpunkten unter veränderten Vorzeichen in der Welt. Generell wird die Dominanz der westlichen Industriestaaten bemängelt und deren Kreditvergabe und Finanzhilfen nur als Vorwand betrachtet, sich in die inneren Angelegenheiten anderer Länder einmischen zu können.

Für andere sind Weltbank und IWF die wichtigsten und besten Financiers von Entwicklungshilfe und Armutsbekämpfer und Garanten für die Stabilität des weltweiten Finanzsystems. Gerade in den turbulenten Zeiten der zurückliegenden bzw. andauernden Weltfinanzkrise soll insbesondere der IWF Länder vor der Zahlungsunfähigkeit und dem Staatsbankrott bewahrt haben und somit geholfen haben, einen weltweiten Wirtschaftskollaps zu verhindern.

Es herrschen turbulente Zeiten …

Exkurs: Gold

In diesen turbulenten Zeiten fordern manche die Hinwendung zu Ewigem und Stabilem – und das ist ein zwar sehr weiches und dehnbares rötlich gelbes Metall, vor allem aber ein sehr begehrtes und langfristig wertstabiles Metall – das Gold (lat. Aurum). Und deshalb sei zum Abschluss noch Etwas zu diesem Edelmetall gesagt.

Denn auch Deutschland besitzt beachtliche Goldbestände; mit 3.383 Tonnen sind es die zweitgrößten der Welt (Stand 2014). Der Großteil dieser Goldbestände lagert übrigens außerhalb von Deutschland, untern anderem im amerikanischen

Fort Knox. Dort lagern auch die größten Goldbestände der Welt, nämlich die der USA selbst mit ca. 8.134 Tonnen.

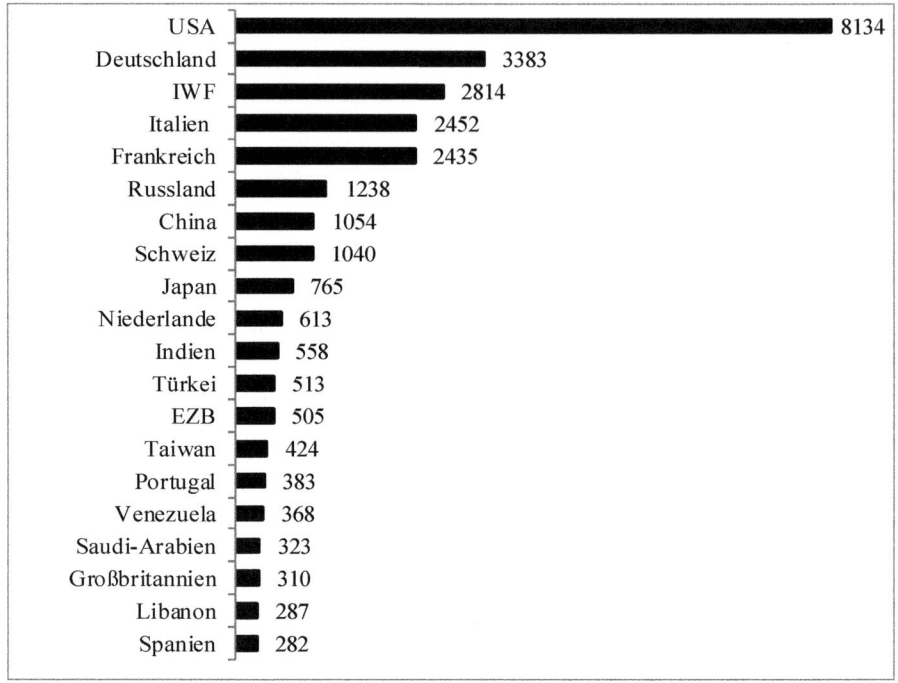

Abbildung 2.32: Die größten Goldreserven weltweit (Stand 2015) [Quelle: IWF, World Gold Council]

Nun stellt sich die Frage, was dieses Gold wert ist und das hängt wiederum von der Entwicklung des Goldpreises ab, der großen Schwankungen unterworfen ist. Während 1970 die Feinunze noch bei bescheidenen 35,95 Dollar notiert hatte, stieg der Wert im Jahr 2011 auf ein Jahreshoch von 1.908,79 Dollar. 2014 wurde ein durchschnittlicher Wert von 1.266,18 Dollar je Feinunze ermittelt.

Rechnet man 3.383 Tonnen in Feinunzen um und ermittelt somit den Wert des Goldbestandes, kann das je nach Goldkurs weit über 100 Milliarden Euro betragen – eine stolzer Betrag; wenn man diesen Betrag allerdings ins Verhältnis zur Staatsverschuldung Deutschlands setzt (über 2.000 Milliarden Euro), bleiben ein paar wenige Prozent übrig.

Inwiefern Gold bei Schwierigkeiten in den Währungssystemen und möglichen Staatsbankrotten ein Revival erleben könnte und dann wieder als Fundament und Vertrauensbasis für Geld und Devisen fungiert, wird die Zukunft zeigen.

Abkürzungs- und Symbolverzeichnis

B	Geldbasis
BIP	Bruttoinlandsprodukt
BpB	Bundeszentrale für politische Bildung
C	Konsum (Consumption)
CHF	Schweizer Franken
ECU	Europäische Währungseinheit (European Currency Unit)
EU	Europäische Union
EZB	Europäische Zentralbank
ESZB	Europäisches System der Zentralbanken
EWS	Europäisches Währungssystem
EWWU	Europäische Wirtschafts- und Währungsunion
Ex	Export
€	Euro
Fed	US-Notenbank (Federal Reserve System)
G	Staatsausgaben (Government)
HVPI	Harmonisierter Verbraucherpreisindex
i	Zins (Interest)
I	Investition (Investment)
Im	Import
IS	Investitionen und Sparen
IWF	Internationaler Währungsfonds (IMF International Monetary Fond)
k	Kassenhaltungskoeffizient
L	Geldnachfrage (Liquidity)
LM	Geldnachfrage und -angebot
m	Multiplikator
M	Geldangebot oder Geldmenge (Money Supply)
Mio.	Millionen
p	Preis
P	Preis(niveau)
r	(Mindest-)reservesatz
S	Sparen
StBA	Statistisches Bundesamt
SZR	Sonderziehungsrechte
$	Dollar
t	Steuersatz
T	Steuer (Tax)
VGR	Volkswirtschaftliche Gesamtrechnung
v	Umlaufgeschwindigkeit des Geldes
wk	Wechselkurs
wk^m	Wechselkurs mengennotiert
wk^p	Wechselkurs preisnotiert
wk_n	Wechselkurs nominal

wk$_r$	Wechselkurs real
WTO	Welthandelsorganisation (World Trade Organization)
WWU	(Europäische) Wirtschafts- und Währungsunion
x	Menge
Y	Einkommen, Sozialprodukt, Gesamtangebot, Gesamtnachfrage

Abbildungsverzeichnis

Modul 2.1   Makroökonomie

Modul 2.2   Geld und Währung

Literaturverzeichnis

Abelshauser, Werner: Deutsche Wirtschaftsgeschichte seit 1945. Beck, München 2011.

Altmann, Jörn: Volkswirtschaftslehre. 7. Auflage, Lucius & Lucius, Stuttgart 2009.

Altmann, Jörn: Wirtschaftspolitik. 8. Auflage, Lucius & Lucius, Stuttgart 2007.

Ambrosius, Gerold, **Petzina**, Dietmar und **Plumpe**, Werner (Hrsg.): Moderne Wirtschaftsgeschichte: Eine Einführung für Historiker und Ökonomen. 2. Aufl., Oldenbourg, München 2006.

Baßeler, Ulrich, **Heinrich**, Jürgen und **Utecht**, Burkhard: Grundlagen und Probleme der Volkswirtschaft. 19. Auflage, Schäffer-Poeschel, Stuttgart 2010.

Blanchard, Olivier und **Illing,** Gerhard: Makroökonomie. 5. Aufl., Pearson Studium, München 2009.

Bofinger, Peter: Grundzüge der Volkswirtschaftslehre. 4. Aufl., Pearson Studium, München 2015.

Clement, Reiner, **Terlau,** Wiltrud und **Kiy,** Manfred: Grundlagen der Angewandten Makroökonomie. 5. Aufl., Vahlen, München 2013.

Görgens, Egon, **Ruckriegel**, Karlheinz und **Seitz,** Franz: Europäische Geldpolitik. 5. Aufl., Lucius & Lucius Stuttgart 2013.

Grüske, Karl-Dieter (Hrsg.): Die Nobelpreisträger der ökonomischen Wissenschaft. Bd. IV: 1994 - 1998, Verlag Wirtschaft und Finanzen, Ein Unternehmen der Verlagsgruppe Handelsblatt, Düsseldorf

Heinrich, Gert: Basiswissen Mathematik, Statistik und Operations Research für Wirtschaftswissenschaftler. Oldenbourg, München 2012.

Herz, Wilfried (Hrsg.): Zeit-Bibliothek der Ökonomie. Die Hauptwerke der wichtigsten Ökonomen, Schäffer-Poeschel, Stuttgart 2000.

Herz, Dietmar und **Weinsberger**, Veronika (Hrsg.): Lexikon ökonomischer Werke. Wirtschaft und Finanzen, Düsseldorf 2006.

Hesse, Helge: Personenlexikon der Wirtschaftsgeschichte: Denker, Unternehmer und Politiker in 900 Portraits. Schäffer-Poeschel, Stuttgart 2009.

Kolb, Gerhard: Geschichte der Volkswirtschaftslehre. 2. Aufl., Vahlen, München 2004.

Krugmann, Paul R. und **Obstfeld,** Maurice: Internationale Wirtschaft. Theorie und Politik der Außenwirtschaft. 9. Auflage, Pearson Studium, München 2011.

Luhmann, Niklas: Die Wirtschaft der Gesellschaft. 5. Aufl., Suhrkamp Berlin 1994.

Mankiw, Gregory N. und **Taylor** Mark P.: Grundzüge der Volkswirtschaftslehre. 5. Aufl., Schäffer-Poeschel, Stuttgart 2012.

Mussel, Gerhard: Volkswirtschaftslehre: Eine Einführung. 3. Aufl., Vahlen, München 2002.

Mussel, Gerhard: Einführung in die Makroökonomik. 11. Aufl., Vahlen, München 2013.

Samuelson, Paul A, **Nordhaus,** William D.: Volkswirtschaftslehre. 4. Aufl., Finanzbuch München 2010.

Siebert, Horst: Einführung in die Volkswirtschaftslehre. 15. Auflage, Kohlhammer, Stuttgart 2007.

Strathern, Paul: Schumpeters Reithosen. Die genialsten Wirtschaftstheorien und ihre verrückten Erfinder. 2. Aufl. Campus, Frankfurt a. M. 2006.

Sydsæter, Knut und **Hammond,** Peter: Mathematik für Wirtschaftswissenschaftler. 4. Aufl., Pearson, München 2013.

Van Suntum, Ulrich: Die unsichtbare Hand. 5. Aufl. Springer, Berlin 2013.

Wagner, Helmut: Einführung in die Weltwirtschaftspolitik. 7. Aufl., Oldenbourg, München 2014.

Weitz, Bernd O. (Hrsg.): Bedeutende Ökonomen. Oldenbourg München 2008.

Lexika

Gabler Kompakt-Lexikon Volkswirtschaft von Dirk Piekenbrock, 3. Aufl., Gabler Wiesbaden 2009.

Gabler Wirtschaftslexikon, 6 Bände, 18. Aufl., SpringerGabler 2014.

Lexikon der Volkswirtschaft von Michael Hohlstein, Barbara Pflugmann, Herbert Sperber und Joachim Sprink, 3. Aufl. Beck-Wirtschaftsberater im dtv, München 2009.

Wirtschaftslexikon von Artur Woll, 10. Aufl., Oldenbourg, München 2008.

Fachzeitschriften für Studierende

WiSt Wirtschaftswissenschaftliches Studium (monatlich), Vahlen München.
wisu das wirtschaftsstudium (monatlich), Lange Düsseldorf.

Internet-Adressen

Institution	Adresse
Bundesagentur für Arbeit	www.arbeitsagentur.de
Bundesfinanzministerium	www.bundesfinanzministerium.de
Bundeswirtschaftsministerium	www.bmwi.de
Bundeszentrale für politische Bildung	www.bpb.de
Deutsche Bundesbank und Europäische Zentralbank	www.bundesbank.de
Deutscher Industrie- und Handelskammertag (DIHK)	www.dihk.de
Deutsche Zentralbibliothek für Wirtschaftswissenschaften	www.zbw.eu
Europäischer Datenservice	www.eds-destatis.de
Europäische Kommission	ec.europa.eu ec.europa.eu/eurostat/de
Europäische Zentralbank	www.ecb.int
Institut der deutschen Wirtschaft Köln	www.iwkoeln.de www.divkoeln.de
Internationaler Währungsfonds	www.imf.org
Organisation for Economic Cooperation and Development (OECD)	www.oecd.org
Sachverständigenrat zur Begutachtung der gesamtwirtschaftlichen Entwicklung	www.sachverstaendigenrat-wirtschaft.de
Statistisches Bundesamt Deutschland	www.destatis.de
Weltbank	www.worldbank.org
Welthandelsorganisation	www.wto.org
Wirtschaftsforschungsinstitute: DIW Berlin HWWI Hamburg Ifo München IfW Kiel IWH Halle RWI Essen ZEW Mannheim	 www.diw.de www.hwwi.de www.cesifo.group.de www.ifw-kiel.de www.iwh-halle.de www.rwi-essen.de www.zew.de

Stichwortverzeichnis